HOLLYWOOD LOLITA
Der Nymphchen-Mythos

von MARIANNE SINCLAIR

Deutsche Erstausgabe

WILHELM HEYNE VERLAG
MÜNCHEN

HEYNE FILMBIBLIOTHEK
Nr. 32/132

Herausgeber: Bernhard Matt

Titel der amerikanischen Originalausgabe

HOLLYWOOD LOLITA

Deutsche Übersetzung von Cornelia Zumkeller

Redaktion: Willi Winkler

Wir danken den folgenden Archiven
und Filmverleihfirmen für die Bereitstellung
der Innenbilder:
John Kobal Collection, National Film
Archive, Hervé Tardy at the Gamma
Photo Agency, Paris, Tony Gale at
Pictorial Press, Paramount Films,
Columbia Pictures, Warner Brothers,
Universal Pictures, United Artists Films,
20th Century-Fox und MGM Films.

Copyright © 1988 by Marianne Sinclair
Copyright © der deutschen Übersetzung
1989 by Wilhelm Heyne Verlag GmbH & Co. KG, München
Umschlag- und Rückseitenfoto: Archiv Dr. Karkosch, Gilching
Umschlaggestaltung: Atelier Ingrid Schütz, München
Printed in Germany 1989
Satz: Fotosatz Völkl, Germering
Druck und Verarbeitung: Ebner Ulm

ISBN 3-453-03406-6

Inhalt

1.
Die Zelluloid-Nymphe 7

2.
Die verdrucksten Viktorianer 18

3.
Der Schleckermaul-Trupp 67

4.
Lassie im Regenbogenland 96

5.
Baby-Puppen 149

6.
Ein ganzer Wurf Lolitas 171

7.
Dem Teufel eine Tochter 202

8.
Fräulein Kupferton gegen Fräulein Elfenbeinschnee 236

Schluß 263

Register 267

Eine Nymphe aus der viktorianischen Ära. Die Pose und die Dekoration sind typisch für das ausgehende 19. Jahrhundert

1. Die Zelluloid-Nymphe

»Irving Thalberg sagte oft zu mir: ›Wenn man eine Liebesszene schreibt, muß man sich dabei seine Heldin als kleines Schoßhündchen vorstellen, das sich an seinen Herrn schmiegt, mit einem imaginären Schwanz wedelt und zu ihm emporsieht, als wäre er Gott.‹«
(Anita Loos, *Kiss Hollywood Goodbye*)

Als 1955 Vladimir Nabokovs Roman *Lolita* auf den Markt kam, wurde er zur Sensation. Er definierte einen Mythos: die Nymphe. Natürlich hat die Nymphe schon vor dem Erscheinen von *Lolita* existiert, der unglückliche Antiheld des Romans, der kultivierte Humbert Humbert, weist auch als erster darauf hin, dennoch war die Nymphe bis dahin noch nie definiert worden. Sie war nicht eindeutig zu identifizieren, nicht als Genre klassifiziert, als ein literarisches, kulturelles, kinematographisches und soziologisches Phänomen, das man so ansatzlos erkannte, daß Lolita sowohl in der Rück- als auch in der Vorausschau leibhaftig wurde.
Nabokovs Definition des Prototyps war in gewisser Hinsicht sehr eng: »Innerhalb der Altersgrenzen von neun bis vierzehn gibt es Mädchen, die manch einem verzauberten Reisenden, der doppelt oder mehrfach so alt ist wie sie, ihre wahre Natur offenbaren, die nicht menschlich, sondern nymphenhaft (also dämonisch) ist; für diese auserwählten Kreaturen schlage ich den Begriff ›Nymphen‹ vor.«
Doch der Name »Lolita«, der sofort zu einer festen Größe in der westlichen Kultur wurde, umfaßte bald ein weit größeres Altersspektrum als das von neun bis vierzehn. Man kann eine Sechs- oder eine Sechsundzwanzigjährige als »Typ Lolita« beschreiben, und jeder weiß, was er darunter zu verstehen hat. Bei einem Kind impliziert dies eine feminine Koketterie und einen Hauch von Sinnlichkeit, die weit über das Lebensalter hinausgehen. Bei einer erwachsenen Frau ist es ein Hinweis auf kindliche Schüchternheit, auf Unreife sowohl im physischen als auch im psychischen Erscheinungsbild. Tatum

O'Neal und Mary Pickford waren zum Beispiel beide typische Nymphen, auch wenn die eine schon mit neun, die andere vielleicht erst mit neunundzwanzig diesem Typ voll entsprach. Zwischen den beiden Enden des Altersspektrums liegt die gemeinsame Fähigkeit, den Humbert Humbert zu erwecken, der in vielen Männern schlummert, die Fähigkeit zur »unschuldigen« Provokation und Verführung, die man lolitaesk oder lolitaisch nennen könnte.

In Nabokovs Roman wird der betörte Humbert Humbert durch eine Reihe überaus unwahrscheinlicher glücklicher Umstände, die die beiden zusammenbringen, fast das halbe Buch hindurch zum Liebhaber der Nymphe. Und Nabokov-Humbert legte großen Wert darauf, die wahre Gefahr von Lolitas Anziehungskraft zu spezifizieren: »Der sogenannte Sex interessiert mich überhaupt nicht. Die Bestandteile des Animalischen kann sich jeder selbst ausmalen. Ich habe ein wichtigeres Anliegen: ein für allemal den gefährlichen Zauber der Nymphen festzuhalten.«

Jedem Humbert seine Lolita: vom unschuldigen Mädchen-Verehrer bis zum Kindsvergewaltiger gibt es eine unbegrenzte Vielfalt von Nuancen, auch wenn sich einige Aspekte dieser beiden Extreme auf verwirrende Weise vermischen können. Nabokov sprach vom »himmlischen und vom höllischen Teil in dieser fremdartigen, scheußlichen, verrückten Welt – der Nymphenliebe. Das Schöne und das Scheußliche verschmelzen an diesem Punkt; mir ging es darum, den Übergang festzuhalten.«

Humbert Humberts Leidenschaft für Lolita umfaßte verschiedene Schattierungen von Gefühlen und Aufwallungen: Er begehrte sie, und dennoch wollte er ihre Unschuld auch unbedingt vor seiner Begierde schützen. Er war ihr Stiefvater, und er liebte sie aufrichtig als Tochter, dennoch durchlebte er noch einmal seine Jugend und seine erste Liebe, an die er wieder anknüpfen wollte. Am Anfang handelte es sich um eine beinah keusche und sicherlich hoffnungslose Liebe, da es keine Aussicht gab, sie jemals zu bekommen. Doch dann wurde sie seine Geliebte, und er liebte sie körperlich, voller Eifersucht, besitzergreifend, wie nur ein Mann eine

Charles Dickens hätte an dieser Kleinen mit ihren frechen Grübchen seine Freude gehabt. Sie war die Antwort des Stummfilms auf die viktorianische Vignette

Frau – egal welchen Alters – lieben kann. Am Ende lief Lolita davon, verließ ihn wegen eines anderen. Er fand sie schließlich wieder, sie war mittlerweile erwachsen, hatte ihre Reize verloren, trug eine Brille und war hochschwanger. Er liebte sie immer noch genug, um sie zu bitten, zu ihm zurückzukehren, und genug, um wegen ihr einen Mord zu begehen.

Der Film ist das natürliche Idiom für die Darstellung der Magie des Lolita-Mythos. Von Beginn an war er voller Nymphen, die sich den Humbert Humberts aller Größen und Formen unterwarfen oder entzogen. Der Film ist das Element der Lolita, ihr Medium. Als sich Nabokovs Lolita ihre Flucht aus dem goldenen Käfig ausmalte, in dem ihr Stiefvater sie gefangenhält, träumte sie davon, nach Hollywood zu gehen,

Die Kinobesucher der dreißiger Jahre liebten es, wenn sich ihre knospenden Nymphchen wie erwachsene Jazz-Puppen herrichteten

genauso wie viele andere Mädchen im wirklichen Leben. Hätte Lolita es bis nach Hollywood geschafft, hätte sie dort viele andere Humbert Humberts kennengelernt, reife ältere

Herren, die bereit gewesen wären, ihr die nötige Hilfestellung zu geben und/oder den angeborenen Narzißmus der Nymphen auszunutzen. In der achtzigjährigen Geschichte Hollywoods waren die jungen Mädchen entweder aufstrebende Schauspielerinnen, Sternchen, Baby-Huren, billige flotte Bienchen, Püppchen oder herausgeputzte Stars mit eigenen Garderoben und Millionen-Dollar-Verträgen, und das in einem Alter, als man sie im Studio noch auf den Stuhl

Vierjährige mit Löckchen und zarten, nackten Schultern äffen die Posen der Ziegfield-Jahre nach

heben mußte. Einige von ihnen waren zu allem bereit, nur um zum Film zu kommen, andere waren von undurchdringlicher Unschuld, und wieder andere waren nur widerwillig dazu bereit, für eine Chance beim Film ihren Zauber zu verkaufen. Dabei handelt doch der Einstieg in den Schauspielerberuf in erster Linie vom »Verkauf« des eigenen Aussehens und Sex-Appeals auf der Leinwand. Die Nymphe hat einen angeborenen Hang zum Narzißmus, und der beste Weg, ihn zu befriedigen, ist das Erscheinen auf der Leinwand.

Leslie Carons volle, einladende Lippen stehen im Kontrast zu ihrer nachlässigen Aufmachung und ihrem kindlichen Blick, womit sie zugleich die sexuellen Widersprüche der Fünfziger verkörpert

Die Humbert Humberts in Hollywood hielten begierig nach der Hollywood-Lolita Ausschau, sowohl auf der Leinwand als auch dahinter. Es gibt Männer, die humbertinischer sind als andere. Sie nehmen, was sie kriegen, egal ob Frau oder Mädchen, doch je jünger die Mädchen, um so besser. »Mit Eva schlief er, doch nach Lilith sehnte er sich«, erklärte Nabokovs Humbert, der mit Lolitas Mutter im Bett lag, während er sich nach ihrer Tochter verzehrte. Wir haben es mit einem Fall von verhinderter Entwicklung zu tun, nicht bei dem Mädchen, sondern beim Mann: Nabokov eröffnet *Lolita* mit einer langen Beschreibung von Humberts erstem Liebeserlebnis im Alter von dreizehn und davon, wie er seine gleichaltrige Liebe wieder verliert. Manche Männer überwinden die nostalgische Erinnerung an ihre erste *grand amour,* andere schaffen es nie.

Die Knaben, die sich mit zwölf oder vierzehn heftig in eine Nymphe verlieben, sind noch keine Humberts. Dazu kommt es erst, wenn sie ihre jugendlichen Verliebtheiten nicht hinter sich lassen können, wenn sie ihr ganzes Leben lang immer wieder versuchen, diese Erlebnisse zu erneuern; in diesen Fällen spricht man vom Nymphensyndrom.

Typisch ist dabei, wie der reife Humbert im Grunde seines Herzens ein bibbernder Schuljunge geblieben ist, der unfähig ist, die nächste Stufe emporzusteigen, eine Frau zu lieben, die in seinem Alter ist. Was Wunder, daß so viele ins Kino gehen, um den Schatten einer verblaßten Kindheitsliebe auf der Leinwand wiederzusehen. Aber, wir werden es noch sehen, auch erwachsene Frauen versuchen die Tage ihrer Lolita-Kräfte ersatzweise wieder aufleben zu lassen.

Normalerweise handelt es sich hierbei um nichts anderes als um eine sentimentale Sehnsucht, die als solche harmlos ist. Nabokovs Humbert war insofern ein pathologischer Fall, als er sich nach dem sexuellen Besitz seines vorjugendlichen Liebesobjekts sehnte. Aber dann, wenn man es genau nimmt, war auch Lolita ein pathologischer Fall: Mit zwölf Jahren war sie bereit, auf die Avancen eines Mannes in mittleren Jahren einzugehen. In Wirklichkeit war sie es, die Humbert verführte, technisch gesprochen, aus Neugierde, eben *just for fun.* Später, im Alter von vierzehn Jahren, verliebte sie sich wieder in einen älteren Herrn, einen berühmten Bühnenschriftsteller, der ihr bereits zu einer Rolle verholfen hatte. Die Tatsache, daß sie keinen Vater hatte, mag etwas damit zu tun haben, doch es entspricht auch der Wirklichkeit, daß viele sehr junge Mädchen die Angebote älterer Männer in einflußreichen Positionen nicht nur annehmen, sondern auch provozieren – ältere Schwestern sind dabei oft Vorbilder.

Vor allem in Hollywood ist das an der Tagesordnung, wo sich alles um Sex und Macht und die Verknüpfung von beidem dreht. Die Besetzungscouch ist keine neue Erfindung: Mack Sennett wurde des großzügigen Gebrauchs derselben angeklagt, und einige seiner erblühenden Badeschönheiten hatten gerade das erste Lebensjahrzehnt vollendet.

Die Humberts von Hollywood überwanden in der Regel ihren Lolita-Komplex, aber manchmal flogen auch die Fetzen. In viele der größten Hollywood-Skandale der letzten fünfzig Jahre waren ein älterer Mann und eine *Bona-fide-*Nymphe verwickelt. Ob Charlie Chaplin, Errol Flynn oder Roman Polanski: sie wurden alle wegen sexueller Aktivitäten mit Minderjährigen angeklagt. Jeder dieser Fälle weist Elemente auf, die auch in dem Roman *Lolita* zu finden sind. Chaplin und Polanski sind ebenso wie Nabokovs Humbert kultivierte Europäer (für Amerikaner gleichbedeutend mit »dekadent«), die von einer erzürnten amerikanischen Öffentlichkeit beschuldigt wurden, ein unschuldiges amerikanisches Mädchen (in manchen Fällen mehr als eines) verdorben zu haben. Selbst Flynn war kein Amerikaner (er war in Tasmanien geboren). Alle drei wandten – wie Humbert – ein, daß sie es waren, die man verführt hatte. Und genau wie in *Lolita,* gab es immer eine dritte Person, die eine tragende Rolle in der ganzen Geschichte spielte: Lolitas Mutter.

Keine Nymphe ist ohne ihre Mutter komplett, am wenigsten die Hollywood-Lolita: »Das eigensinnige Kind, die egoistische Mutter, die gierende Wahnsinnige – sie sind nicht nur intensive Charaktere in einer einzigartigen Geschichte, sie warnen uns auch vor gefährlichen Entwicklungen, sie weisen auf mächtige Übel hin«, schrieb Nabokov. Die Mutter der

Original-Lolita verliebte sich in Humbert Humbert, heiratete ihn und schuf auf diese Weise unabsichtlich die Situation, die Humbert Zugang zu ihrer Tochter verschaffte. Die Mutter der Hollywood-Lolita ist nicht so naiv, ist berechnender. In der Regel steht sie eine Armeslänge von den potentiellen Humberts entfernt, aber sie kennt den Wert ihres kleinen Lieblings auf den Pfennig, und sie sorgt dafür, daß die Humberts der Filmwelt den vollen Preis bezahlen. In neun von zehn Fällen lebt sie von dem Kapital, das die Tochter als Kindmodell während der pränymphischen Phase erwirtschaftet hat. Die Mutter des Kinderstars ist hinter der Kamera so verschrien, wie ihre Tochter vor der Kamera berühmt sein mag. Oft macht sie ihre Tochter bedenkenlos älter, weil sie nur deren Interesse im Auge hat, aber so, wie *sie* es *konstruiert.*

Hollywood-Lolitas Mutter spielte eine wichtige Rolle in den Gerichtsverfahren. Die Männer, die in sie verwickelt waren, waren selbst Opfer des Besetzungscouch-Syndroms, begierige und willige Opfer zwar, aber dennoch Opfer. Denn die Mütter der betroffenen Lolitas waren alle ausgezogen, um das sexuelle Begehren, das ihre Töchter bei berühmten, mächtigen, reichen Männern erweckten, auszubeuten. Lilita McMurray, Chaplins Kindbraut (ihr Name muß Nabokov beeinflußt haben) und Polanskis »Sandra« (da sie unmündig war, wurde ihr wirklicher Name niemals genannt) hatten beide Mütter, die sich für die Karriere ihrer Töchter mächtig ins Zeug legten. Nicht die fünfzehnjährige Lita trug tagtäglich Charlies »Perversionen« in ihr Tagebuch ein, sondern Mutti. Nicht die fünfzehnjährige Beverley Aadland schrieb ein Buch über ihre Affäre mit Errol Flynn, sondern Mutti. Es war auch nicht die dreizehnjährige »Sandra«, die zur Polizei ging, um sich bei ihr darüber zu beklagen, daß Polanski sie verführt habe, sondern es war – wieder – Mutti.

Hollywood-Lolitas Mutter ist eine Zentralgestalt in der Beziehung zwischen Humbert und Lolita, weil in der Regel *ihr* Ehrgeiz die treibende Kraft hinter der frühreifen Nutzung des Sex-Appeals durch die Tochter ist, die damit ihre Ziele zu erreichen versucht. Dies kann sich auch in halb unschuldigen

Sue Lyons wissender Blick und ihr verdrossenes Schmollen erweckten Lolita auf der Leinwand zum Leben – sie war die ideale Verkörperung überreifer Männerphantasien

Formen ausdrücken: Die dreijährige Jodie Foster entblößt ihre ziemlich provozierende weiße Brust, um in einem Werbespot für Badeöl den Bräunungsgrad freizulegen; Brooke Shields posierte mit zehn Jahren nackt für Photographien, die erotisch genug waren, um sie Jahre später zu veranlassen, diese Photos unter allen Umständen vom Markt zu verbannen. Die Mutter einer Hollywood-Lolita sucht häufig über ihre Tochter den Stellvertreter-Erfolg; sie ist entschlossen, das Mädchen dort zum Erfolg zu treiben, wo sie einst versagt oder zumindest teilweise versagt hat. Es ist kein Zufall, daß Lita McMurrays Mutter eine sehr unbedeutende Schauspielerin war, genauso wie die Mutter von Polanskis »Sandra« oder die von Elizabeth Taylor. Ähnliches gilt auch für die

Mutter von Judy Garland und die von Brooke Shields. Für all diese Frauen war es zu spät, sich nach oben zu kämpfen, also wollten sie sicherstellen, daß ihre Töchter früh genug anfingen. Dies führte häufig zu so viel Stoßen und Schubsen, daß es auf seiten der Tochter mit Haßgefühlen endete.

Die Hollywood-Lolita ist ewig jung und dennoch so alt wie das Kino selbst. Wir sehen sie durch den ersten Biograph-Streifen trippeln, weder Kind noch Frau, sondern ein wenig von beidem, präpubertär, pubertär, postpubertär, dennoch strahlt sie den Nymphenzauber aus: Irgendwo zwischen Baby und Frau, ein weibliches Kind, das durch erwachsene Verhaltensweisen und Reaktionen vorgibt, ein Vamp zu sein, oder ansonsten eine junge Frau, die sich durch kindliche Kleider und Gesten zum kleinen Mädchen zurückentwickelt. Wir finden sie in allen Erscheinungsformen, von der schüchternsten Naiven bis zur sexuell Unverhohlensten, schmollend, geziert lächelnd, verlegen oder spröde lächelnd, und das durch acht Dekaden Filmgeschichte hindurch.

Trotz unserer Geringschätzung, Verärgerung oder gar unserer Verachtung wegen ihrer Tricks, lockt sie uns seit Jahren, in Schwarzweiß oder im strahlenden Technicolor, stumm oder mit Ton. Und wir müssen zugeben – wenn auch widerwillig, daß die Hollywood-Lolita meist unwiderstehlich ist. Sie ist oft eine fragwürdige Gestalt, und dennoch, wie Nabokov betont, »beeinträchtigt Vulgarität nicht notwendigerweise geheimnisvolle Charakterzüge, die todgeweihte Grazie, den schwer faßbaren, verschlagenen, seelenzerschmetternden, heimtückischen Zauber«.

2. Die verdrucksten Viktorianer

Mary Pickford, Lillian und Dorothy Gish, Mae Marsh, Blanche Sweet, Mary Miles Minter und viele andere Kindfrauen der Stummfilmära waren die Pionierfrauen der Lolitas in Hollywood. Sie schulden ihren Prototypen aus dem 19. Jahrhundert, den Heldinnen der Romane von Charles Dickens, eine Menge, da einige der großen frühen Filmemacher, vor allem D. W. Griffith und Charlie Chaplin, glühende Verehrer des gefeierten Romanciers waren und ihm durch die Art, wie sie ihre Stoffe auf der Leinwand behandelten, unzählige Male ihren Tribut zollten. Die Filmheroine von damals verdankt den Dickensschen Heldinnen alles – und die Tatsache, daß Dickens im wirklichen Leben wie in seinem Werk ein Anbeter junger Mädchen war, hat zweifelsohne viel damit zu tun. Über die Kunst lebte Dickens seine hoffnungslosen Sehnsüchte nach unerreichbaren jungen Mädchen aus, in seinen anbetungsvollen Beschreibungen der kleinen Nell und einiger anderer Mädchen oder Kindfrauen, wie etwa Flo Dombey, der kleinen Dorrit, Amy, Dora, Klein-Emily und anderer.
Edgar Allan Poe (auch ein Schriftsteller des 19. Jahrhunderts, den Griffith leidenschaftlich verehrte) vereinigte seine inzestuöse und pädophile Liebe zu seiner dreizehnjährigen Cousine in *Annabel Lee* (ein Gedicht, das sowohl durch Griffith als auch durch Nabokovs Humbert spukt). Lewis Carrolls sinnliche Photographien von kleinen Mädchen waren nichts anderes als die Sublimierung seiner Besessenheit von den Alices, die er nicht besitzen konnte, nicht einmal im Wunderland. Immer und immer wieder war der puritanische Griffith in Gestalt seiner Leinwandrollen um Haaresbreite dem Besitz jener jungen Schauspielerinnen nahe, die er im wirklichen Leben – vielleicht keusch – liebte. Charlie Chaplin betete als kleiner Tramp in einem Film nach dem anderen aus der Ferne die Jungfrauen an, die zu verführen dem gefeierten Schauspieler hinter der Kamera nicht die geringsten Probleme bereitete.

*Links oben: Lillian Gish – Hollywoods erste und keuscheste Nymphe.
Rechts oben: Mabel Normand – diese niedliche Unschuld war in Wirklichkeit drogenabhängig und ruinierte ihr Leben
Links unten: Mary Miles Minter – ein Engel von mädchenhafter Reinheit, deren rosafarbenes Negligé im Schrank des ermordeten Desmond Taylor Morris gefunden wurde
Rechts unten: Mary Pickford – »America's Sweetheart« – spielte bis weit in ihre Dreißiger hinein beherzte Zehnjährige*

Als Erich von Stroheim in *Queen Kelly* seinen Helden den Schlüpfer der kleinen Kitty an die Lippen pressen ließ, offenbarte er viel mehr von seinen unterdrückten Sehnsüchten, als wenn er die Verführung reiferer Frauen drastisch auf der Leinwand gezeigt hätte.

Die kleine Nell und ihre viktorianischen Schwestern übertrugen den frühen Hollywood-Heroinen eine kleine Schönheit, eine heilige Frühreife, eine bedrohte Unschuld und darüber hinaus jene Qualität der »Kleinheit«, die sich nicht nur auf die physische Größe bezieht, sondern auch auf etwas anderes. Das Adjektiv wurde von den Stummfilmmachern zu Tode gemolken. Das *Oxford Dictionary* führt aus, daß »klein« »andere emotionale Implikationen birgt als ›schmächtig‹«. Ein Dickens-Spezialist stellte die These auf, daß bei Dickens das Wort »klein« niemals ausschließlich faktisch verwendet wird, sondern daß es dazu dient, eine emotionale Süße einzuführen. Wie stark dieses Konzept der »emotionalen Süße« wirken sollte, erwies sich erst später, in den Tagen der *Little* Mary Pickford, der *Little* Mary Miles Minter und der *Little* Blanche Sweet! Zu den Filmen, in denen Mary Pickford mitwirkte, zählen unter anderem: *Little Pal, The Poor Little Rich Girl, The Little Princess, Little Lord Fauntleroy, Such a Little Queen* und *Little Annie Rooney.* Aber die Abhängigkeit vom Zucker überlebte bis weit in die Zeit des Tonfilms hinein. Hier ein paar Titel von Shirley-Temple-Filmen: *Our Little Girl, The Littlest Rebel,* und so weiter.

Das Wort »Kind« war in den Filmen des frühen 20. Jahrhunderts mit emotionalen Konnotationen beladen, da das fragliche Kind ganz zufällig meist schon heiratsfähig war. Denn viele der »Kinder«, die die frühen Filmregisseure in Hollywood beschrieben, waren überhaupt keine Kinder, sondern ambivalente Kreaturen. Was das Alter anbelangt, Kinder; Erwachsene, was den Charakter anbelangt – oder genau andersherum: Erwachsene dem Alter nach, aber Kinder, wenn es um die Erscheinung und den Charakter ging. Sie waren zart und hatten Kindergesichter. Sie hatten riesige Augen und lange, lockige Haare. Ihr Gesichtsausdruck war gewin-

Lillian Gish, das ewige Opfer

nend, sehnsüchtig, verängstigt oder schmollend, auf jeden Fall aber spiegelte er immer die kindlichen Reaktionen auf eine Welt wieder, die ihnen in ihren Abläufen unbekannt war.

Ihre Bühnennamen bestätigen dies – Louise Lovely, Blanche Sweet, Arline Pretty. Selbst wenn ihre Namen gewöhnlich waren (Mary Pickford, Mabel Normand, Edna Purviance), wurden sie in den Filmuntertitelungen doch wieder zur »kleinen« Kreatur. Wie einige Dickens-Heldinnen konnten sie verkrüppelt sein (Dorothy Gish in *Judith of Bethulia,* Mary Pickford in *Stella Maris*) oder blind (wieder Dorothy Gish in *Orphans of the Storm,* Virginia Merrill in *City Lights*); körperliche Gebrechen (oder geistige, wie in *Foolish Wives*) unterstrichen ihre Hilflosigkeit und ihr Bedürfnis nach männlichem Schutz. Aber es reichte schon, wenn ein Mädchen lächerlich schwach aussah – die innere Stärke zählte nicht –, wenn sie sehr zart wirkte (Kameraeinstellungen unterstrichen die geringe Größe noch zusätzlich), wenn sie unglaublich jung war (hier verwendete man Beleuchtungseffekte, um sie noch jünger aussehen zu lassen, als sie war) und wenn sie eindeutig nicht dafür geschaffen war, sich durch eine Welt voller Schurkereien und Härten zu kämpfen. Weibliche Stummfilmstars mußten mit ausschließlich visuellen Mitteln eine Kombination aus sexueller Unschuld und Begehrenswürdigkeit von der Leinwand zurückprojizieren, und am leichtesten schaffte man es, wenn man – einmal mehr – die extreme Jugend unterstrich – sie mußte eine Nymphe sein.

Zur damaligen Zeit gab es bereits zwei unterschiedliche, sich aber dennoch berührende Typen der Hollywood-Lolita: die komödiantische Lolita und die tragische Lolita. Den Bengel und die Heimatlose. Die Schlaue und die Pathetische. Beide waren sie kindlich, doch mit dramatischen Situationen wurden sie jeweils mit den Mitteln fertig, die ihnen der Rollentyp erlaubte: Lillian Gish, indem sie, auf den Knien rutschend, um Gnade fleht in *Broken Blossoms,* Mae Marsh, indem sie sich von einer Klippe stürzt, um in *Birth of a Nation* ihrem Verfolger zu entkommen, oder Mary Pickford, die tapfer alle streunenden Hunde aus dem Wagen des bösen Hundefängers befreit in *The Foundling,* oder die kesse Mabel Normand, die in *Mabel's Busy Day* ihrem allzu draufgängerischen Verehrer zeigt, wo der Bartel den Most holt. Beide Spielformen der Nymphe wurden oft mit schwierigen,

Edna Purviance, die versonnene, sonnengeküßte Landmaid

manchmal auch gefährlichen Situationen konfrontiert, in die sie meist durch herrische oder wollüstige Männer gerieten, die viel stärker und größer als sie selbst waren. Die Art der Aufarbeitung richtete sich nach dem Genre. Der Kampf einer kindlichen Heroine gegen die harte Welt sollte in einigen Fällen zu Tränen rühren, in anderen Fällen zum Lachen anregen. Die tragischen Lolitas waren zerbrechlicher, eher wie kostbares Porzellan, als die komödiantischen Lolitas. Lillian Gish war eine von vielen, aber sie verkörperte den Mädchentyp, der sich erst in einer Welt richtig entfaltete, in der böse bzw. galante Männer miteinander um die Chance wetteifern, eine Frau entweder zu beschützen oder zu verführen, wie Ethan Morden in seinem Buch *Movie Star* feststellte. Die komödiantische Lolita durfte burschikoser und tolpatschiger sein, nur mußte es kindlich wirken, so wie das bei Mabel Normand der Fall war. Mabel Normand kam aus dem Stall Mack Sennetts und war die Heldin unzähliger Zweiakter von Charlie Chaplin: »Eine kulleräugige, dralle, sprühende Schönheit – 160 cm Humor eben.« Ein draller Körper und ein übersprudelndes Temperament waren akzeptiert, solange die Heldin ein Teenager (Mabel war siebzehn) und von kleinem Wuchs war. Das galt auch für Edna Purviance, ebenso wie für Gloria Swanson, solange sie noch zu Mack Sennetts Badeschönheiten gehörte. Der tragikomische

Mae Marsh in der Rolle der kleinen Schwester in ›Intolerance‹

»Klein-Mary«-Lolita-Typ (Mary Miles Minter und Mary Pickford) konnte es sich erlauben, ein bißchen weniger zerbrechlich zu wirken als der ausschließlich tragische, dafür durfte er aber keinesfalls so ausgereifte sekundäre Geschlechtsmerkmale haben wie etwa Mabel Normand oder Edna Purviance. Um ihrem Idealbild voll zu entsprechen trugen sie entweder Lumpen oder Kinderschürzchen – wenn nicht gar Jungenkleidung –, die von der wachsenden Fraulichkeit ablenkten und gleichzeitig durch den Kontrast die Schönheit des Gesichts und die melancholische Koketterie des Gesichtsausdrucks hervorhoben.

Aber genauso wie es in Hollywood ganze Heerscharen von

Carol Dempster, die jugendliche Tänzerin, die D. W. Griffiths Geliebte wurde und Lillian Gish für sieben Filme als seine etatmäßige Hauptdarstellerin ablöste

Lolitas gab, konnte sich die Filmkapitale ihrer Humberts rühmen, besonders eben eines David Wark Griffith, eines Charles Chaplin oder eines Erich von Stroheim.
»Der amerikanische Kinobesucher hat den Reifegrad eines zwölfjährigen Kindes«, beklagte sich D. W. Griffith einmal. »Man muß ihm das Leben ständig so vorführen, wie es nicht ist.« Das war für Amerikas ersten und vielleicht größten Filmemacher in vieler Hinsicht ein glücklicher Umstand, denn trotz seines unglaublich kreativen Genies hatte Griffith selbst nur den Reifegrad eines Zwölfjährigen, zumindest was seinen Zugang zu seinen Leinwandheldinnen anbelangt. Auch er wollte bei der Darstellung seiner mädchenhaften Heroinen das Leben so sehen, wie es nicht ist. Und gerade dieses Zusammentreffen von Wunschdenken bei Regisseur und Publikum erklärt, wie jemand, der sowohl in künstlerischer als auch in technischer Hinsicht so sehr die Avantgarde verkörperte wie Griffith, dennoch so populär sein konnte.

David Wark Griffith war 1875 zur Welt gekommen, folglich am Ende des 19. Jahrhunderts bereits ein Mittzwanziger; er war in jeder Hinsicht ein Viktorianer. Er stammte aus Kentucky, sein Vater war Offizier, und er wuchs mit den Geschichten über die alte Südstaaten-Galanterie und die Vorkriegsromantik auf. Sein literarischer Geschmack und viele der Ideen für seine späteren Filme waren vom 19. Jahrhundert geprägt, vor allem von Dickens, George Eliot, den Brontë-Schwestern und Bret Harte. Seine Lieblingsdichter waren Alfred Tennyson und Browning, nach deren Vorlagen vier seiner Filme entstanden. Einen jedoch stellte er über alle: Edgar Allan Poe, der wie er aus den Südstaaten kam, der Ehemann und bald Witwer eines dreizehnjährigen Mädchens war. (Auch wenn das im Süden der Vereinigten Staaten gar nichts so Besonderes war; noch heute kann man in einigen Bundesstaaten eine Dreizehnjährige heiraten, sofern man die Zustimmung der Eltern erhält. Einer der ersten Filme Griffiths war eine Biographie Edgar Allan Poes.
1908 drehte Griffith seinen ersten Film. Er hieß *The Adventures of Dolly,* (Dollies Abenteuer), und was wäre hilfloser

David Wark Griffith, der Südstaaten-Gentleman, der seine privaten Obsessionen so glänzend auf die Leinwand projizierte

und unselbständiger als eine Puppe (doll = Puppe, dolly = Püppchen, A. d. Ü.). Seine Dolly war ein kleines Mädchen, das von Zigeunern geraubt worden war. Sie hatte sich noch nicht ganz wieder von ihnen befreien können, als sie mitsamt der Wassertonne, in der sie versteckt war, vom Wagen herab in den Fluß fiel, wo sie von einer starken Strömung über einen Wasserfall brodelnden Strudeln zugetrieben wurde. In diesem Zweiakter sind bereits alle typischen Griffith-Elemente zu sehen: die glücklose, einsame, verwaiste Halbwüchsige, die ein Opfer der Elemente und männlicher Grausamkeit und Gier wird.

Aus der Art, in der Griffith seine weiblichen Heldinnen im

Film (manchmal auch außerhalb, wenn schwierige Szenen gedreht werden mußten) behandelte, könnte man auf einen tiefen Haß auf Frauen schließen, auch darauf, daß er über das Medium Film offene Rechnungen mit der Frauenwelt beglich. Lillian Gish mußte sich für *Broken Blossoms* auch in Wirklichkeit von einem sadistischen Boxer halbtot prügeln lassen; in *Hearts of the World* (Herzen der Welt, 1918) ist sie genau wie in *Birth of a Nation* (Geburt einer Nation) einer tatsächlichen Vergewaltigung nur ganz knapp entgangen. Mae Marsh hatte in *Birth of a Nation* weniger Glück; sie bezahlte den Versuch, einer Vergewaltigung zu entgehen, mit dem Leben. Auch Carol Dempster mußte für *The Girl Who Stayed at Home* (Das Mädchen, das zu Hause blieb, 1919) unter den Händen eines üblen Deutschen Schreckliches mitmachen; in *Dream Street* (Straße der Träume, 1921) erging es ihr nicht besser, nur war diesmal ein Chinese der Übeltäter. Bei den Dreharbeiten zu *The Greatest Question* (Die größte Frage, 1919) zu *Orphans of the Storm* (Waisen des Sturms) und einigen weniger bekannten Griffith-Filmen setzte es für Lillian Gish Peitschenhiebe in rauhen Mengen; Vergewaltigungsversuche und Mordanschläge waren auch keine Seltenheit. Daß die Schurken, die so etwas versuchten, häufig muskulöse Schwarze, Asiaten, Deutsche oder Franzosen waren, führte häufig zu dem Vorwurf, daß Griffith ein Chauvinist oder Rassist sei, obwohl die Anforderungen der Story und die visuelle Wirkung solch »exotischer« Schurken im Stummfilm diese sexuelle Stereotypisierung zum Teil erklären. Daß der Bösewicht so häufig ein mittelalter Mistkerl mit Verbrechervisage und blutrünstiger Ausstrahlung war, dagegen der Retter des Mädchens ein gutrasierter, viel jüngerer Mann mit einem offenen Gesichtsausdruck, war auch ein Charakteristikum des viktorianischen Melodrams. Dennoch muß man sich fragen, ob dieses Dreigestirn – abstoßender älterer Mann, ehrlicher jüngerer Mann, halbwüchsiges Mädchen, um das beide kämpfen – nicht eine stellvertretende Aufarbeitung von Griffiths eigenem inneren Kampf gegen seine sexuellen Triebe war. Der gute und galante Südstaaten-Gentleman in ihm focht einen harten Kampf gegen den alternden

Lüstling, der auch in ihm steckte. Die Lust am Besudeln und Schänden stand gegen die Lust an der Verehrung und Anbetung.

Nicht erst heute ist man verblüfft über die sexuellen Sadismen, die in Griffiths Werk ebenso erkennbar sind wie sein Talent und seine offensichtliche Liebe für seine mißhandelten Heldinnen. Schon 1920 beschwerte sich der Filmkritiker der Zeitschrift *Photoplay* darüber, daß Griffith »von Szenen besessen war, in denen Frauen und Mädchen geschlagen oder angegriffen werden«. Selbst der glühendste Bewunderer des Regisseurs, Edward Wagenknecht, mußte zugeben, daß man nicht abstreiten könne, daß Griffith zu viel aus den Szenen heraushole, in denen die unschuldige Heldin von lüsternen Monstren bedroht wird.

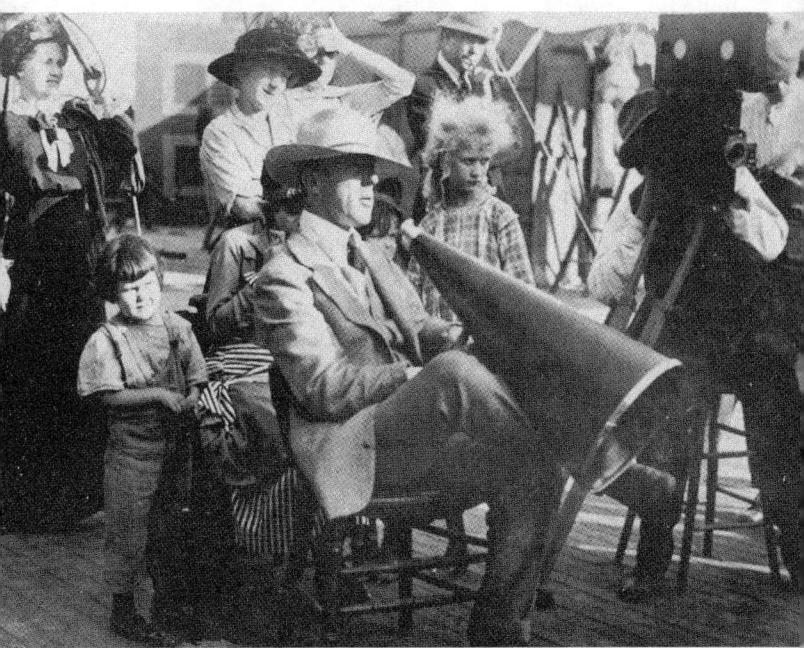

Griffith bei der Arbeit. Notorischer Humbert, der er war, drehte er einige der erotischsten Szenen der Filmgeschichte

Dennoch gibt es keinen Zweifel daran, daß Griffith seine Heldinnen verehrte und anbetete, egal, wie sehr sie in seinen Filmen mißhandelt wurden. Ganz im Geiste altmodischer Galanterie hob er sie auf einen Sockel, photographierte sie liebevoll in Großaufnahmen, verweilte auf ihrem zitternden Lächeln, auf ihrem fließenden Haar, ihren großen Augen, in denen Tränen schimmerten, oder auf ihrem unterwürfigen, kindlichen Lächeln. Er benannte seine Filme nach ihnen; *Broken Blossoms* (Gebrochene Blüten 1913), *The Love Flower* (Die Liebesblume, 1921), *The White Rose* (Die weiße Rose, 1923). Er gab ihnen Namen wie Weiße Mandelblüte, die Liebe, Braune Augen. In *Broken Blossoms* richtet Chinky einen Schrein für seine »Weiße Blüte« ein und betet im wahrsten Sinn des Wortes das kleine Mädchen an, das seine Puppe wiegt.

Viele haben Griffiths Beziehung zu den Mädchen, die er zu Schauspielerinnen machte, mit der von Svengali und Trilby oder der von Pygmalion und Galatea verglichen. Dabei sind die Gefühle, die ein Erschaffer für seine Kreaturen hegt, immer ambivalent. Eine Feministin schrieb einmal über Griffith: »Er erschuf ein ganzes Künstleruniversum, in dem der Trieb, seine Galateas zu degradieren, untrennbar mit dem Bedürfnis verwoben war, sie zu erhöhen.« Doch seine Galateas waren ihm dankbar, auch sie hoben ihn auf einen Sockel. »Ich machte alles, was er wollte«, erinnerte sich Blanche Sweet, »alles, nur um von ihm gelobt zu werden.« Alles? Mary Pickford, die beiden Gishs, Mae Marsh, Bessie Love, Colleen Moore und Carol Dempster hätten ihr sicherlich zugestimmt. Ihr Gehorsam gegenüber dem Herrn war legendär. Sie waren glücklich, wenn sie seine Erwartungen erfüllen konnten, wenn sie für ihn im Film wie im wirklichen Leben das kleine Mädchen spielen durften, auch wenn sie ein wenig zu alt dafür waren. Wagenknecht beschrieb den Besuch einer Voraufführung von *Sally of the Sawdust* (Sally vom Jahrmarkt, 1925). Griffith »holte Carol Dempster auf die Erde zurück. ›Sag den Damen und Herren guten Abend‹, verlangte er von ihr, als ob sie ein kleines Mädchen wäre, das zu den Abschlußprüfungen der zweiten Klasse antritt. Carol

Blanche Sweet und Walter Long in ›Unprotected‹. Drückt ihr Gesicht Sehnsucht oder Angst aus?

gehorchte mit flötendem Tonfall: ›Guten Abend, meine Damen und Herren‹, und das war's.« Die Kraft seiner Künstlerpersönlichkeit, sein Genie, sein Ansehen und seine tatsächliche Macht als Hollywoods berühmtester Regisseur haben Griffith über zwanzig Jahre hinweg sehr genutzt. Aber die Tatsache, daß er groß, väterlich, elegant und einfühlsam war, hat sicherlich zu seinem außerordentlichen Einfluß auf

Lillian Gish war Griffiths unumstrittene Favoritin

die unerfahrenen Mädchen, die er in seinen Filmen einsetzte, beigetragen.
Daß Griffiths innere sexuelle und emotionale Konflikte, die er im Umgang mit seinen Mädchen in sich austragen mußte, seine Kunst wesentlich beeinflußt haben, steht außer Frage. Die zwiespältige Beziehung, die sich aus der massiven Lenkung einer viel jüngeren Frau durch einen wesentlich älteren Mann ergibt, wiederholte sich in der Geschichte Hollywoods immer und immer wieder; Beispiele hierfür sind Griffith, Charlie Chaplin, Errol Flynn, Polanski und etliche andere gefeierte Regisseure und Schauspieler. Es handelt sich um Ersatzväter bzw. um Ersatztöchter, wenn eine Filmdebütan-

tin in den Einfluß eines erfahrenen Regisseurs oder Hauptdarstellers gerät (oft Übervater und erster Liebhaber in einer Person), und dies wird als Lolita/Humbert-Konstellation auf die Leinwand übertragen.

Dorothy Gish schaffte es nie, aus dem Schatten ihrer Schwester herauszutreten – vielleicht, weil ihre Sinnlichkeit viel offenkundiger war

Griffith war bereits Ende dreißig, als er voller Eifer daranging, in den Biograph-Studios einen Reigen niedlicher Mädchen um sich zu sammeln, die, obwohl sie sowieso noch extrem jung waren, noch einmal fünf Jahre jünger aussahen, als es ihrem Alter entsprochen hätte. Am Beginn ihrer Zusammenarbeit war Blanche Sweet siebzehn, Mary Pickford neunzehn, Lillian und Dorothy Gish waren sechzehn bzw. vierzehn, Colleen Moore war fünfzehn und Mae Marsh siebzehn. Das eigentlich Erstaunliche daran ist, daß keiner wirklich weiß, in welcher Beziehung er zu ihnen gestanden hat. Diejenigen, die behauptet haben, Genaues darüber zu wissen, haben sich nur wichtig gemacht. Vielleicht gibt es noch ein paar verhutzelte Achtzigerinnen, die das Geheimnis lüften könnten, doch bis jetzt hat es keine getan. Manch einer hat Andeutungen fallenlassen, vor allem über seine erklärte Favoritin Lillian Gish, aber es waren eben nur Andeutungen. Griffith nannte Lillian »die schönste Blondine der Welt«. Doch selbst die boshafte Anita Loos erklärte, daß es kein einziger »jemals wagte, auch nur im Flüsterton zu behaupten, daß ihre Verbindung mehr als platonisch war«.
Griffith mußte alles tun, um einen Skandal zu vermeiden. Die Schauspielerin Linda Arvidson, mit der er seit 1905 verheiratet war, mit der er aber nicht auskam, verweigerte ihm die Scheidung, obwohl sie seit 1911 getrennt lebten. Es heißt, sie habe ihren Mann jahrelang damit erpreßt, seine Affären mit seinen Hauptdarstellerinnen aufzudecken, wenn er ihr nicht ordentliche Schweigegelder zahle. Anders als Humbert Humberts Frau weigerte sie sich, bequem zu sterben, um den Weg für Griffith und sein unterdrücktes Begehren nach einer idealen Lolita freizumachen.
Schriftsteller beschrieben den großen Regisseur später als notorischen Schürzenjäger oder sie schilderten seine Obsession für blutjunge Kindfrauen vor und hinter der Kamera. Da aber alles ziemlich vage blieb, scheint es beinahe glaubwürdiger zu sein, daß der höfliche Südstaaten-Gentleman die Jugend seiner Mädchen genauso respektiert hat wie ihre Tugend. Griffith, der von einem überaus ritterlichen Galanterie-Begriff geprägt war, kam damals nicht wegen seiner Affä-

Lillian Gish in ›Broken Blossoms‹. Die Stummfilm-Nymphen Hollywoods wurden oft übel zugerichtet und hatten viel zu leiden

ren ins Gerede, sondern wegen der puritanischen Atmosphäre, die an seinen Drehorten herrschte. Er drehte einige der erotischsten Sequenzen, die jemals auf der Leinwand zu sehen waren, erotisch deshalb, weil sie so eindringlich unterdrückte Begierde und die Pein unerfüllter Sehnsucht schilderten. Schon damals gab es einen ungeheuren Aufruhr, weil Marguerite Clark in *Wildflower* ihre Strümpfe auszog. Flirts waren am Drehort verpönt, eine derbe Ausdrucksweise noch mehr, und die Beteiligten sprachen sich nicht mit ihren Vornamen an. Das ging so weit, daß Lillian Gishs spätere Autobiographie den Titel *The Movies, Mr. Griffith and Me* trug, obwohl sie ein Jahrzehnt mit dem großen Regisseur zusammengearbeitet hatte und unzählige Male mit ihm privat zusammengewesen war.

Der Film hat sich seit jenen Tagen enorm weiterentwickelt – oder etwa doch nicht? Sex hat mehr mit Sehnsucht als mit Erfüllung zu tun; Erfüllung mündet nur in nachlassendem Interesse, zumindest vorübergehend. Je länger man sich nach etwas sehnt, um so hartnäckiger wird die Erregung. Und Griffith wußte nicht wenig über Sehnsucht und ihre Darstellungsmöglichkeiten. Auf der ersten Schrifttafel in seinem Remake von *The Battle of the Sexes* (Der Kampf der Geschlechter, 1914) heißt es: »Dieser Kampf tobt immer und wird auch immer toben – um aufkeimendes und enttäuschtes Begehren – gegen den eigenen Willen oder auch mit ihm.« Diese Erklärung bleibt in ihrer vornehmen Sprache quälend zweideutig, auch wenn sie vor Griffithscher Lust kocht – man läßt die Zügel schießen und hält doch alles unter Kontrolle.

In *Broken Blossoms* wird die Inszenierung von »aufkeimendem und enttäuschtem Begehren – gegen den eigenen Willen oder auch mit ihm« zu einem frenetischen Crescendo: in Szenen, die für ihre bebende Sinnlichkeit und ihre sengende Atmosphäre berühmt sind, auch wenn in Wirklichkeit nichts geschieht. Die Hollywood-Lolita der Stummfilm-Ära erreichte ihren künstlerischen und erotischen Gipfel in diesem Film, der ursprünglich »The Chink and the Child« betitelt und nach der Vorlage von Thomas Burkes *Limehouse Nights* entstanden war. Daß Lillian Gish eine Zwölfjährige verkörpert, daß sie alle Liebesszenen mit einer großen Puppe im Arm spielt (symbolisiert die Puppe das Baby, für das sie noch zu jung zu sein scheint?), daß nie auch nur ein Teil ihres Körpers zu sehen ist, obwohl sie häufig auf dem Bett liegt, all das entspringt Griffiths Obsessionen – auch wenn man sie nicht teilt, ist ihre Intensität ungeheuer bedrückend. Die Geschichte eines innig liebenden Chinesen, der ein mißhandeltes kleines Mädchen bei sich aufnimmt und vor Verlangen nach ihr stöhnt, wenn sie schläft oder voller Unschuld spielt, der seiner Leidenschaft manchmal beinahe (aber nie ganz) nachgibt, symbolisiert den sexuellen Verhaltenskodex, den Griffith sich entweder zu eigen gemacht hatte oder sich gerne zu eigen gemacht hätte. Einige Szenen erinnern auf seltsame Weise an die ersten Kapitel in *Lolita,* in denen Humbert Humbert nicht die geringste Hoffnung hat, seine Nymphe zu

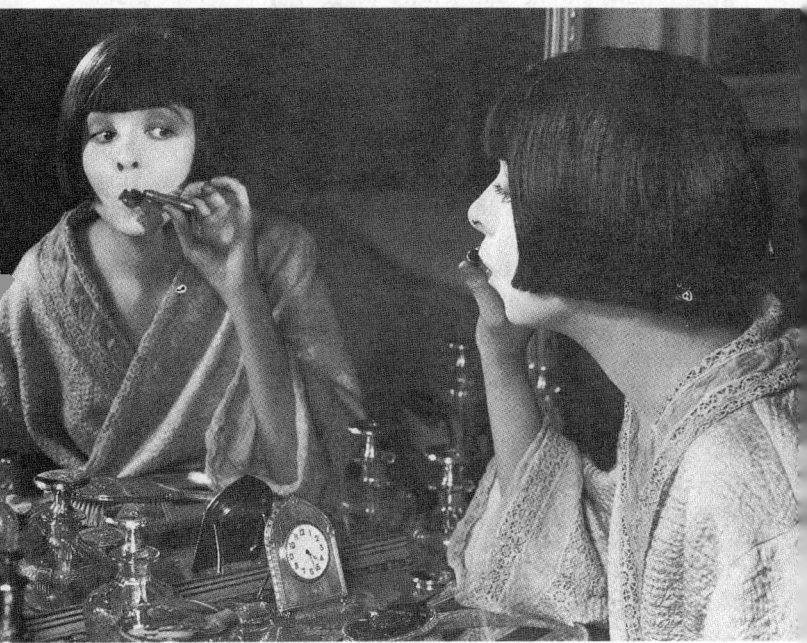

Eine Zeitlang war sie ein »Griffith-Mädchen«, dann ließ sich Colleen Moore ihre Locken abschneiden und wurde eine Göre. Sie hat sich ihren großäugigen Klein-Mädchen-Blick trotzdem bewahrt

besitzen, die abwechselnd spielt und schläft. In seinem nächsten Film, *The Greatest Question* (Die größte Frage, 1919), verkleidete Griffith Lillian Gish wieder als Kind, gab ihr wieder eine Schmusepuppe und nannte sie Little Miss Yes'm (etwa: Kleines Fräulein Jawohl). Diesmal wurde sie von der Gier eines widerlichen mittelalten Scheusals verfolgt (Humbert Humbert in anderer Aufmachung?); er hieß Kain und lebte im »Haus der Finsternis«. Da sie viel zu unschuldig war, durchschaute sie seine Absichten erst, als es schon fast zu spät war, so daß Miss Yes'm von einem ordentlichen, anständig aussehenden jungen Mann gerettet werden mußte. Chinky, der fast verging vor unterdrückter Sehnsucht, Kain, dem seine unverhohlene, obszöne Geilheit den Geifer in den Mund trieb, und der aufrichtige junge Mann, der die kleine Miss Yes'm rettete, sie alle waren Facetten von Griffiths komplexem Charakter. Wir werden nie herausbekommen, welche dieser drei Facetten in seinem Umgang mit seinen Mädchen dominierend war. Aber wir wissen, daß er, als es ihm im Alter von einundsechzig Jahren endlich möglich war, eine sechsundzwanzigjährige Schauspielerin heiratete, die er schon seit ihrem dreizehnten Lebensjahr kannte. Was Lillian Gish anbelangt, die »schönste Blondine der Welt«, die jeden Mann hätte haben können, nach dem ihr der Sinn stand, so blieb sie unverheiratet und offiziell so jungfräulich, wie sie damals war, als sie den »Shakespeare der Leinwand« kennenlernte. Mack Sennett, ebenfalls ein Pionier des Films, meinte einmal: »D. W. Griffith hat den Film erfunden.« Man könnte genausogut sagen, daß er die Hollywood-Lolita erfunden hat.

»Zum Heiraten wissen wir viel zuwenig«, gab Little Miss Yes'm ihrem jungen Freier scheu zur Antwort, als er in *The Greatest Question* um ihre Hand anhielt. Aus dem Mund dieses kleinen Fräuleins, das noch nicht lange im heiratsfähigen Alter war, das außerdem gerade noch so einer Vergewaltigung entgangen war, klang dieser Satz ein wenig grotesk, auch wenn Lillian Gish eine Dreizehnjährige verkörperte. Wollte man uns wirklich weismachen, daß die Mädchen damals ganz und gar ahnungslos und hinter dem Mond lebten?

Wenn man Colleen Moore glauben will, die mit fünfzehn kurz zu den Griffith-Mädchen gehörte, ehe sie wenig später zur ersten Filmgöre wurde, dann war das tatsächlich der Fall. »Ich nehme an, daß heutzutage die meisten Fünfzehnjährigen die sogenannten Tatsachen, wesentliche Dinge des Lebens kennen. Ich und meine Freundinnen im Studio hätten uns niemals getraut, irgend jemanden um Aufklärung zu bitten. Von Sex, wenn man überhaupt jemals davon sprach, war nur im Flüsterton die Rede ... Wir waren genauso unschuldig wie die Heldinnen, die wir darstellten.« Allerdings gesteht Frau Moore in einem anderen Abschnitt ihrer Autobiographie ehrlicher ein: »Der viktorianische Einfluß war nach wie maßgeblich. Mädchen hatten unschuldig und unwissend zu sein, und wenn das nicht der Fall war, dann hatten sie wenigstens den Schein zu wahren, denn das und nur das entsprach den Idealvorstellungen und wurde akzeptiert.«
Unschuld und Unwissenheit waren folglich eher ein Ideal, ein Wunsch, ein Wunschbild, die auf der Leinwand verwirklicht wurden, als notwendigerweise die für alle gültige Wirklichkeit. Einige junge Mädchen scheuten sich privat nicht, sei es aus Neigung oder zur Förderung ihrer Karriere, ihren Sex-Appeal zielstrebig bei einflußreichen Männern einzusetzen, die sie beim Film unterbringen konnten. Bebe Daniels war es schon mit zwölf Jahren gelungen, einigen Regisseuren des Sennett-Studios so den Kopf zu verdrehen, daß sie einige Rollen als Badeschönheit bekam. Als Sennett höchstpersönlich (»der alte Herr«, wie ihn alle nannten) entschied, daß sie zu jung sei, ließ sie ihre Reize auf Harold Lloyd wirken und bekam von ihm im zarten Alter von dreizehn eine Hauptrolle.
Mabel Normand war mit dreizehn Künstlermodell. Mack Sennett beschrieb seine Bestürzung, als er eines Tages ein Besetzungsgespräch mit einem jungen Ding führte: »Ich sagte zu ihr, ›Zeig mir mal deine Knie, Süße‹, so wie ein Bankier einen Kunden nach zusätzlichen Sicherheiten fragt, wissen Sie, es war rein geschäftlich. Sie hob ihr Kleid bis zum Hals hoch und drehte sich splitternackt um die eigene Achse.« Sennetts Schreck über diese Szene kann man ihm

ruhig abnehmen, denn er hat sich ansonsten nie als Heiliger ausgegeben. Seine Besetzungscouch war berüchtigt, und wenn er von seinen potentiellen Badeschönheiten sprach, gab er offen zu: »Sie waren samt und sonders Ausziehpüppchen, und der Mann, dem keine einzige oder nicht wenigstens ein paar – es ist schwer, den Mann zu beschreiben, den es nicht gibt.«

All das ist schwer mit Colleen Moores Behauptung unter einen Hut zu bringen, der zufolge sie und ihre Freundinnen die »wesentlichen Dinge des Lebens« nicht kannten, auch

Dank ihres berühmten »Hasch-mich«-Blicks wurde die kesse Komödiantin Mabel Normand beinahe genauso beliebt wie Mary Pickford – bis zu ihrem tiefen Fall

Mabel Normand war genauso wie Colleen Moore das Inbild der Kindlichkeit: rein, unbefleckt und in sexueller Hinsicht völlig unbedarft. Die Wirklichkeit sah anders aus ...

nicht mit ihrer vorgeblichen Naivität im Alter von fünfzehn – die folgende kleine Anekdote belegt dies: »Eines Tages belauschte ich eine ältere Schauspielerin dabei, wie sie über eine Freundin, die von einem bekannten Regisseur gerade eine Hauptrolle bekommen hatte, boshaft sagte: ›Natürlich hat sie ihren Preis bezahlt.‹ Ich fragte mich, wie hoch der Preis wohl gewesen sein mag und ob es sich mein Vater leisten könnte, mir auch so eine Rolle zu kaufen.« Diese Geschichte beweist eindeutig, daß andere Mädchen durchaus bereit waren, den Preis zu zahlen, auch wenn Colleen Moore nicht kapierte, um was für einen Preis es sich handelte. Was zählte, war eine unschuldige und jungfräuliche Aura auf der Leinwand. Das Publikum war allerdings immer noch viktorianisch genug, um an das Privatleben der Leinwandheroine die gleichen Anforderungen zu stellen wie an ihr Filmleben, und gnade ihr Gott, wenn sich herausstellte, daß sie sie nicht erfüllte. Zwei der jüngsten Blüten Hollywoods, Mabel Normand und Mary Miles Minter, sollten bald erfahren, wie puritanisch Amerika immer noch war und welche Reinheit es von seinen künftigen weiblichen Stars verlangte.

Mabel Normand war damals Hollywoods beliebteste Komikerin, sie gehörte zum Mack-Sennett-Stall (und war seit ihren Mittzehnern seine Geliebte) und war Charlie Chaplins Lieblings-Hauptdarstellerin. Sie hatte in seinen gefeierten Klassikern *Mabel's Strange Predicament, Mabel at the Wheel, Mabel's Busy Day, Mabel's Married Life, His Trysting Place, Tillie's Punctured Romance, Getting Acquainted* und anderen frühen Chaplin-Komödien mitgespielt. Mary Miles Minter war eine der engelhaftesten Schönheiten und jungfräulichsten Nymphen, die je die Leinwand verschönert haben. Schon mit vier Jahren war sie am Theater ein Kinderstar, mit zwölf war sie bereits ein Filmstar. In der Besprechung von *The Fairy and the Waif* beschrieb ein Kritiker sie als »außerordentlich faszinierend, sympathisch charmant und hinreißend kindlich«. Wie ihre Rivalin Mary Pickford war sie sehr klein, hatte blaue Augen und goldblondes Haar und schien dazu ausersehen, noch in ihren Dreißigern Kinderrollen zu spielen. Doch das Schicksal machte ihr einen Strich durch die Rechnung.

Mit siebzehn gestand sie ihrer Freundin Colleen Moore, daß sie es satt habe, wie eine Sechsjährige behandelt zu werden. Sie sehnte sich nach ein wenig Erfahrung und einer echten Romanze. Das war kein leichtes Vorhaben, denn ihr Studio wollte sich die Vorteile ihrer jungfräulichen Ausstrahlung erhalten, und ihre Mutter klebte ihr ständig an den Fersen. Charlotte Shelby, Marys Mutter, ließ ihre Tochter nur aus den Augen, wenn es gar nicht anders ging. »Diese adleräugige Überwachung hatte mit Mutterliebe nur wenig zu tun ... Allein der Gedanke, ihre töchterliche Goldmine an einen Ehemann zu verlieren, erfüllte ihre Mutter so mit Angst und Schrecken, daß sie eine krankhafte Eifersucht entwickelte«, beschrieb Colleen Moore ihren Eindruck. Hier haben wir

Hollywood-Lolitas Mutter, wie sie im Buche steht, wie sie in der Geschichte Hollywoods immer wieder auf den Plan trat und noch heute heftig herumwatschelt.

Colleen Moore

Manchmal gelang es Colleen und Mary, ihren Bewachern zu entwischen, um heimlich zu harmlosen Verabredungen mit Jungen ihres Alters zu gehen. Doch klappte das nur sehr selten, weil die Mutter ihre Augen fast immer offenhielt. Allerdings nahm sie es mit ihrer Aufsichtspflicht nicht mehr so ernst, als ihre Tochter sich immer wieder mit dem bekannten Regisseur William Desmond Taylor verabredete. Klar, als Fünfundvierzigjähriger war er viel zu alt und viel zu sehr Gentleman, um sich an ein Kind heranzumachen und es zu verführen; außerdem hatte die gute Mutter Charlotte selbst ein Verhältnis mit diesem Mann, wie sich später, in der Gerichtsverhandlung, herausstellte. In ihren Briefen redete Mary Taylor immer mit »liebster Vater« an und unterschrieb mit »gesegnetes Kind«. Taylors Butler, Henry Peavy, erzählte später, daß Mary ihn einmal fragte: »Wie geht es Mister Taylor, Henry? Ich frage Sie, weil Mister Taylor für mich so etwas wie ein Vater ist.« Als die junge Schauspielerin Taylor ein Photo von sich schenkte, trug es die unpersönliche und respektvolle Aufschrift: »Für William Desmond Taylor, Künstler, Gentleman, Mann! Mit besten Wünschen, Mary Miles Minter, 1920.«

Wie auch immer die beiden zueinander gestanden haben mögen, die Sache wäre nie ans Licht gekommen, wenn Taylor nicht am 1. Februar 1922 auf brutale Weise ermordet worden wäre. Der geheimnisvolle Mörder, der ihm in den Rücken schoß, wurde nie ermittelt. Er – oder war es eine sie? – schlich sich unmittelbar nach der Tat aus dem Haus und verschwand in der Nacht. Die Ermordung eines solch angesehenen Mannes wie Taylor löste eine Welle des Entsetzens in Hollywood aus, und die darauffolgenden Nachforschungen erregten noch mehr Aufsehen als der Mord selbst. Man stieß auf ein Gewirr aus falscher Identität, Diebstahl, Schmuggel, Drogen und verworrenen sexuellen Beziehungen. Es stellte sich auch heraus, daß Taylor für Mary Miles Minter Humbert Humbert war, für den sie eine verzehrende Leidenschaft hegte. Ihre Liebesbriefe an ihn fanden sich in der Spitze seiner Stiefel; ein winziges rosa Nachthemd mit den eingestickten Initialen MMM hing in seinem Schlafzimmerschrank.

Man möchte kaum glauben, daß Mary Miles Minter wußte, worum es im Leben geht ... und doch teilte sie sich ganz im Stile Lolitas den Liebhaber mit ihrer Mutter

Noch schockierender aber war, daß Mary nicht den geringsten Versuch unternahm, zu leugnen oder den Schein zu widerlegen. Kaum wurde der Mord entdeckt, traf sie schon am

William Desmond Taylor. Der unheilvolle Charme dieses berechnenden Jung-Mädchen-Verführers hatte schließlich auch seinen gewaltsamen Tod zur Folge

Schauplatz ein. Sie kämpfte sich durch die Polizeiabsperrungen, schluchzte und schrie ihre unsterbliche Liebe zu dem Opfer hinaus. Der Polizei gestand sie, ja, sie und Taylor hätten einander geliebt und vorgehabt zu heiraten, sobald sie volljährig wäre und den Klauen ihrer Mutter entkommen könnte. Mit ergreifender, aber unkluger Offenheit erklärte sie: »Es war einfach eine reine Liebe. Ich war immer ein introvertiertes, zurückgezogenes Mädchen, und er war der erste und einzige Mann, der jemals all die Herrlichkeiten von Männlichkeit in einer Person vereinigte. Das war er für mich.«

Das alles war heiß genug, um die Geschichte Tag für Tag in den Schlagzeilen zu halten. Doch statt an Brisanz zu verlieren, wurde die Geschichte immer bizarrer und sensationeller. Punkt eins: Ist es möglich, daß Marys Mutter die Mörderin war? Der einzige, der den Mörder kurz gesehen hatte, erklärte bei der Vorverhandlung: »An der Erscheinung des Mannes war irgend etwas, das nicht ganz stimmte. Eine Kappe war weit über das Gesicht gezogen, ein Schal verdeckte die untere Gesichtshälfte. Der Anzug wirkte an seinem Körper sehr unausgefüllt.« Der Zeuge, ein Nachbar, sagte unter Eid aus, daß der Mann eher wie eine als Mann verkleidete Frau ausgesehen habe.

Vielleicht war aber Mabel Normand, auch eine von Taylors kleinen Freundinnen, die Mörderin? Sie war die letzte, die ihn lebend gesehen hat, nur eine Stunde, bevor er erschossen wurde. Es war nicht sehr wahrscheinlich, doch die Spekulationen, Andeutungen und Insinuationen nahmen überhand. Eine Erkenntnis, die Mabels Karriere endgültig ruinierte, war ihre Drogenabhängigkeit, und daß sie von einem Dealer-Ring erpreßt wurde, der sie mit kokaingefüllten Erdnüssen versorgte. Angeblich hat Taylor versucht, den Dealer-Ring auffliegen zu lassen und Mabel von ihrer Sucht zu befreien; aber war es vielleicht nicht doch er, der die Erdnüsse für sie besorgt hat? In der Nacht, in der er ermordet wurde, war ihre große Tasche bis obenhin mit ihnen vollgestopft.

Mabel wurde völlig von dem Verdacht freigesprochen, direkt in den Mord verwickelt zu sein, auch ihre Verbindung zu dem Dealer-Ring konnte nicht bewiesen werden. Doch hielt dies die Frauenvereine im ganzen Land nicht davon ab, Boykottresolutionen gegen ihre Filme zu veröffentlichen. Tugendhafte Bürger hatten sich nicht über die Possen einer Drogensüchtigen zu amüsieren oder sich an der Leinwand-Jungfräulichkeit eines Mädchens zu delektieren, das ihr Nachthemd im Schrank eines schmutzigen alten Mannes deponierte.

Mary Miles Minter mußte bald darauf gegen ihre Mutter vor Gericht ziehen, um an die Millionen heranzukommen, die sie auf dem Höhepunkt ihrer Karriere verdient hatte, die aber von ihrer Mutter so gut angelegt worden waren, daß von ihnen keine Spur mehr zu finden war.

Mabel bekam Tuberkulose, wurde kränker denn je und starb

Als eine der Freundinnen von William Desmond Taylor hatte dessen Ermordung für sie furchtbare Konsequenzen; während der Ermittlungen kam nämlich heraus, daß Mabel Normand von kokaingefüllten Erdnüssen abhängig war. Ihre Karriere wurde gnadenlos beendet

nur wenige Jahre später. Taylors Tod hatte drei Karrieren zerstört, nicht nur eine. Die amerikanische Öffentlichkeit hatte deutlich gemacht, daß es von seinen Lieblingen Selbstbeherrschung erwartete – oder zumindest so viel Takt, daß Zügellosigkeiten geheimgehalten wurden.

Amerika hatte sich noch nicht gänzlich von dem Mordprozeß um William Desmond Taylor erholen können, da wurde es bereits vom nächsten Nymphen-Skandal heimgesucht, in den der berühmteste Filmstar aller Zeiten verwickelt war: Charlie Chaplin. Der »kleine Kerl« war schon immer von ganz jungen Mädchen hingerissen. Seine unerwiderte Leidenschaft für eine fünfzehnjährige Schauspielerin namens Hetty Kelly verfolgte ihn sein ganzes Leben hindurch, genauso wie

eine Kindheitsliebe Nabokovs Humbert nie losgelassen hat – auch Chaplin war damals noch ein Teenager. Der von Armut gebeutelte Junge wanderte nach Amerika aus, wurde dort zu einem der reicheren Erdenbürger, was er allein seinem Genie und seiner Geschäftstüchtigkeit verdankte, doch die Mädchen, die er liebte, wurden nie älter. Das gipfelte in der Heirat mit der siebzehnjährigen Oona O'Neill, der Tochter Eugene O'Neills, als Chaplin vierundfünfzig Jahre alt war.
Schon kurz nachdem er seine Filmkarriere in Hollywood begonnen hatte, war Chaplin berühmt und reich. Wenn er einen gutgeschnittenen Anzug trug und seinen Witz von einem Bart abnahm, sah er ja auch gut aus. Das allein schon wären Gründe genug gewesen, um ganze Heerscharen von Mädchen auf sich aufmerksam zu machen, auch die ganz jungen, die ihm die liebsten waren. Aber er bot eine weitere Attraktion, die ihn völlig unwiderstehlich machte. Parker Tyler in seinem *Chaplin: Last of the Clowns* dazu: »Seine Praxis, ›Funde‹ unter den Möchtegern-Schauspielerinnen zu machen, die sich vor den Toren der Hollywood-Studios drängten, war auch eine Werbung um diejenigen Mädchen, die schon von seiner extremen Empfänglichkeit für weiblichen Charme gehört hatten.«
1918 hatte Chaplin in seiner Beziehung zu Mildred Harris, einer kulleräugigen Unschuld mit langen blonden Locken, einer fragilen Kindfrau bester Stummfilm-Tradition, eine Katastrophe nur mit knapper Not abwenden können. Mildred war erst vierzehn, als der »kleine Tramp« sie kennenlernte, und gerade sechzehn, als er sie schwängerte. Chaplin brachte sie in aller Eile über die mexikanische Grenze, um dort eine ehrenhafte Frau aus ihr zu machen. Nur so entkam er um Haaresbreite einem Skandal und der gerichtlichen Verfolgung. Zu guter Letzt kostete ihn das ganze nicht mehr als eine stattliche Abfindung, als er sich eineinhalb Jahre später von seiner Kindfrau scheiden ließ, und eine demütigende Schlägerei mit Louis B. Mayer, bei dem Mildred unter Vertrag stand. Demütigend deshalb, weil Mayer ihn öffentlich einen »schmutzigen Perversen« schimpfte und ihn dann mitten in einem Nobelrestaurant k.o. schlug.

Chaplin mit der schwangeren, minderjährigen Lilita MacMurray, die er in Mexiko heiratete. Zwei Jahre später brachte Lilitas Mutter, Nana, in einem sensationellen Scheidungsprozeß Chaplins Sexualpraktiken triumphierend an die Öffentlichkeit. Ein größerer Skandal war 1924 nicht vorstellbar

Zweifelsohne gab es in den nächsten Jahren etliche unbekannte Nymphen in Chaplins Leben, doch die, die ihm großen, großen Verdruß eintrug, war Lilita McMurray. Hat sie Modell für die Original-Lolita gestanden, wie einige vermu-

ten? Chaplin hat sie als Siebenjährige in »Kitty's Come-On Inn« (Nabokov hätte diesen Namen auch geliebt) kennengelernt. Sie war die Tochter einer der Bedienungen; die hieß Nana und war eine frustrierte Schauspielerin, was sonst? Von Nana voller Begeisterung dazu ermuntert, wurden Lilita und der bereits weltberühmte Komiker »dicke Freunde«. Ihre Belohnungen waren hervorgehobene Kinderrollen in Chaplins Filmen. Nanas Belohnung bestand darin, daß sie ihren Beruf aufgeben durfte, um die Karriere ihrer Tochter zu beaufsichtigen.
Mit zwölf Jahren spielte Lilita in *The Kid* (The Kid/Der Vagabund und das Kind, 1921) einen Engel, und etwa zu dieser Zeit setzten Nanas Klagen ein, daß der »kleine Tramp« versuche, ihre Kleine zu einer kleinen Hure zu machen. In Hollywood kamen die Klatschmäuler auf Touren, und Chaplin hätte gut daran getan, aus Lilitas Leben für immer zu verschwinden; aber irgendwie schaffte er es nicht, von ihr loszukommen. Niemand weiß, in welchem Alter und unter welchen Umständen ihre Liebschaft begann: Wer verführte wen, und welche Rolle spielte Nana wirklich? Tatsache aber ist, daß Lilita gerade fünfzehn war, als auch sie in Windeseile über die mexikanische Grenze gebracht und schleunigst geheiratet werden mußte, weil sie schwanger war.
Wieder einmal wurde aus einer Nymphe zum rechten Zeitpunkt eine ehrbare Frau. Von Reportern gehetzt, von Fans und Freunden ausgebuht, soll Chaplin in der Hochzeitsnacht auf der Zugfahrt zurück nach Los Angeles gemurmelt haben: »Jungs, es ist besser als das Zuchthaus, aber es wird nicht für ewig sein.«
Er hatte recht. Nana zog sofort zu ihrer Tochter und ihrem neuen Schwiegersohn und mischte sich kräftig in deren Leben ein. Das Haus wurde zu einem immer offenen Partyraum für ihre Freunde und Verwandten, und außerdem achtete sie auf alles, was Charlie machte und sagte.
Zwei Jahre und zwei Babys später begann Lita an der Scheidung zu basteln: Chaplin – und die Öffentlichkeit – erkannten, was sich wirklich unter seinem Dach abgespielt hatte: Nana, die von ihrer gehorsamen Tochter immer bestens in-

formiert worden war, hatte minutiös jedes intime Detail dieser Ehe, das Chaplin schaden konnte, aufgezeichnet. Jeder kleine Mißstand, jedes ungewöhnliche sexuelle Verlangen, jede wollüstige Bemerkung tauchten nun vor Gericht und in

Charlie Chaplin war einer der begehrtesten Männer Hollywoods. Halbwüchsige Sternchen schwärmten aus, um sich von ihm entdecken zu lassen, was ihnen nicht immer gut bekam. Immerhin kollidierte seine Neigung zu jungen Mädchen nicht mit seinen filmischen Ambitionen

Mary Pickford, das »geliebteste Gesicht der Welt«. Sie war die makellose Ikone ihrer Zeit. Nur wenige Jahre später war sie völlig vergessen oder aber ein Lacherfolg

der Presse wieder auf; sogar daß Chaplin seine Frau gezwungen hatte, ihm zuzuhören, wenn er einige Passagen aus dem monströsen Roman *Lady Chatterlys Liebhaber* vorlas, wurde ihm nun zur Last gelegt!
Daß dieses haarsträubende Schauspiel Chaplins Karriere nicht ruinierte, obwohl ihn einige Zeitungskolumnisten kreuzigten, beweist, daß die Doppelmoral des 19. Jahrhunderts auch im Hollywood des 20. Jahrhunderts noch maßgeblich war: Mary Miles Minter und Mabel Normand hatten sich wesentlich geringfügigerer »moralischer Schändlichkeiten« schuldig gemacht, aber sie waren Mädchen, und damit waren sie automatisch besudelt. Sieht man einmal von einem Nervenzusammenbruch und einer runden Million Abfindung für

seine Lilita und ihre berechnende Mutter ab, ist Chaplin relativ ungeschoren davongekommen. Er erlitt nur einen vorübergehenden Popularitätseinbruch, doch als er sich wenige Monate später an die Arbeit zu *The Circus* (Circus, 1928) machte, war sein Haar so weiß geworden, daß er es schwarz färben lassen mußte, um den kleinen Kerl spielen zu können.
Mary Pickford war eine von den Hollywood-Lolitas, die ein wunderbares Dasein hatten. Obwohl William Desmond Taylor in einigen ihrer Filme Regie geführt hatte und ein enger Freund von ihr war, hinterließ seine rätselhafte Ermordung keine Flecken auf Amerikas Sweetheart. Nicht einmal Scheidung und Wiederverheiratung konnten einen Keil zwischen sie und ihr Publikum treiben. Ihr Gesicht, so hieß es damals, sei das am innigsten geliebte der Welt. Heutzutage kann man mit Worten die Wirkung, die Mary Pickford auf die Kinobesucher ihrer Zeit hatte, nicht mehr vermitteln. Sie war nicht nur Amerikas Sweetheart, sondern das der ganzen Welt. Colleen Moore, die ein paar Jahre jünger war als die große Mary, erzählte einmal, wie sie bei Ausbruch des Ersten Weltkrieges ihre Mutter fragte, ob Mary den Feindseligkeiten nicht einfach ein Ende setzen könnte indem sie nach Europa fahre und mit dem Kaiser spreche. Wagenknecht schrieb ihr in einem offenen Brief voller Staunen und Verehrung: »Ihre eigene Persönlichkeit hat zu Ihrer madonnengleichen Erhöhung geführt, und die Rollen, die Sie häufig gespielt haben, haben Sie zu unserem mißratenen Kind gemacht.«
Doch Mary hatte Rivalinnen: Einige fanden Mary Miles Minter puppenhafter und jungfräulicher; andere waren der Ansicht, daß Marguerite Clark niedlicher sei (sie war wie Mary Pickford kleiner als 1,50 Meter und spielte weit in ihren Dreißigern noch Kinderrollen, darunter in *The Prince and the Pauper* in Knabenkleidern und die kleine Eva in *Uncle Tom's Cabin*). May McAvoys Bewunderer wiesen auf die größeren spirituellen und emotionalen Qualitäten ihres Lieblings hin, und schließlich gab es noch die Fraktion, die verbreitete, daß die Gish-Schwestern die besseren Schauspielerinnen wären. Und trotzdem war Mary Pickford einzigartig. Sie hatte einen ganz besonderen Platz im Herzen all jener Amerikaner, die

Zwei der größten Namen der Filmgeschichte: Mary Pickford und Charlie Chaplin. Sie vereinigten Geschäft mit Vergnügen und gründeten gemeinsam United Artists, um aus ihrer Popularität noch mehr Geld zu machen

Links: Wohlgesonnener Beschützer oder potentieller Verführer? Die kleine Mary scheint sich darüber nicht ganz im klaren zu sein

das heraufziehende Jazz-Zeitalter mitsamt seiner Vielzahl neuer Verhaltensweisen und emanzipierter Gören nicht an sich heranlassen wollten. Mary wurde oft als Hollywoods erster Star bezeichnet, und das Starsystem entstand, als die Öffentlichkeit 1909 begann, »das Mädchen mit den Locken« zu verlangen. Vor dieser Zeit hatten Filmschauspieler weder Namen noch Identität. Bis dahin war noch keiner auf die Idee gekommen, daß man einen Film um eine bestimmte Person aufbauen könnte, mit deren Gesicht und Namen auch Zuschauer ins Kino gelockt werden würden. Über zwei Jahrzehnte hinweg war Mary Pickford Hollywoods größter Star, auch der erste. Sie war noch beliebter als Charlie Chaplin oder Douglas Fairbanks, die beiden Megastars, mit denen zusammen sie United Artists gründete.

Wer war Mary Pickford? Diese Frage schien einst überflüssig, wenn nicht gar absurd zu sein. *Jeder* wußte, wer sie war, daß sie eigentlich Gladys Smith hieß und aus Kanada kam. Jeder kannte ihren letzten Film und wußte über ihren nächsten genauso Bescheid wie darüber, was sie zum Tee am liebsten mochte. Aber der armen kleinen Mary ging es genauso wie der armen kleinen Nell: Sie geriet später völlig in Vergessenheit, oder man lachte über sie, wenn man sich doch noch an sie erinnerte. Alles sprach für sie: ihre Jugend, ihre Schönheit, ihr Charme und die anbetende Schmeichelei ihrer Zeitgenossen. Doch ihre Stärke resultierte genauso wie ihre Schwäche aus der Tatsache, daß sie ausschließlich ein Geschöpf ihrer Zeit war. Der Preis, den sie für diese besondere Gabe zu zahlen hatte, war, vergessen zu werden, als die Zeiten sich änderten, so daß schließlich keiner mehr übrigblieb, der um sie wußte oder sich um sie kümmerte, als sie im Laufe der Zeit zur bettlägerigen, Gin schlürfenden Einsiedlerin wurde.

Mary Pickford kam 1893 zur Welt und schlug ihre Schauspieler-Laufbahn so früh ein, daß von einer echten Kindheit eigentlich gar nicht die Rede sein kann. Noch ehe sie ein Teenager war, unterstützte sie ihre vaterlosen Geschwister nebst ihrer allgegenwärtigen Hollywood-Mutter. Ihr späterer Produzent, Adolph Zucker, stöhnte einmal: »Liebste Mary. Ich

Mary Miles Minter war der Inbegriff der engelhaften Nymphe, bis 1922 Taylor ermordet wurde

werde nie eine Diät machen müssen, denn jedesmal, wenn ich mit dir und deiner Mutter einen neuen Vertrag aushandeln muß, verliere ich zehn Pfund.« Glücklicherweise hatte Mary von Anfang an ein sicheres Gespür für Geld, so daß sie nicht wie so viele Kinderstars in Hollywood von überfürsorglichen Eltern um ihre Kindheitsverdienste gebracht werden konnte. Mack Sennett brachte dies unumwunden, aber taktvoll auf den Punkt: »Mary war gütig ..., aber sie dachte nur ans Geschäft. Selbst damals, als lockiger Liebling, als sie noch aus Samt und Seide und sehr jung war, hatte Miß Pickford bereits einen geschulten Blick fürs Geld.«

Mary fing 1909 als Griffith-Mädchen an und blieb bis 1913 bei »Gott« (so nannten ihn viele). Später behauptete sie, von

Griffith weggegangen zu sein, »weil er von mir ewig verlangte, daß ich um Bäume herumlaufe und auf Kaninchen zeige«. Da sie ein Mädchen mit Prinzipien war, erläuterte sie ihm einmal: »Ich will nicht übertreiben, Mister Griffith, ich

Sittsam, beinahe ängstlich schüttelt Klein-Mary dem »großen, starken Mann« die Hand, dabei hatte Klein-Mary jeden Teil ihrer Filme hundertprozentig im Griff

Mary Pickford. Ein kleines Mädchen liebt kleine Hunde, und wenn man kein kleines Mädchen ist, dann sieht man am ehesten weiterhin danach aus, wenn man immer noch mit ihnen schmust. Sie kennen den Unterschied ja nicht

finde, das wäre eine Beleidigung des Publikums.« Nicht, daß es ihr deshalb erspart geblieben wäre, in den Filmen, die sie nach ihrer Griffith-Zeit machte, um Bäume herumzulaufen und auf Kaninchen zu zeigen. Die Wahrheit war, daß Mary niemandes Mädchen sein wollte – auch nicht das von Griffith

–, zumindest nicht hinter der Kamera, obwohl sie in ihrer Leinwandpersönlichkeit sehr schnell jedermanns Mädchen wurde. Mary war in erster Linie ihr eigenes Mädchen. Es dauerte nicht lange, da führte sie in ihren eigenen Filmen Regie, zumindest aber gab sie dem Regisseur Regieanweisungen. Sie schrieb ihre eigenen Drehbücher, suchte sich ihre Stoffe genauso wie die Rollen, die ihrer Ansicht nach zu ihr paßten, selbst aus, bis sie – logische Konsequenz – am Tag der Gründung ihres eigenen Studios ihre eigene Produzentin wurde: 1920 wurde das United-Artists-Studio eröffnet. Sie wollte die totale künstlerische Kontrolle und sie bekam sie. Selbst wenn sie so gefeierte Regisseure wie Ernst Lubitsch auf ihrer Gehaltsliste hatte, benutzte sie sie hauptsächlich für Massenszenen. Sobald Lubitsch zu eigenmächtig wurde, erinnerte sie ihn schroff daran, daß er doch mehr *für* sie als *mit* ihr arbeite. Dieser kalte Professionalismus war Lichtjahre von der hirnlosen Unschuld der typischen Nymphe entfernt, doch auf der Leinwand spielte Klein-Mary die Hollywood-Lolita noch immer absolut überzeugend, oder zumindest eine schlaue, bescheidene, lockige, cherubinische Version von ihr, so wie es die Zeit eben verlangte. Trotz dieser leichten Abwandlung paßt sie immer noch bequem in die Beschreibung einer Nabokovschen Nymphe, die »ein atemberaubend anbetungswürdiges heranreifendes Schoßtierchen ist«.

Mary Pickfords Karriere dauerte mehr als zwei Jahrzehnte, in denen sie mehr als fünfzig Spielfilme drehte. Die berühmtesten sind noch heute ein Begriff, zumindest dem Titel nach: *Rebecca of Sunnybrook Farm* (Rebecca von der Sunnybrook Farm, 1917), *Little Anni Rooney* (Kleine Anniee Rooney, 1925), *Pollyanna* (Pollyanna, 1920), *Daddy Long-Legs* (Daddy Langbein, 1919), *A Poor Little Rich Girl* und so weiter. Wenn Superstars eine langdauernde Liebesaffäre mit ihrem Publikum haben, liegt das in der Regel daran, daß sie die gleichen Sehnsüchte verbinden: Mary liebte es, Kinderrollen zu spielen, und zwar nicht nur, weil sie sie reich und berühmt machten, sondern auch, weil sie ihr auch Ersatz für etwas schafften, das sie nie gehabt hatte: für ihre Kindheit.

Mary Pickford. Kleine Mädchen in düsterer, unheilvoller Umgebung darzustellen verstärkt noch den Eindruck ihrer Verletzbarkeit

Sie erklärte es folgendermaßen: »Ich war in meiner Kindheit gezwungen, weit mehr Verantwortung zu übernehmen, als es meinem Alter entsprochen hätte. Jetzt habe ich die Reihenfolge einfach umgedreht, und ich habe vor, immer und ewig jung zu bleiben.« Ihre Fans liebten sie in diesen Rollen aus ähnlichen Gründen. Die mittelalten oder älteren Ehepaare, die heutzutage nach Disneyland strömen, um die goldene Kindheit einzufangen, die viele von ihnen nicht gehabt haben, werden damals statt dessen in Marys Filme geströmt sein. So kann es kaum überraschen, daß der junge Walt Disney davon geträumt hat, Klein-Mary für eine Filmversion von *Alice im Wunderland* zu engagieren, in der sie neben animierten Fabelwesen eine leibhaftige Alice verkörpert hätte. Nichtsdestoweniger zeigte Mary über die lange zeitliche Distanz langsam Ermüdungserscheinungen. Im wirklichen Leben leistete sie sich schöne, erlesene Kleider, die sie vielleicht statt der ewigen Lumpen, Kinderschürzchen oder Jungenoveralls gerne einmal auch auf der Leinwand getragen hätte. »Ich kann dieses stickige Zeug nicht ausstehen. Ich hab's so satt, Pollyanna zu sein«, gestand Mary Jahre, nachdem schon alles vorbei war. Das Problem aber war, daß ihre Fans immer noch Pollyanna und nichts anderes wollten. Als die Zeitschrift *Photoplay* 1925 wissen wollte, in welcher Rolle man Mary als nächstes sehen wolle, waren die Antworten vorhersehbar: *Heidi, Cinderella,* (Aschenbrödel), *Alice in Wonderland* oder *Little Red Riding Hood* (Rotkäppchen). Mary war immer noch ihr Fabelkind, obwohl alle wußten, daß Mary bereits zweiunddreißig Jahre alt war. Die Kraft ihres Leinwand-Images war sogar so groß, daß ihr Publikum ihr die Scheidung von ihrem ersten Ehemann verzieh. Sie hatte sich 1920 von Owen Moore scheiden lassen, um den Haudegen Douglas Fairbanks zu heiraten. Mary und ihr Studio überstanden diese Zeit nur zitternd, denn man war davon überzeugt, daß die Öffentlichkeit das nicht mitmachen würde, aber sie tat es. Mary und Doug gaben so ein unwiderstehliches, allamerikanisches Paar ab, waren in einem solchen Maß die Personifizierung von Erfolg, Schönheit und Geld, daß die Öffentlichkeit dieses eine Mal bereit war, Moral Moral sein zu lassen. Allerdings waren ihre Fans sehr viel weniger nachsichtig, als sich Mary 1929 einen Bubikopf schneiden ließ. »Man hätte glauben können, ich hätte jemanden ermordet«, erzählte sie später einmal, »und in gewisser

Wenigstens einen Vorteil konnte Mary Pickford daraus ziehen, daß sie immer kleine Mädchen spielte: Sie durfte mehr Bein zeigen

Weise habe ich das ja auch getan.« Bald nachdem sie ihre Locken gekürzt hatte, mußte sie Samson gleich feststellen, daß ihre magischen Kräfte dahin waren. Ihr Tag war gekommen. Später meinte sie dazu in einer leicht philosophischen Anwandlung: »Ich habe aufgehört, weil ich nicht wollte, daß mir das gleiche passiert wie Charlie Chaplin. Als er den kleinen Tramp entließ, drehte sich der kleine Tramp um und ermordete ihn. Mich hat das kleine Mädchen gemacht. Ich stecke bereits in einer Schublade!

3. Der Schleckermaul-Trupp

Die gefeiertsten Hollywood-Lolitas der dreißiger und vierziger Jahre können im wesentlichen drei verschiedenen Kategorien zugeordnet werden. Zur ersten Kategorie gehören diejenigen, deren Superstar-Zeit zu Ende war, als sie Teenager wurden. Zur zweiten gehören die, die erst im Teenie-Alter zu Kassenmagneten wurden, und zur dritten jene, deren Karriere die Pubertätsphase unbeschadet überstand, die von der unreifen Film-Nymphe quasi durch einen Mascarastrich zur vollerblühten Hollywood-Nymphe wurden. Peggy Ann Garner, Jane Withers, Margaret O'Brien und vor allem Shirley Temple gehören in die erste Kategorie. Deanna Durbin und Gloria Jean sind die bekanntesten Beispiele aus

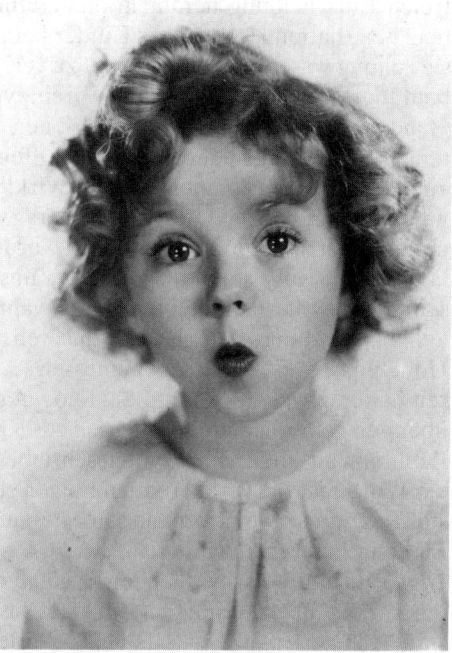

Shirley Temple – der jüngste Mensch, der jemals ins »Who's Who« aufgenommen wurde. Miß Lockenköpfchen verdiente nicht nur mehr als alle erwachsenen Filmstars, sie stellte auch jeden in den Schatten, der den Wettbewerb mit ihrer gewinnenden Art riskierte

der zweiten, und Judy Garland sowie Elizabeth Taylor sind in die dritte einzuordnen. Vielleicht sieht es so aus, als wären diejenigen, die in die dritte Kategorie fallen, die glücklichsten – für sie war das Kinderstar-Dasein lediglich das Vorzimmer zum Superstar-Dasein im Erwachsenenalter. Doch konnte es genauso das Vorspiel zu einem superelenden Erwachsenenleben sein: Drogen, Alkohol, Nervenzusammenbrüche, chaotisches Liebesleben, chronische Probleme mit der Gesundheit, all das schienen selbstverständliche Aspekte eines Übergangs vom Kinder- zum Superstartum zu sein.

Warum lief das so ab? Das einstige Baby Peggy, dessen Karriere bereits mit zweiundzwanzig Monaten begonnen hatte, faßte seine bitteren Erfahrungen so eindrucksvoll zusammen, daß ihrer Analyse, weshalb Kinderstartum in der Regel so entsetzliche Narben zurückläßt, nichts mehr hinzuzufügen ist: »Während sich erwachsene Darsteller aus ihrer eigenen freien Entscheidung heraus in die Tretmühlen Hollywoods begeben, hatten Hollywoods Kinder keine andere Wahl. Da sie zu jung waren, um ein Produkt zu verkaufen, von dem sie bald merkten, daß sie selbst es waren, wurden sie zu einem Handelsgut, das nur die Erwachsenen im Sortiment hatten ... In den Augen der neidischen Öffentlichkeit waren wir einfach verzogene Kinder, doch in Wirklichkeit verrichteten wir harte Kinderarbeit, mit deren Ertrag wir unsere Familien unterstützen mußten ... Schließlich wurde klar, daß es überhaupt keine Rolle spielte, wie sehr wir unsere Eltern oder wie sehr unsere Eltern uns liebten, unser wahrer Wert schien sich lediglich und ausschließlich an unseren Auftritten und der Höhe unserer Einkünfte zu bemessen ... In den letzten Jahren haben Psychologen und Soziologen ganze Bibliotheken über den gefährlichen Einfluß, den das Kino auf sein jüngstes Publikum ausüben würde, vollgeschrieben, aber keiner hat je ein Wort über die verheerenden Folgen geschrieben, die entstehen können, wenn jemand seine gesamte Kindheit nur mit Filmedrehen verbracht hat.«

Dies galt in unterschiedlichem Ausmaß für alle Kinderstars jener Zeit, auch wenn sich ein paar als wesentlich widerstandsfähiger erwiesen als andere – Shirley Temple zum Bei-

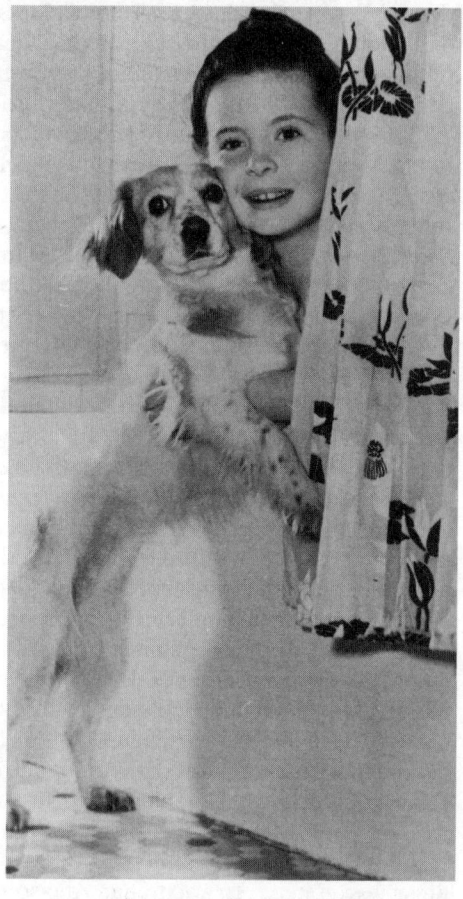

Die sagenhaft erfolgreiche, kleine Margaret O'Brien, deren Karriere langsam austrudelte, als sie ein Teenager wurde

spiel schaffte es, in einem völlig anderen Bereich überaus erfolgreich Fuß zu fassen – in der Politik. Doch was konnte einen mehr entmutigen, als im Alter von zwanzig oder gar zehn Jahren völlig ausgelaugt zu sein oder sich zumindest so zu fühlen? Was konnte schwieriger sein, als im zarten Erwachsenenalter »erst einmal die schartigen Einzelteile eines zerstörten Kinderstars wieder zu einem erträglichen Gesamtbild zusammenzusetzen«, um einmal mehr Baby Peggy zu zitieren? Eigenartig allerdings ist, daß der Übergang vom Kindes- zum Erwachsenenalter für die Kinderstars noch viel schwerer zu bewältigen war, die den Sprung zum erwachsenen Star nicht schafften. Gloria Jean wurde Bedienung, Jane Withers machte wenig aufregende Werbespots für Abflußreiniger, und Deanna Durbin, die in einem abgelegenen französischen Dorf ein Hausfrauendasein führte, wird manchmal sehr sehnsüchtig zurückgedacht haben, wenn sie *Modern Screen* oder *Photoplay* durchblätterte und dort die Bilder ihrer Gefährtinnen Liz, Natalie und Judy betrachtete, die sich in Glanz und Ruhm des Showgeschäfts aalten. Aber im Laufe der Zeit werden sie sich schon mit ihrem Lebensweg abgefunden haben.

Die Hollywood-Lolita existierte, seit Hollywood Hollywood geworden war, doch der Kinderstar war ein Phänomen der dreißiger Jahre, das in den Zwanzigern langsam aufgetaucht war und in den Vierzigern noch ein wenig weiterlief. Es war allerdings nicht so, daß alle Klein-Mädchen-Stars echte Nymphen waren – sicher waren sie niedlich oder traurig, sie wurden sicherlich auch ausgebeutet, doch vor allem erlaubte man ihnen, einfach Kinder zu sein. Die dreißiger Jahre waren die Hochzeit des Kinderstar-Films, wobei diese Filme aber viel mehr für Erwachsene als für Kinder gedreht wurden. Shirley Temple flirtete meistens nicht mit Jungen ihres Alters, sondern mit erwachsenen Männern. Sie arbeitete nicht für den Schleckermaul-Trupp, sondern für ihre Eltern. Deanna Durbin erklärte später, daß ihre treuesten Fans nicht Kinder waren, sondern Erwachsene, die ihrer vergangenen Kindheit nachhängen wollten. Die Filmpüppchen der Dreißiger waren keine Erwachsenen, die so taten, als wären sie Kinder, so wie das in den frühen Stummfilmzeiten Hollywoods der Fall gewesen war, sie waren vielmehr Kinder, die die Verhaltensweisen der Erwachsenen nachahmten, die sexuellen inklusive. Die Treibhaus-Atmosphäre, die in den Studios herrschte, ließ sie vorzeitig reifen, während das Publikum verlangte, daß sie solange wie möglich unreif wirkten.

Das Endprodukt war ein frauliches Kind, das mehr Erfahrungen hatte, als es seinem Alter entsprochen hätte, aber

doch jünger aussah, als es war. Heutzutage finden viele diese ambivalente Ausstrahlung geschmacklos. Ein Kritiker hat rückblickend Deanna Durbins »Geschlechtsreife« als »störend, ja sogar unangenehm« empfunden, da Deanna »die ganze Zeit wie eine alte Frau im Teenie-Alter« wirke, »die einem Altmänner-Orchester den Takt angibt«. Ein Besetzungschef bei Universal hat über die zehnjährige Liz Taylor einmal gesagt: »Ihre Augen sind zu alt. Ihr Gesicht sieht nicht aus wie das eines Kindes.« Grahame Greene stieß ins gleiche Horn, als er die achtjährige Shirley Temple als »seltsam frühreif und wollüstig« beschrieb. Baby Peggy, die selbst ein Treibhaus-Produkt war, entdeckte sofort die Ambiguität im Auftreten der elfjährigen Judy Garland: »Für ein Kind sah sie zu alt aus, aber gleichzeitig hatte sie noch nicht den Körper einer Frau.«
Verglichen mit der Gegenwart und ihren offenherzigen Filmen der Gegenwart waren die Dreißiger noch die »Epoche der Unschuld«, das gilt sowohl für die kleinen Mädchen, die man vorführte, als auch für deren verehrungsvolles Publikum. Der Durchschnittszuschauer wollte Bilder aus der heilen Welt, und er wäre völlig außer sich gewesen, wenn man ihm erklärt hätte, daß etwa Shirley Temple, Judy Garland oder Elizabeth Taylor Humbert-Humbert-Anwandlungen in ihm wecken würden. Die Durchschnittsfrau hätte natürlich auch nie zugegeben, daß der wirkliche Grund dafür, daß sie sich so viele Filme mit Gloria Jean oder Deanna Durbin anschaute, ihr Wunsch nach Erneuerung des kindlichen Status war, in dem ihr ganzes Herz nur Vati gehört hatte. Nie hätte sie diesen Wunsch in einer verzogenen, verhätschelten Lolita personifizieren können, die jedem den Kopf verdreht. Bei einem Nymphen-Film aus jener Zeit konnten Mann und Frau gemeinsam die vielfältigen Probleme, die eine Beziehung aufwirft, genauso vergessen wie ihre Triebe, statt ihrer wurden sie mit sentimentalen Genüssen versorgt, die Liebe nun einmal mit sich bringt. Hollywoods Kinderstars, vor allem die Mädchen, mußten diese Erwachsenensehnsucht nach dem Land jenseits des Regenbogens mit Stoff versorgen, und ihre Auftritte, ihre Persönlichkeit und ihre bloße Art, zu sin-

gen, zu tanzen oder zu lächeln, waren völlig auf die Ansprüche Erwachsener abgestellt. Dies führte unvermeidlich zu der leicht zweifelhaften Qualität vieler Filme, die der Schleckermaul-Trupp für die Popcorn-Esser machte.

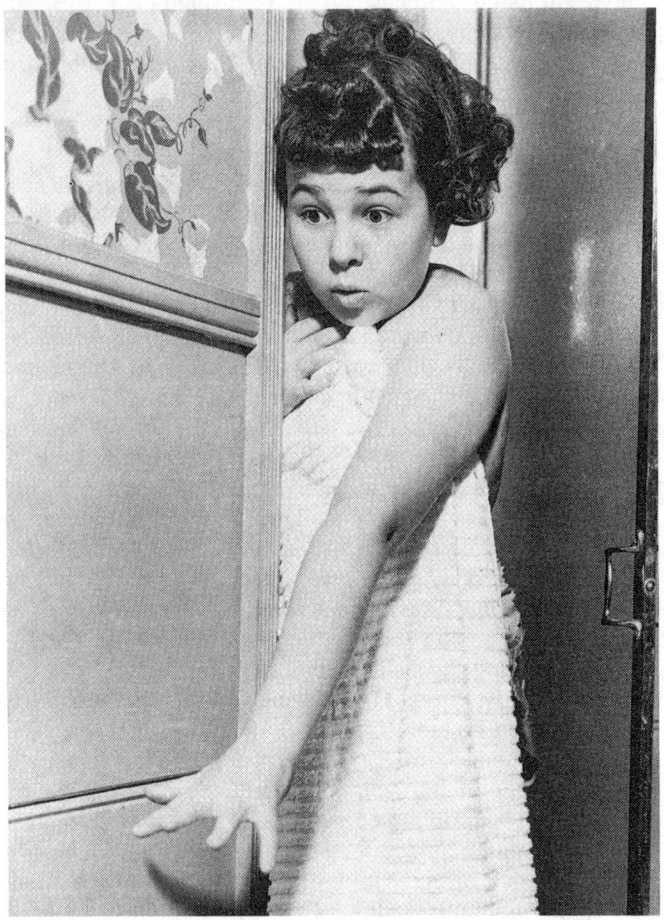

Obwohl sie eine typische Badeschönheit-Pose einnahm, hätte es doch einiges mehr gebraucht, um Jane Withers sexy wirken zu lassen

Shirley Temple war vier Jahre hintereinander Welt-Kassenmagnet Nummer eins

1926 spielte Mary Pickford in *Sparrows* (Sperlinge) eine ihrer letzten Kinderrollen. *Sparrows* war eine wunderbare und bewegende Parabel auf den Kampf des Guten gegen das Böse, auf die Kräfte der Finsternis, die gegen die heilende Kraft des Glaubens und der Geduld antreten. Fast die ganze zweite

Hälfte dieses wunderschön in körnigem Schwarzweiß photographierten Films hindurch trug Mary Pickford auf ihrem Rücken durch Sümpfe, in denen es von Alligatoren wimmelte, und durch gefährlichen Treibsand ein pausbäckiges Lockenköpfchen von etwa zweieinhalb Jahren, das eine Doppelgängerin von Shirley Temple hätte sein können. Doch Shirley kam erst am 23. April 1928 zur Welt. Dennoch handelte es sich um eine interessante Vorankündigung, um eine Art Brückenschlag zwischen dem »Mädchen mit den Locken« und »Miß Lockenköpfchen«.
Gertrude Temple nahm die Karriere ihrer ungeborenen Tochter überaus ernst. Von ihr selbst wissen wir: »Schon lange bevor sie geboren wurde, versuchte ich, ihr zukünftiges Leben durch die Berührung mit Musik, Kunst und Schönheit zu beeinflussen. Vielleicht war es diese pränatale Vorbereitung, die aus Shirley das machte, was sie heute ist.« Es war nie zu früh, mit der Erziehung des künftigen Kinderstars zu beginnen. Jane Withers' Mutter Lavinia plante die Karriere ihrer Tochter bereits Jahre, bevor diese überhaupt gezeugt war: Die potentielle Mutter Withers stellte dem potentiellen Vater Withers nur eine Bedingung für die Heirat: Sollten sie eine Tochter bekommen, dürfe er das ungeborene Kind nicht daran hindern, ein Kinderstar zu werden. Zwei Verlobte hatten sich Lavinias Bedingung verweigert, doch Mister Withers akzeptierte sie, und der Rest ist, wie es so schön heißt, Geschichte.
Es ist durchaus möglich, daß Frau Temple den Prototyp für »Miß Lockenköpfchen« in *Sparrows* gesehen hat; vielleicht war es dieser Film, der ihr die Inspiration für die künftige Haartracht ihrer Tochter gegeben hat, für die berühmten sechsundfünfzig Locken, die ein Schriftsteller später einmal als »aus den Locken der gestutzten Pracht Mary Pickfords geboren« bezeichnet hat. Mary verließ 1932 den Film für immer, im gleichen Jahr hatte Klein-Shirley ihre erste Rolle. Ein nahtloser Übergang, den die beiden aussichtsreichsten Anwärterinnen auf den Titel »beliebtestes Gesicht der Welt« und »idealste Hollywood-Lolita« der Filmwirtschaft damit leisteten. Daß sich Mary Pickford und Shirley Temple um

Wenn sich bei allzu viel Routine manchmal ein matter Zug auf Shirleys Gesicht einstellte, brauchte ihre Mutter sie bloß aufzufordern, doch fröhlicher in die Welt zu schauen, und Klein-Shirley tat es

denselben Thron bewarben, wird noch deutlicher dadurch, daß Klein-Shirley in einigen Remakes von Pickford-Klassikern die Hauptrolle spielte, darunter in *Rebecca of Sunnybrook Farm*, *The Little Princess* und *Poor Little Rich Girl*. Die meisten Temple-Filme hätten fünfzehn Jahre früher auch Pickford-Vehikel sein können und umgekehrt.

Die kleine Mary war allen als »Amerikas Sweetheart« ein Begriff, und niemand hätte diesen Titel usurpieren dürfen; doch als Shirleys Karriere am Laufen war, versuchte man, das neue Lockenköpfchen als »*Little* Sweetheart« unter die Leute zu bringen. Der neue Titel zog nicht, denn er roch zu sehr danach, daß die Erbin allzu eilig nach der Krone der legitimen Königin greifen wollte. Für ihre Fans verkörperte Shirley Zoll für Zoll das gleiche Wunder wie Mary Pickford für die ihren. Die eingeschworene Fan-Gemeinde Mary Pickfords reklamierte zu Recht, daß ihr Herzblatt die Schönere sei, eine viel größere Ausstrahlung habe und außerdem die bessere Schauspielerin wäre. Bedingungslose Temple-Anbeter hielten dem entgegen, daß ihr Idol viel mehr sei als ein Kinderstar, nämlich ein Wunderkind, das so kostbar sei, daß man sie durchaus als den Mozart unter den Filmpüppchen betrachten könne.

Der enorme Unterschied an Lebensjahren, in denen die Karrieren von Mary Pickford und Shirley Temple endeten – mit zweiunddreißig respektive zwölf –, sagt vielleicht mehr aus als die Kontroverse über die jeweiligen Vorzüge. Seit den frühen Jahren Hollywoods, als gefeierte Kinderstars der Bühne und der Music-Halls wie Marie Prevost, Dorothy Gish und Mary Pickford auf der Leinwand berühmte Kinderfiguren verkörperten, hatten sich die Sitten und Bräuche sehr verändert. Rollen wie die des kleinen Lord Fauntleroy, der kleinen Eva, der Pollyanna, des Peter Pan, des Prinzen und des Bettelknaben waren entsprechend der Tradition des 19. Jahrhunderts, der sie entsprangen, zu wichtig, um richtigen Kindern überlassen zu werden. Auch wenn es auf der Leinwand von echten Kindern nur so wimmelte, so spielten sie dennoch nur untergeordnete Rollen.

Charlie Chaplin hat als erster das ungeheure Potential eines richtigen Kindes auf der Leinwand genutzt, als er der vierjährigen Jackie Coogan in *The Kid* 1920 die Hauptrolle übertrug. Chaplin, der als Kind selbst im Theater gespielt hatte, erkannte, daß es viel leichter wäre, aus einem Kind vor der Kamera eine überzeugende Darstellung herauszuholen als auf der Bühne. Die Kamera konnte sich um das Kind herumbewegen; erwachsene Darsteller konnten ihren Auftritt den begrenzten Möglichkeiten des Kindes anpassen. Wenn etwas schiefging, konnte man es herausschneiden, während der Dreharbeiten konnte man dem Kind Zeichen geben, es ausschimpfen, damit es weinte, ihm hinter der Kamera etwas vorgaukeln oder komische Laute vormachen, damit es einen ängstlichen oder überraschten Gesichtsausdruck annehmen würde. Selbst die kleinsten Kinder konnte man so manipulieren, daß ihre Darstellung überzeugend wurde. Die kesse Jakkie Coogan war der Beweis; über Nacht wurde sie der Liebling der Kinobesucher, und die Tage der jungen Erwachsenen, die so taten, als wären sie Kinder, waren gezählt.

In ganz Amerika träumten Frauen davon, daß ihre Knirpse die nächste Shirley Temple werden würden, und »Ihr Kind sollte zum Film gehen« wurde das gängigste Kompliment, das man stolzen Müttern machen konnte.

Hedda Hopper, die spätere Klatschkolumnistin, verglich den Ansturm hoffnungsvoller Mütter von künftigen Kinderstars

Shirley Temple war in ihren »Erwachsenenrollen« ein großer Zuschauererfolg: hier in einem Einakter aus ›Baby Burleske‹

im Hollywood der zwanziger und dreißiger Jahre boshaft mit »dem Einfall einer Horde hungriger Heuschrecken. Ein Blick in die Augen dieser Mütter genügte, um zu wissen, was in ihren Köpfen vorging: Wenn ich es schaffe, mein Kind zum Film zu bringen, dann haben wir das große Los gezogen ... Viele dieser Frauen waren gnadenlos. Sie drillten die Kleinen, die kaum stehen oder sprechen konnten, wie Rekruten, so lange, bis sie ein paar Tanzschritte hinlegen oder ein Liedchen summen konnten. Sie stahlen ihnen die Kindheit, nur damit die Locken im Haar, die Bügelfalten im Kleid und der Lack auf den Nägeln hielten.«

Im Alter von drei Jahren mimte Shirley die kindliche Version von Marlene Dietrich – das Publikum war hingerissen

Nur ganz wenige unter den Abertausenden von Kindern kamen beim Film unter. Nur weil ihre Eltern es so wollten, fristeten einige ein sehr unsicheres Dasein als Statisten, als sogenannte Atmosphäre-Kinder. Nur wenige hatten großen Erfolg. Und turmhoch über ihnen stand das erfolgreichste Leinwand-Baby überhaupt – Shirley Temple. Als sie zwölf Jahre alt war, war ihre Karriere schon beinahe zu Ende, und was die Frühzeitigkeit ihres Erfolges anbelangt – da kann nur sie selbst sich Maßstab sein. Es ist sehr unwahrscheinlich, daß irgend jemand eines Tages die Altersrekorde brechen wird, die sie aufgestellt hat: Sie war die jüngste Titelfigur, die das Magazin *Time* jemals hatte, die Jüngste, die jemals im *Who's Who* auftauchte und die einen Oscar erhielt. Ihre gesamte Karriere war, auch wenn sie nur ein knappes Jahrzehnt dauerte, ein Traum, wie er im Guinness-Buch der Rekorde steht: Sie war in vier aufeinanderfolgenden Jahren weltweit der größte Kassenmagnet. An ihrem offiziellen achten Geburtstag – es war in Wirklichkeit ihr neunter, denn das Studio hatte sie mit fünf Jahren einfach ein Jahr jünger gemacht – bekam sie mehr als hundertfünfunddreißigtausend Geschenke, darunter ein Känguru-Baby aus Australien. Mit fünf Jahren verdiente sie gerade ein wenig mehr als ihr Vater; als sie zehn war, war ihr Einkommen das siebthöchste in Amerika (pro Woche verdiente sie neuntausend Dollar, dazu weitere dreihunderttausend pro Film sowie ihre Tantiemen aus allen Shirley-Temple-Artikeln). 1934 spielte sie in acht Spielfilmen die Hauptrolle (das arme Kind war damals sechs Jahre alt). Damit verkaufte sie fast automatisch eine halbe Million Schallplatten, auf denen ihre beliebtesten Filmsongs wie *The Good Ship Lollipop* oder *Polly Wolly Doodle* zu hören waren, und ließ die Schlagerkönige jener Tage, Bing Crosby und Nelson Eddy, hinter sich. In all den Jahren war sie das meistphotographierte menschliche Wesen der Welt, mit sicherem Abstand vor Franklin Roosevelt. Auf ihrem Höhepunkt erhielt sie fünfhundert Fan-Briefe pro Tag, und selbst heute bekommt sie noch einige.
Was haben diese erstaunlichen Tatsachen mit dem Nymphen-Syndrom im Film zu tun? Genug. Shirley Temple stand

an dem einen Ende des lolitaischen Altersspektrums, Mary Pickford am anderen, doch beide sind sie Farben im selben großen Regenbogen. Die eine war zu jung, die andere zu alt, um die betörten Fans in sexuelle oder seelische Unruhe zu versetzen, was zweifelsohne der Fall gewesen wäre, wenn sie zwölf oder dreizehn gewesen wären. Doch mit sechs beziehungsweise sechsundzwanzig konnten sie nichts anderes sein als bekömmliche, asexuelle Nymphen, die es ihrem Publikum ermöglichten, weiterhin dem unerreichbaren Ideal von ewiger Jugend und Unschuld nachzujagen. Sie schienen in ihrer Jugend, ihrer Frische und Unverbrauchtheit immer seltener werdende Eigenschaften zu verkörpern. Sie erweckten auch den Eindruck, als hätten sie alles, was Jugend auszeichnet: Mut, Optimismus, Fröhlichkeit, Hilfsbereitschaft und die Fähigkeit, allen Widrigkeiten durch ihren Einfallsreichtum gewachsen zu sein. Vor allem in der Depressions-Ära waren dies kostbare Träume, an die man sich klammerte. Erwachsene waren in eine persönliche Notlage geraten. Konnte ein kleines Mädchen sie da herausführen? Shirleys Filme gaben den Leuten den Glauben an einen Ausweg oder zumindest die Möglichkeit, ihre eigenen Sorgen für ein oder zwei Stunden zu vergessen. Der ehemalige Kinderstar Baby Peggy schrieb in seinem Buch *Hollywood Children:* »Shirley verkörperte nicht nur den neuen Typ Kind, der die täuschende Kraft der Tugendhaftigkeit unterstrich, sondern sie brachte die Dinge auch dann noch ins Lot, wenn sich Erwachsene bereits als unfähig erwiesen hatten, wesentliche Änderungen herbeizuführen. Shirley war alles, nur nicht untätig. Sie schimpfte, schmollte, sang und tanzte sich durch jeden Film, *sie* sorgte für die Aufheiterung, *sie* war die Retterin.« Shirley, die Retterin, hatte die Nachfolge von Klein-Mary, ebenfalls Retterin, angetreten. Aber Shirley war tatsächlich ein kleines Kind, dadurch wirkte sie viel authentischer. Denn schließlich war Klein-Mary im wirklichen Leben eine geschiedene Frau, die ein Faible für Geld, schicke Kleider und glänzende Limousinen hatte. Shirley war ein kleines Mädchen, das Puppen, kleine Hunde und Mami und Vati liebte. »Als Sankt Nikolaus dich einsackte, mein Liebling, dich be-

Die einzigartige Shirley Temple mit Bill Robinson, der wahre Lobeshymnen über sie verbreitete

glückendes kleines Bündel von einem Baby, und dich durch den Schöpfungskamin zur Erde hinabsandte, da machte er der Menschheit das kostbarste und süßeste Weihnachtsgeschenk, das je die Seelen und Herzen dieser müden, alten

Ein Mann braucht viel Zuneigung und Aufmerksamkeit, allerdings kann ihm ein bißchen Strenge von Shirley Temple sicher auch nicht schaden

Welt bewegt hat«, ergoß sich Irvin S. Cobb in Tönen, die selbst das Baby Jesus eifersüchtig hätten machen können; schließlich war es sein Geburtstag und nicht der Shirleys.

»Gott hat sie als Einzelstück gefertigt. Es gibt keine Doublette. Sie ist einzigartig«, besang sie der schwarze Tänzer Bill Robinson, der in einigen Filmen ihr Partner war. Man hätte eine neue, blühende Religionsgemeinschaft gründen können, die Shirley zu ihrer Gottheit erkoren hätte, wäre sie nur von ewiger Jugend gewesen.

Diese Götzenanbetung spiegelte sich in blanker Münze wider – nicht nur an den Kinokassen, sondern auch an allem anderen, das irgendwie mit ihrem Namen und ihrem Gesicht in Zusammenhang stand. In den Jahren von 1935 bis 1939 soll sie ihrem Studio an die zwanzig Millionen Dollar eingebracht haben, darin sind all die Artikel, die in ihrem Namen vermarktet wurden, noch gar nicht inbegriffen: Shirley-Temple-Puppen, -Kleider, -Badeanzüge, -Seifen, -Schleifchen, -Bücher, -Kämme, -Plüschtiere ... die Liste könnte man unendlich weiterführen.

Wenn man heute einen Shirley-Temple-Film im Fernsehen sieht, kann man sich schon fragen, weshalb man um diese Kleine so viel Aufhebens gemacht hat. Worin bestand ihre Anziehungskraft? Shirley Temple war zweifelsohne ein reizendes kleines Mädchen, nicht sagenhaft schön, wie etwa Elizabeth Taylor oder Brooke Shields, aber in einem amerikanischen Sinn niedlich – vielleicht wie Debbie Reynolds, Shirley MacLaine oder – wieso auch nicht – Doris Day. Sie war auf alle Fälle frühreif; man kann Adolphe Menjou, der mit ihr in *Little Miss Marker* zusammenarbeitete, wohl kaum widersprechen, wenn er sagt: »Sie ist mit allen Wassern gewaschen ... Sie ist eine vierjährige Ethel Barrymore.« Und es ist zugegebenermaßen erstaunlich, wenn eine Sechsjährige auf so vergnügliche Weise ohne Einbrüche durch eine Unzahl von Filmen tanzt und singt.

Daß Shirley all ihre Rivalinnen ausstach, lag sicher viel mehr an ihrem Willen, von jedermann gemocht zu werden, und an ihrer angeborenen Fröhlichkeit als an ihrem Genie oder auch nur Talent. Seit sie denken konnte, war sie darauf getrimmt worden, andere zufriedenzustellen und zu gehorchen. »Was ich sage, das macht sie. Da gibt es keine Widerrede, kein Bitten, kein Betteln«, erklärte ihre Mutter einmal in ihrer ganzen Gnadenlosigkeit. »Ich habe ihr keine einzige Ungezogenheit durchgehen lassen, keine Geheule, keinen Gefühlsausbruch ... Ich habe bereits sehr früh mit diesem Training begonnen, und es bedeutet andauernde Kontrolle. Es ist mir sehr schnell gelungen, durch meine Zuneigung nicht zu nachsichtig zu sein.«

Diese eiserne Disziplin machte aus Shirley nicht den »kleinsten Rebell«, sondern das arme kleine reiche Mädchen, und reich wurde sie in der Tat. Sie bemühte sich wie eine Besessene darum, ihre Mutter zufriedenzustellen. Ihre erste Frage nach dem Aufwachen war: »Wen soll ich heute spielen?«

»Ich war entschlossen, ihr irgendeine herausragende Fähigkeit beizubringen«, erklärte Mutter Temple, und es wurde Shirleys herausragendste Eigenschaft, ihre Mutter zufriedenzustellen. Allan Dwan, der in *Heidi* und anderen Temple-Filmen Regie führte, hatte über die Mutter-Tochter-Beziehung folgendes zu sagen: »Shirley war das Produkt ihrer Mutter. Shirley war das Instrument, auf dem die Mutter spielte. Ich weiß nicht, weshalb die Mutter so war – aber ich hatte dieselbe Beobachtung zuvor schon bei Mary Pickford und ihrer dominanten Mutter gemacht. Wenn ich als Regisseur irgend etwas von Shirley wollte, dann schaute ich die Mutter an.«

Wenn »Lockenköpfchen« bei ihrer mörderischen Routine während oder nach den Dreharbeiten einmal Ermüdungserscheinungen zeigte, rief ihr ihre Mutter zu: »Strahlen, Shirley, strahlen!« und »Grübchen« zeigte tapfer wieder alle Aufmerksamkeit.

Die Tatsache, daß sich Shirley Temple mit siebzehn Jahren in die Ehe flüchtete und nie etwas davon wissen wollte, daß ihre Tochter ein Kinderstar werden könnte (ihrem Nachwuchs wurde bereits ein saftig dotierter Fünfjahresvertrag angeboten, als er noch friedlich im Mutterleib ruhte), sagt genug über ihre Einstellung zu Film-Müttern und das Geschäft mit dem Kinderstartum aus. Sie blieb immer fröhlich und im Rampenlicht, und im Gegensatz zu anderen ehemaligen Kinderstars hat sie es sich verkniffen, ihre Mutter und Hollywood öffentlich zu verfluchen. Doch schon in ihrer Kindheit hat sie einmal sehnsüchtig erklärt: »Ich kann es gar nicht er-

warten, erwachsen zu werden. Ich weiß nicht genau, weshalb ich es mir so sehr wünsche. Ich glaube, ich habe die Kindheit satt. Wahrscheinlich macht das Leben mehr Spaß, wenn man erwachsen ist. Ich weiß es zwar nicht, aber ich glaube, da ist mehr ... oder?« So pathetisch kann nur die Äußerung eines Kindes sein, vor allem, wenn dieses Kind zufällig das meistphotographierte und eines der reichsten ist, das man auch noch zum Genie hochjubelt, das man mit Geschenken überschüttet und mit Zuneigung überschwemmt hat.
Hübsch, frühreif und keck wie sie war, hat Shirley Temple einen Zauber ausgeübt, der ihre Leinwandfiguren ganz unwirklich werden ließ und von den täglichen Kümmernissen ganz und gar abgehoben war. Dennoch bleibt die brennende Frage: Kann man sie tatsächlich als Film-Nymphe bezeichnen, als Hollywood-Lolita, egal wie entfernt sie mit diesem Phänomen zu tun hat und welche Bedeutung es überhaupt hat?
Einem unverbesserlichen Temple-Fan, egal ob erwachsen oder halbwüchsig, würde diese Frage wie ein Frevel vorkommen, und genauso war es auch, wenn ähnliche Fragen in Shirley Temples Hoch-Zeit gestellt wurden. Shirley Temple lebt und ist wohlauf, aus der republikanischen Partei hat sie sich noch nicht zurückgezogen, das gleiche gilt für denjenigen, der die Frechheit hatte, diese Frage zum ersten Mal zur Diskussion zu stellen – der Schriftsteller Graham Greene. Das hatte einen aufsehenerregenden Prozeß zur Folge, den Greene verlor und der die Behandlung des Themas zu einer äußerst delikaten Angelegenheit macht, auch heute noch. Dennoch sollte man einen vorsichtigen Blick auf die Problematik wagen.
Aus irgendeinem Grund sind – ansonsten normale – Menschen hingerissen und amüsiert, wenn Kinder sich kokett aufführen – vor allem, wenn es sich dabei um Mädchen handelt. Durch Beifall, Belohnungen und grelle Bewunderungsschreie wird dieses Verhalten auch noch gefördert. Den Hollywood-Moguln ist dies nicht verborgen geblieben. Kaum traten die ersten Kinder in Hollywood-Filmen auf, hatten sie auch schon Erwachsenen-Romanzen nachzuspielen. Zum

Beispiel mochten Erwachsene an Hal Roachs Serie *Our Gang* (Die kleinen Strolche) am liebsten die Szenen, in denen das Balzverhalten Erwachsener von Kindern imitiert wurde. So warb der siebenjährige Carl »Alfalfa« Switzer in einer Folge von 1935 um die vierjährige Darla Hood, indem er ihr schmachtend *I'm in the Mood for Love* (etwa: Mir ist nach Liebe zumute) sang. Darla mußte im reifen Alter von vierzehn abtreten, gerade als sie vielleicht wirklich daran Interesse gefunden hätte, wenn Jungs solche Liedchen für sie singen, doch offensichtlich wollte man sie dabei nicht auf der Leinwand sehen. Die clevere Imitation war es, die das Publikum hinriß, die Karikierung des Verhaltens Erwachsener. Das galt auch noch in den Siebzigern, denn wer hätte schon sein gutes Geld dafür ausgegeben, wenn die billigen Flittchen und gedungenen Mörder in der banalen Gangstergeschichte *Bugsy Malone* von Erwachsenen statt von Kindern gespielt worden wären?

Shirley Temples Karriere begann mit drei Jahren in der Serie *Baby Burlesks,* die der Serie *Our Gang* in vielem sehr ähnlich war. Man zeigte Kinder, doch zielte man auf das erwachsene Publikum. Diese Einakter waren Parodien auf Erwachsenenfilme und auf erwachsenentypische Situationen, die häufig ein kleines Mädchen in den Mittelpunkt stellten, das aber die sexuellen Attribute und Verhaltensweisen eines »großen Mädchens« vorweisen mußte. In einem von ihnen verkörperte Shirley Temple Marlene Dietrich, *das* Sexsymbol jener Zeit, wobei sie eine suggestive Neubenennung erfuhr: »Die unvergleichliche Süße mit den noch längeren Beinen.« In einer anderen Episode, die *Polly Tix in Washington* überschrieben war, spielte sie ein Callgirl und tummelte sich in schwarzer Spitzenunterwäsche. Auf einem Standphoto aus dieser Zeit sehen wir sie, in ein tiefdekolletiertes Abendkleid gewandet, mit allwissender Miene Baby Leroy herausfordern.

Etwas von diesem parodierten Sex-Appeal, den ihr allzu bedenkenlose Erwachsene abverlangt haben, hat auf Shirleys Verhalten abgefärbt und blieb ihr unwissentlich während ihrer frühen Jahre. Ihre Unschuld und extreme Jugend haben

Die vierjährige Shirley Temple als große Verführerin

es ihr unmöglich gemacht, immer zwischen einem breiten Grinsen und einer kindlichen Version eines einladenden Lachens zu unterscheiden, zwischen dem Schmollen eines verzogenen Kindes und den »Bienenstich«-gespitzten Lippen, in denen sich bereits die verheißungsvollen Kußmünder von Marilyn Monroe und Brigitte Bardot ankündigten. Shirley Temple war mollig und trug extrem kurze Röckchen, um noch jünger zu wirken, als sie sowieso war – dadurch erreichte sie gelegentlich eine feminine Süße, die man auch als milde Sinnlichkeit bezeichnen konnte. Die Tatsache, daß sie der Star all ihrer Filme war, verlangte, daß die gesamte Handlung um sie herum konstruiert wurde. In der Regel spielte sie Waisenkinder oder zumindest mutterlose Kerlchen. Ihr männlicher Partner mochte ruhig einen Schatz oder eine Verlobte haben (in *Now and Forever* war es sogar die großartige Carole Lombard), er mußte dennoch die meiste Zeit mit »Fräulein Lockenköpfchen« verbringen. Die Zuschauer erwarteten einfach, daß *sie* die meiste Zeit auf der Leinwand zu sehen war.

Wenn Shirley Liebeslieder wie *The Right Somebody to Love, We Should Be Together* oder *When I'm With You* trällerte, dann tat sie das entweder *für* oder *mit* ihrem Partner. Das verstärkte die leichte Ambiguität ihres Status: War sie nun eine Tochter-Figur oder ein frühreifes Liebesobjekt? Jeder Einstellung, in der die kleine Süße eine Frau küßt, stehen zehn andere gegenüber, in denen sie einen begehrenswerten Mann küßt und umhalst. Und wenn der Hauptdarsteller dann auch noch so unfaßbar attraktiv war wie Gary Cooper, dann muß jede erwachsene Frau im Publikum sie beneidet haben, wenn sie sich an ihn schmiegte. Natürlich barg das ganze nicht einmal einen Hauch von Sex in sich, denn der Mann könnte genausogut die Rolle des Vaters oder des Großvaters spielen (wie Lionel Barrymore in *The Little Colonel*), und doch paßt hier einiges *zu gut* in den sentimentalen, ansatzweise inzestuösen Traum, den so viele kleine Mädchen und erwachsene Frauen von einer Beziehung zwischen sich und dem Vater hegen, in dem der verherrlichte Vater ausschließlich ihr gehört und in dem es im Heer der erwachsenen Mädchen keine ernst zu nehmenden Konkurrentinnen gibt. War es diese Art von Anschmiegsamkeit an den Hauptdarsteller, die Gary Cooper veranlaßte, sie »Wigglebritches«

(etwa: Wackelpudding) zu taufen? Das Studio sorgte umsichtig dafür, daß dieser Spitzname nicht allzu publik wurde, weil es vermutlich fürchtete, »daß Shirleys weniger gefestigte Ge-

Die eine ist sieben, der andere siebenundsiebzig, doch jeder weiß, wer hier wen um den kleinen Finger wickelt

folgschaft solche lässigen Vertrautheiten zum Teil nicht akzeptieren« würde. Doch man fragt sich, mit wem, wenn nicht mit einer Sechsjährigen, kann man sonst »lässig vertraut« umgehen, noch dazu, wenn man sie so gut kannte wie Gary Cooper die kleine »Wigglebritches«, nachdem sie so lange vor und hinter der Kamera zusammen gespielt hatten.

Wie weit ging Graham Greene in seiner Besprechung von *Wee Willie Winkie* für die Zeitschrift *Night and Day* (1937), als er behauptete, die Anziehungskraft, die von Shirley Temple ausgehe, sei sexuell ambivalent? Die Antwort auf jeden Fall ging zu weit, denn er wurde der Verleumdung angeklagt und dazu verurteilt, die damals horrende Summe von zweitausend Dollar an Shirley Temple selbst, eintausend Dollar an ihre Filmvereinigung und fünfhundert Dollar an ihr Studio zu zahlen. Aus naheliegenden rechtlichen Gründen kann man diese Besprechung nicht mehr genauer unter die Lupe nehmen; sie ist auch nicht in Graham Greenes Gesamtausgabe seiner Filmbesprechungen zu finden. Greene selbst bezeichnete sie bedauernd als »die Besprechung, die 20th Century Fox zum Lodern brachte ... Klageschrift, der zufolge ich 20th Century Fox beschuldigt haben soll, Miß Temple zu ›unmoralischen Zwecken‹ zu mißbrauchen«. Aus der Sicht des gegnerischen Anwalts handelte es sich »um die grauenvollste Verleumdung, die man sich vorstellen kann«, »eine ungeheure Schande«, und die Zeitschrift, die so etwas drucke, sei eine solch »bestialische Publikation ..., daß sich jeder ehrbare Zeitschriftenhändler in London weigere, zu ihrer Verbreitung beizutragen«. In Wirklichkeit war *Night and Day* das höchst anspruchsvolle englische Äquivalent des *New Yorker*, in dem so angesehene Schriftsteller wie Evelyn Waugh und Elizabeth Bowen regelmäßige Beiträger waren. Die empörte Sprachführung des gegnerischen Anwalts läßt auf einen Interessenkonflikt schließen, und ein Psychologe würde daraus folgern, daß eine derart hysterische Verdammung wenigstens eine persönliche Billigung von Greenes Besprechung verbergen könnte.

Die Einwände, die Greene gegen Shirley Temples Verwendung im Film vorzubringen hatte, lassen sich schon aus seiner

Shirley in ›Rekrut Willie Winkie‹ – dessen Besprechung Graham Greene in arge Bedrängnis brachte

Besprechung von *The Littlest Rebell* in *The Spectator* (1936) herleiten. Darin sprach er voller Widerwillen von »der üblichen sentimentalen Ausbeutung der Kindheit« und vollzog einen merkwürdigen Schwenk zu den »schändlichen Vergnügungen« des Films. In einer anderen Besprechung, die er im selben Jahr im *Spectator* veröffentlichte, wurde er noch deutlicher. Er beließ es nicht mehr bei der bloßen Andeutung seiner Überzeugung, daß Shirley Temples Erfolg auf frühreifer Koketterie beruhe: »Der neueste Shirley-Temple-Film ist sentimental, in moralischer Hinsicht ein wenig verdorben, und interessanterweise von einer leicht dekadenten Unterströmung geprägt ... Shirley Temple spielt und tanzt mit un-

Shirley in ihrer süßen Koketterie, die ihr die Herzen von Millionen erschloß

glaublicher Vitalität und Sicherheit, doch ein Teil ihrer Beliebtheit scheint sich dadurch zu erklären, daß ihre Koketterie beinahe so ausgereift scheint wie die von (Claudette) Colbert und ihr fremdartig frühentwickelter Körper in grauen Flanellhosen so sinnlich wirkt wie der von Frau Dietrich.«
Schon damals muß 20th Century Fox in ihrer Höhle geknurrt haben, obwohl die neunjährige Shirley nicht einmal ahnte, daß solche Dinge über sie geschrieben wurden. Es wäre interessant zu wissen, was sie über diese Anschuldigungen dachte, als sie alt genug war, sich selbst ein Urteil darüber zu bilden. In ihrer 1988 erschienenen Autobiographie zitiert Shirley

Temple Graham Greene und die Aufregung, die seine Kritik verursachte, mit einiger Amüsiertheit. (A. d. Ü.) Würde sie nicht zumindest Godfrey Winns Einschätzung teilen, der damals über die verleumderische Besprechung schrieb, »es handelt sich nicht im geringsten um eine Kritik an Shirleys cleverem Können, sondern darum, potentielle Zuschauerreaktionen aufzuzeigen – Reaktionen, die Shirley mit ihrem liebenswerten und unschuldigen Humor nicht absichtlich hervorruft«. Genauso wie die Schönheit liegt Lolita im Auge des Betrachters. Es ist nur die Projektion von Humberts krankhafter Phantasie, die aus ihr ein Objekt der Begierde macht.
Die ganze Geschichte drehte sich nicht um Shirley Temples offenkundige, sondern vielmehr um die fragwürdige Unschuld einiger ihrer Fans und ihres Studios. Greene meinte einmal in einer Besprechung eines Deanna-Durbin-Films: »Unschuld ist eine schlüpfrige Angelegenheit: Ihr Reiz ist nicht immer ganz so rein wie ein Pfiff.« Greene zeigte mit dem Finger auf Zuschauerreaktionen, nicht auf die Darstellerin selbst. Der Fall war schnell ad acta gelegt und vergessen, genauso wie der Kinderstar-Kult in den Dreißigern. Dennoch haben einige Bemerkungen Greenes noch ihre Gültigkeit, heute mit Sicherheit sogar mehr als jemals zuvor, denn die Filmstudios, Regisseure und Eltern beuten den wachsenden Sex-Appeal ihrer Töchter gegenwärtig viel bewußter und unverhohlener aus. Keiner kümmert sich heute noch darum, ob Shirley Temples jugendlicher Zauber berechnete Erotik war oder nicht. Sie ist für moderne Gaumen zu süß und klebrig, und ihre Filme sind für die Humberts der Gegenwart viel zu kitschig, denn sie sind von einer viel fleischhaltigeren Kost verwöhnt, man denke nur an die vollmundige, Zigaretten schmauchende Tatum O'Neal, an die nackte Brooke Shields oder an Jodie Foster mit ihrem Schlafzimmerblick. Die Erde ist nicht stehengeblieben.
Dennoch wurde diese Frage im Zusammenhang mit Stanley Kubricks Verfilmung von *Lolita* lang und breit erörtert. Der Kritiker Andrew Sarris schrieb 1963 in seiner Besprechung dieses Filmes über die Qualitäten der Hauptdarstellerin: »Sue Lyon mag schon sexy sein ..., doch sie entspricht nicht

Zwei der größten Leinwand-Lieblinge aller Zeiten: Shirley Temple und Mary Pickford – als die eine abtrat, folgte postwendend die andere

im geringsten der hauchzarten, berauschenden Unschuld, in der sich Humbert seine Traumnymphe ersehnt ... Shirley Temple ist der vergessene Prototyp der Lolita, das wahre Geschöpf der Phantasie und Sehnsucht für die amerikanische Kultur, sie, die durch ihre gesamte präpubertäre Filmkarriere hindurch mit erwachsenen Männern zusammengespannt wurde, die sie bis zum Wahnsinn liebten.«

Wo warst du, Shirley Temple, als Sarris seinen Seitenhieb auf diese schändliche Zweisamkeit losließ? 1963 zuckte man angesichts einer solchen Andeutung nicht einmal mehr müde mit den Wimpern; die Mehrheit der Filmkritiker stimmte darin überein, daß die fünfzehnjährige Sue Lyon für die Rolle der Nymphe Lolita viel zu alt aussah. Man kann daher mit absoluter Sicherheit davon ausgehen, daß in einem Remake von *Lolita* die Titelrolle mit einem wesentlich jüngeren Kinderstar besetzt werden wird. Allerdings wird es keine Shirley Temple sein, denn eine zweite Shirley Temple gibt es nicht und wird es auch nie wieder geben. »Gott hat sie als Einzelstück gefertigt. Es gibt keine Doublette. Sie ist einzigartig.«

4. Lassie im Regenbogenland

Als Shirley Temple zwölf Jahre alt war, war es mit der Temple-Manie schon vorbei. Sehnsüchtig sang sie in ihrem letzten Klein-Mädchen-Film (*Young People*, 1940): »We're young people ... We're not little babies anymore« (Wir sind junge Leute ... Wir sind keine Kleinkinder mehr), in der vergeblichen Hoffnung, daß man sie weiterhin akzeptieren würde, auch wenn sie sich ihre Kinderlöckchen hatte abschneiden lassen und ihre Brüste zu sprießen begannen. Doch Amerika war eingeschnappt. »Was jetzt aus Shirley Temple werden soll, ist eine der brennenden Fragen in der Filmindustrie. Sie hat einiges von ihrer früheren Schönheit und alles von ihrer babyhaften Niedlichkeit verloren«, kommentierte *Life* unfreundlich, und der Journalist Leonard Hall stellte geradezu boshaft fest: »Amerikas Liebling ist – mit Verlaub – zum Schmerz im Allerwertesten geworden.«

Zwar verblaßte Shirley Temples Starruhm, doch die Konjunktur für Mädchen im Nymphen-Alter stand in voller Blüte. Deanna Durbin, Judy Garland und Elizabeth Taylor waren alle erst Halbwüchsige, als ihr steiler Aufstieg begann. Deanne war gerade dreizehn (sah aber jünger aus), Judy war zwölf, ebenso Elizabeth Taylor, als sie die Hauptrolle in dem Film spielte, der sie berühmt machte: *National Velvet* (National Velvet, 1940). Wie kam es, daß ihre Blüte gerade in einem Alter begann, in dem Shirley Temple von ihrer Mutter taktvoll zurückgezogen wurde? Die Antwort ist nicht schwer zu finden. Shirleys Image hing unbedingt und ausschließlich von ihrer Niedlichkeit ab, und diese vollendete und uneingeschränkte Niedlichkeit nimmt man nur einem kleinen Kind ab. Sie wird bei größeren Kindern schal und bei Halbwüchsigen geradezu schauerlich. Zwar sind alle Nymphen per definitionem niedlich, doch die Teenie-Nymphen der späten dreißiger und frühen vierziger Jahre – eben Deanna Durbin, Elizabeth Taylor, Judy Garland, Gloria Jean und all die anderen künftigen Hollywood-Größen – sind in ihrer Ausstrahlung mit dem Wort »süß« besser getroffen als mit »niedlich«. Sie

Links oben: Judy Garland – eine Mordsstimme in einem kleinen Körper
Rechts oben: Deanna Durbin – die »kleine Diva«. Sie hatte das große Glück, einer der wenigen Kinderstars zu werden, die als Erwachsene mit ihrem Leben zurechtkamen
Rechts: Elizabeth Taylor – die Nymphe, die dank ihrer violetten Augen und ihres makellosen Gesichts den Übergang vom Kinderstar zur erwachsenen Filmdiva meisterte

waren weder sexy noch provozierend oder ungezogen, sondern das, was das französische Wort »gentille« umschreibt: Sie waren eher besonnene als verrückte Jungfrauen.
Die Süße dieser neuen Lolita-Generation war nicht unbedingt anödend oder wirkungslos, auch wenn sie immer sehr sentimental daherkam. Diese neuen Nymphen waren einfallsreich, so wie schon einige ihrer Vorgängerinnen; sie ver-

körperten Fräuleins in Not, die sich selbst aus der Patsche befreiten und nicht darauf warteten, bis irgendein Märchenprinz (oder Humbert Humbert) sie aus der miesen Lage rettete, in der sie sich gerade befanden. Judy Garland, die ihren Weg geht und gegen alles gewappnet ist, ist die Galionsfigur dieser Nymphen-Generation: geschniegelt und gestriegelt in ihrem gestärkten, sauberen Schürzchen und ihren adretten Haarschleifen, höflich und wohlerzogen, und doch nie darum verlegen, für Schwindler und Schurken tadelnde Worte zu finden; sie personifizierte die zweckorientierte Lebensführung, die immer noch genug Freiraum für Träume und Ideale läßt. Diese kühne Lebensauffassung blieb nichtsdestoweniger damenhaft und durch und durch wohlanständig. Dieser sehr erwachsene Sinn für Konventionen, für falsch oder richtig, für Wünsche und Wirklichkeit wurde durch eine kindliche Offenheit und Beeindruckbarkeit gemildert. Graham Greene, der so herbe Worte für Shirley Temple gefunden hatte, zeigte sich mit dieser neuen Generation »süßer« Jungfrauen wesentlich nachsichtiger, wie zum Beispiel an seiner Besprechung des Deanna-Durbin-Films *First Love* (1939) zu sehen ist: »Der Traum, den Miß Durbin mit dem Ausdruck unwiderstehlicher Überzeugung verkörpert, wirkt weder fadenscheinig noch heuchlerisch.« Und obwohl er zu den wenigen gehörte, die *The Wizard of Oz* nicht mochten – er nannte ihn den »Traum eines amerikanischen Trommlers von der Flucht« –, gab er zu, daß »Miß Judy Garland mit ihrem köstlichen langbeinigen Spreitzschritt vor zwanzig Jahren sich fast für einen Winter lang mein Herz hätte erobern können«.
Wenn Greene der Ansicht war, daß er zwanzig Jahre jünger sein müßte, damit Judy Garland sein Herz gewinnen könnte, dann lag das wohl nicht daran, daß sie nur einem sehr jungen Mann gefallen konnte, sondern – er meint das wohl entschuldigend – daran, daß er viel zu sehr Europäer, zu zynisch und zu weltüberdrüssig sei, um den Film und seine Heldin schätzen zu können; aus seiner Besprechung geht das klar hervor: »Auf uns traditionsbewußte Europäer wirken die moralischen Grundsätze ein wenig grobschlächtig und die Ideen strohtrocken.« Doch weniger weltläufige und gebildete Männer

als Greene waren von Mädchen wie Judy Garland, Deanna Durbin und Elizabeth Taylor genauso beeindruckt wie Jungen im Teenager-Alter – wenn nicht noch mehr.
Damals, in den Dreißigern, waren die Kinos im Gegensatz zu heute noch nicht in den festen Händen des jungen Publikums. Die Jungstars vieler *Brat-pack*-Filme der achtziger Jahre (*Wargames* [Wargames – Kriegsspiele, 1982], *Back to the Future* [Zurück in die Zukunft, 1985], *Young Sherlock Holmes* [Young Sherlock Holmes, 1987], *About Last Night* [Noch mal so wie letzte Nacht, 1986] und so weiter) sind nur deshalb jung, weil die Mehrheit der Kinobesucher unter fünfundzwanzig ist. Aber in den Dreißigern, als die Erwachsenen auf *Three Smart Girls* (Drei schlaue Mädchen, 1936), *National Velvet* oder *The Wizard of Oz* genauso wild waren wie die Kids, gehörten Männer in den Dreißigern, Vierzigern und weit darüber hinaus zu den glühendsten Verehrern und Bewunderern von Deanna, Judy und Liz. Nur durch ihre Bewunderung wurden diese jungen Damen zu echten Lolitas, egal wie spröde sie auf der Leinwand und im wirklichen Leben waren.
Nabokov ließ nicht den geringsten Zweifel daran, daß erst die begehrlichen Augen eines älteren Mannes die junge Frau zur Nymphe machen. Ihr jugendlicher Verehrer sieht in ihr vor und hinter der Leinwand nichts als ein Liebesobjekt, sicher keine Nymphe. Judy Garland, Deanna Durbin, Liz Taylor und Gloria Jean sprachen nicht nur Männer an, die alt genug waren, um ihre Väter, wenn nicht gar Großväter zu sein, sie wurden auch oft genug mit männlichen Hauptdarstellern zusammengespannt, die ein gewisses Alter schon überschritten hatten und mit denen sie gegenseitige Zuneigung und Vertrautheit verband. Immerhin verbargen sich im *Wizard of Oz* hinter Make-up und Masken drei mittelalte Herrn, die sich da von Judy herumkommandieren und in Verwirrung stürzen ließen. In *Life with Father* (Das Leben mit Vater, 1947) gehörte Elizabeth Taylors wahre Liebe offensichtlich ihrem Vater. Gloria Jeans einzige noch heute erinnerte Filmrolle war die in *Never Give a Sucker an Even Break* (Gib einem Trottel nie eine Chance, 1941), wo sie an

der Seite des bärbeißigen W. C. Fields spielte. Der Titel eines der erfolgreichsten Deanna-Durbin-Filme spricht für sich selbst: *One Hundred Men and a Girl* (Hundert Männer und ein Mädchen, 1937). Marjorie Rosen brachte in *Popcorn Venus* die Handlung dieses Films auf den Punkt, als sie

Die Gumm-Sisters (von links nach rechts: Frances, Sue und Virginia). Die kleinste von ihnen – die bald unter dem Namen Judy Garland auf sich aufmerksam machen sollte – stahl den größeren meistens die Schau

Deanna Durbin und Judy Garland, die eigentlich Konkurrentinnen waren, sich aber dennoch verstanden

schrieb, daß Deanna nichts anderes machte, als »einer Horde unfähiger Männer zu sagen, wo es langgeht, und als ihr moralisches Bewußtsein, als Mutter, Managerin und Antreiberin den Regimentsstab zu schwingen«. Es sieht so aus, als seien diese älteren Herren – und mit ihnen die im Zuschauerraum, die sich mit ihnen identifizierten – unter der Knute dieser hübschen jungen Dinger, die den Kinderschuhen noch nicht ganz entwachsen waren, noch einmal aufgeblüht. Sie waren viel anrührender und weniger bedrohlich als eine zeternde, reife Frau, sei es die Ehefrau oder – Gott bewahre – die Schwiegermutter, die beide eine unerschöpfliche Quelle des Spaßes, aber auch der Geringschätzung in den Filmkomödien der dreißiger Jahre waren.

Judy Garland, Deanna Durbin und Elizabeth Taylor – sie

Judy Garland hat ihren melancholischen Blick nie verloren, der immer dann besonders deutlich sichtbar wurde, wenn sie zu singen anhob

waren smarte Mädchen, die den sehnsüchtigen Eskapismus einer schwierigen Zeit verkörperten. Jede von ihnen war mit ihrem süßen Gesicht, der einschmeichelnden Stimme, ihrem wilden, aber doch fraulichen Gebaren irgend jemands Lieblingsnymphe: eine sichere Lolita, die keine Bedrohung der geheiligten Institutionen Ehe und Familie darstellte (sexy Lolitas waren bekannterweise beider Tod), die normal veranlagte amerikanische Männer nicht in die Zwangslage brachte, ihre wahren Gefühle ausforschen zu müssen, selbst wenn die süßen jungen Dinger ihre Liedchen von reifer Liebe trällerten.

Margaret O'Brien und Judy Garland, zwei der beliebtesten Kino-Nymphen ihrer Zeit. Beide brauchten oft mehr als nur gutes Zureden, um die geforderte Leistung zu erbringen

Den dreien standen völlig unterschiedliche Schicksale bevor, jede ging einen anderen Weg. An sich war da noch eine vierte gewesen, die einen ebenso kometenhaften Aufstieg erlebt hatte wie die anderen drei, doch bereitete das Schicksal ihr das traurigste Erwachsenen-Dasein von allen.
Als Vincente Minnelli mit der sechsjährigen Margaret O'Brien in *Meet Me in Saint Louis* (Triff mich in St. Louis, 1944) zusammenarbeitete, erklärte ihre Mutter (bezeichnenderweise wieder eine unverheiratete, ehemalige Tänzerin) dem Regisseur voller Eifer, wie man die kleine Schauspielerin in den traurigen Szenen zum Weinen bringen könnte; er müsse ihr nur erzählen, daß gerade jemand ihren kleinen Hund umbringe. Wenn das noch keine Wirkung zeige, müsse er nur ein wenig ins Detail gehen: wie überall Blut wäre, wie der Hund entsetzlich leide und wie er stundenlang herzzerreißend jaulen würde. Das wirkte immer. Die kleine Margaret O'Brien begann kübelweise Tränen zu vergießen, als ihre Mutter und der Regisseur ihr abwechselnd Schauergeschichten ins Ohr flüsterten. Minelli gesteht in seiner Autobiographie, daß er sich wie ein Monstrum gefühlt habe; getan hat er es trotzdem, und er bekam jedesmal die gewünschte Vorstellung.
Natürlich war die junge Judy Garland der Star von *Meet Me in Saint Louis*. Wenige Monate später wurde sie die Frau des Regisseurs. Als sie als Kind unter dem Namen Baby Gumm noch ihre Bühnenauftritte absolvierte, hatte ihre Mutter eine ähnliche Methode angewandt, damit ihr Kind wie verlangt spielte. Schon beim geringsten Anzeichen von Widerstand drohte Ethel Gumm ihrer Tochter, sie zu verlassen. Judy hat das nie überwinden können. Ihr ganzes Leben lang war sie von einem krankhaften Verlangen nach Bestätigung und Wertschätzung beherrscht. Ihre Urangst, von denen verlassen zu werden, an deren Liebe sie sich so klammerte, konnte sie nie ablegen; ein mögliches Versagen setzte sie augenblicklich mit dem Verlust entweder des Ehemanns, der Liebhaber, der Fans, der Freunde oder der Kinder gleich.
Die meisten verbinden mit Judy das Lied »Some where Over the Rainbow«. Doch ihre beste Solonummer sang sie im

Selbst beim Spielen standen sie im Rampenlicht: Judy mit Freddie Bartholomew und einer Freundin

Alter von sechs Jahren als Baby Gumm – für ihr zartes Alter trug sie es mit verblüffender Reife vor: »I Can't Give You Anything but Love«. Es hätte ihr Wahlspruch werden können – wie es der Marilyn Monroes wurde, mit der sie die Tragödie der gräßlich vergoldeten Einsamkeit gemeinsam hatte. Doch das Schicksal entschied anders und entbot ihr »Somewhere Over the Rainbow«, das Lied, das sie beinahe nicht gesungen hätte.

Zwischen »I Can't Give You Anything but Love« und »Somewhere Over the Rainbow« lagen zehn Jahre des Heranwachsens, ihre Entdeckung, ihr Verschwinden in der Versenkung und ihre Wiederentdeckung. Zehn Jahre des Na-

Louis B. Mayer mit Judy und Mickey Rooney. Er liebte alle seine »Kinder« – vor allem Judy

menwechselns, der Ortswechsel, bis sie für immer und ewig Judy wurde und ihr Dasein auf Hollywood fixiert war. Judy, die quasi im Koffer zur Welt kam (ihre Eltern und ihre beiden älteren Schwestern waren alle Vaudeville-Entertainer), stahl schon mit drei Jahren den anderen mit ihrer Darbietung von »Jingle Bells« die Schau. Zunächst bestanden die Gumm Sisters nur aus den beiden älteren Mädchen, und Judy brachte nur Sondernummern. Doch als sie fünf war, wurde sie vollgültiges Mitglied, und ihre gewitzte Mutter muß schnell erfaßt haben, daß sie hier einen Sieger vor sich hatte.

Nun, da sie ein Trio waren, wurden die Gumm Sisters eines Tages irrtümlich als die *Glumm* Sisters angekündigt. Das klang so deprimierend (»glum« heißt verdrießlich, mürrisch), daß man beschloß, das ganze Unternehmen in »Garland« umzubenennen. Ein Jahr später wurde aus Frances

Judy, und Judy blieb sie auch für den Rest ihres Lebens, wogegen der offizielle Familienname noch fünfmal wechselte – fünf verschiedene Ehemänner machten es möglich. Es war allen klar, daß in Judy der Stoff steckte, aus dem die Stars gemacht werden: Sie hatte die Stimme, die Persönlichkeit und

Judy Garland

die Ausstrahlung. Was für ein Elend, daß es ihr am nötigen Aussehen mangelte! Als Ethel Gumm einmal gefragt wurde, weshalb ihre Tochter nicht zum Film gehe, antwortete diese – im Beisein ihrer Tochter –, »ich glaube, sie ist einfach nicht hübsch genug dafür«. Als aber die beiden älteren die Gruppe verließen, um zu heiraten, konzentrierte die Mutter schließlich all ihren Ehrgeiz und ihre Energie auf ihren jüngsten Sprößling. Sie ließ Judy als Solonummer mit in verschiedenen Vaudevilles auftreten. Das Kind genoß das Rampenlicht und den Applaus, doch die Erinnerung an die Ethel jener Zeit ist voller Ingrimm: »Meine Mutter war eine wahrhaftige Bühnenmutter, eine von der bösen Sorte. Sie stand in den Kulissen und stieß Drohungen aus, wenn ich mich einmal nicht gut fühlte: ›Du stellst dich hier hin und singst, oder ich wickle dich um den Bettpfosten und breche dich in Stücke.‹« Wenn sie mit ihr unzufrieden war, sperrte sie ihre Tochter in ihrem schäbigen Hotelzimmer ein und ließ die Verängstigte stundenlang allein. Welch Wunder, daß Judy auf die Nachricht, daß ihr Vater an einer Hirnhautentzündung gestorben war, völlig kopflos reagierte. »Jetzt«, schluchzte sie, »habe ich niemanden mehr.«

Es war eine grausame Fügung des Schicksals, daß ihr Vater gerade dann starb, als es ihr endlich gelang, von MGM den lange ersehnten Filmvertrag zu bekommen. Somit war sie im Alter von zwölf Jahren ihrer Mutter völlig ausgeliefert. Sie war im idealen Lolita-Alter, und schon wurde sie eine Hollywood-Nymphe: Der fatalen Mutter-Tochter-Zweisamkeit gesellte sich noch Louis B. Mayer als Humbert Humbert hinzu. Über die wirkliche Beziehung zwischen Judy und Mayer hat es mehr als den üblichen Hollywood-Klatsch gegeben, schließlich war Mayer als großer Verehrer junger Mädchen bekannt, und der Klatsch begann, als Judy erst vierzehn Jahre alt war. Doch gilt hier, was ein Biograph schrieb: »Es wird immer im Reich der Spekulationen bleiben, ob Mayers Absichten gegenüber Judy nun ehrenhaft oder väterlich oder keins von beiden waren.«

Auf jeden Fall kann niemand Mayers gottgleichen Einfluß auf das junge Mädchen bestreiten, das in den nächsten sieb-

Judy eingekeilt zwischen Jackie Coogan und Mickey Rooney. Judy wurde gnadenlos Massagen und Diätpillen ausgesetzt. Diese hochgradig abhängigkeitsfördernden Drogen bestimmten ihr ganzes Leben

zehn Jahren alles nach seinem Kommando machte: arbeiten, schlafen, essen, sich der Öffentlichkeit präsentieren, sich verabreden, heiraten, sich scheiden lassen. Wenn Ethel im Verhalten ihrer Tochter Anzeichen von Rebellion feststellte, brauchte sie ihr nur damit zu drohen, daß sie es Mayer erzählen würde. Als Judy einundzwanzig wurde, soll Mayer geseufzt und eine typisch humbertinische Bemerkung losgelassen haben: »Schade, daß sie erwachsen werden mußte.«

Auch darüber, wie die zwölfjährige Judy 1935 von MGM unter Vertrag genommen wurde, gibt es mehrere Versionen. Der gängigsten zufolge hat Judy »Zing! Went the Strings of My Heart« so gefühlvoll gesungen, daß Mayers Herzschlag sich dem weichen Rhythmus des Liedes angepaßt hat. Auf der Stelle soll er ihr – sogar ohne Probeaufnahmen – einen Vertrag angeboten haben. James Goode, ein ehemaliger MGM-Angestellter, erzählt: »Es war, als ob er eine Goldader entdeckt hätte. Mayer führte sie durch die ganze Anlage und ließ sie überall vorsingen.«

Mayer hätte wahrscheinlich gezögert, wenn man Probeaufnahmen mit ihr gemacht hätte. Würden Judys großartige Stimme und ihre lebhafte, einnehmende Persönlichkeit das Publikum vergessen lassen, daß es ein dickliches, ziemlich unattraktives kleines Mädchen mit einer Stupsnase, Sommersprossen und krummen Zähnen vor sich hatte, das außerdem zu alt war, um ein Kinderstar zu sein, andererseits aber nicht mädchenhaft genug für den wachsenden Sex-Appeal der typischen Nymphe? Judy selbst war entsetzt, als sie die Vorschau ihrer ersten richtigen Filmrolle in einem Spielfilm sah (*Pigskin Parade,* 1936). »Es war der schlimmste Augenblick meines Lebens. Ich glaubte, ich würde so schön aussehen wie die Crawford oder die Garbo ..., daß Make-up und die Kamera mich automatisch zum Strahlen bringen würden ... Ich war schauderhaft. Ich war fett – ein fettes kleines Schweinchen mit Schweineschwänzchen.«

Ein MGM-Angestellter sah das ganze etwas objektiver: »Mit Judy Garland nahm man eine außergewöhnliche Stimme unter Vertrag, die leider in einem mittelmäßigen Körper mit einem sehr fehlerhaften Gesicht steckte. In den folgenden sieben Jahren wurden die Zähne reguliert, die Stimme wurde geschult, die Nase neu geformt, die dicke Taille in Korsetts gezwängt und der Körper so gut es nur ging durch Diäten und Massage auf Linie gebracht.« Diese Beschreibung faßt kurz und bündig die gnadenlosen Zuchtmethoden zusammen, denen die jungen Mädchen im Hollywood der dreißiger Jahre unterworfen wurden. Allerdings berücksichtigt sie nicht im geringsten die psychischen Schäden und Spätfolgen, die diese Maßnahmen zwangsläufig bei einem sensiblen Kind auslösen mußten, das ständig an seine mangelnde Attraktivität erinnert wird, und das in einem Alter, in dem selbst Schönheiten unsicher sind. Von ihrer Familie wurde Judy Äffchen oder

Dickerchen genannt. Wenn es um Judy ging, sprach Mayer am liebsten von »meinem kleinen Buckelwal«. Ein Mitarbeiter des Studios erklärte ihr frohgemut: »Du siehst wie ein Ungetüm aus«, dann setzte er sie radikal auf Diät, was hieß, daß sie kaum etwas anderes zu sich nehmen durfte als Putenbrust und Amphetamine.

Diese überaus suchtfördernden Drogen wurden ihr zur lebenslangen Gewohnheit, genauso wie die starken Schlaftabletten, die sie nehmen mußte, um des Nachts die Wirkung der Amphetamine auszusetzen. Bis zu einem gewissen Grad können Judys unglaublicher Überschwang und ihre Spielfreude in ihren ersten Filmen der Wirkung jener Dexedrine und Benzedrine zugeschrieben werden, die sie in so hohen Dosen zu sich nahm. Sie verließ sich bald nicht mehr nur wäh-

In der Freundschaft mit Mickey Rooney suchte Judy Trost für ihre geringe Attraktivität: »Mickey verstand mich«

rend ihrer Abmagerungskuren auf sie, sondern auch, um die immer wiederkehrenden Depressionsanfälle und Angstzustände zu bekämpfen, die ihr lebenslanger Alptraum wurden. Manchmal war sie von diesen Stimulantien so berauscht, daß man sie, wie ihr späterer Ehemann Vincente Minnelli erzählte, in einigen Szenen bremsen mußte.

Judys erster Leinwandtest und der Einakter *Every Sunday* waren nicht dazu angetan, ihr die Unsicherheit wegen ihres Aussehens zu nehmen: In beiden mußte sie mit Deanna Durbin zusammenarbeiten, die auf ihre Schönheit bauen konnte, wenn auch auf eine sehr landläufige. Die Szenen, in denen die beiden gemeinsam auftraten, umschrieb Judy als »Jazz gegen Oper. Ich hatte einen Apfel in der Hand und ein schmutziges Gesicht noch dazu, und sie war die Prinzessin von Transsylvanien oder ähnlich Verrücktes.« Und dennoch hielt MGM an der lebhaften, beherzten Judy fest, während es die Option auf die damenhafte, eher steife Deanna aufgab; das beweist, daß sie beträchtliches Vertrauen in die Zukunft ihres »kleinen Buckelwals« hatten, obwohl es sich als kapitaler Fehler erwies, daß man Deanna hatte ziehen lassen, denn sie brachte ihrem neuen Studio ein Vermögen ein, noch ehe Judy ein Star wurde.

Auch wenn die Klatschkolumnisten später Judys unglücklicher Jugend eine große Bedeutung zumaßen, muß man dem Studio und der gnadenlosen Mutter doch zugute halten, daß Judy auch sehr glückliche Phasen, manchmal sogar sehr glückliche, durchlebte, ebenso wie schlimme. Judy machte im nachhinein MGM und ihre Mutter für alles, was in ihrem Leben schiefgelaufen war, verantwortlich. »In den ersten Jahren hat es viel Spaß gemacht«, erinnert sie sich, doch fügte sie einschränkend hinzu: »Für jemanden, der jung und ängstlich war, lief alles richtig – und wir blieben ängstlich. Schauen Sie sich uns doch an – Lana Turner, Elizabeth Taylor, Mickey Rooney und mich –, wir alle haben einen Knacks und Blessuren davongetragen.« Und sie wurden alle Superstars, hätte sie noch hinzufügen können, denn diese jungen Menschen waren darauf programmiert, genau dies mehr als alles andere auf der Welt zu wollen.

Judy mit Clark Gable an dessen 36. Geburtstag – dieser Tag brachte ihr den endgültigen Durchbruch

Einer kleinen Vaudeville-Künstlerin brachte es einen enormen Selbstbewußtseinsschub, für einhundert Dollar die Woche unter Vertrag genommen zu werden, woraus dann bei ihrem zwanzigsten Geburtstag auch noch eintausend wurden, und das zu einer Zeit, als zehn Millionen Amerikaner arbeitslos waren.

»Mensch, ich werde ein Filmstar! ... Ich werde mit Jackie

Cooper und Freddie Bartholomew in die Schule gehen!« schwärmte eine ekstatische Judy, als sie ihren Vertrag bei MGM unterzeichnete. Selbstverständlich hieß ein Star werden auch, daß man fortan als Eigentum, als Investition eingestuft wurde; Produzenten dachten sich nicht das geringste dabei, wenn sie ein heranwachsendes Mädchen zu sich ins Büro kommen ließen und ihm so quälende Fragen stellten wie etwa: »Wann hast du das nächste Mal Periode und wie lange ist dein Zyklus? Hast du große Schmerzen dabei?« Regie-Assistenten unterhielten sich in ihrer Gegenwart geringschätzig über ihre wachsenden Brüste und beklagten sich darüber, daß sie in verschiedene Richtungen wiesen und daß man sie deshalb richtig hintrimmen müsse. Ein Star zu werden, hieß aber auch, von einer wachsenden Anzahl von Leuten gemocht und belagert zu werden, die in ihr nicht nur ein talentiertes junges Ding sahen, sondern auch einen warmherzigen Menschen. Es war leichter, Judy gern zu haben als die wesentlich schönere Elizabeth Taylor oder Deanna Durbin. Während ihrer ersten Jahre bei MGM schloß sie viele Freundschaften, die ihr ganzes Leben hindurch hielten; eine der wichtigsten war die mit Mickey Rooney, mit dem sie in vielen ihrer frühen Filme gemeinsam vor der Kamera stand: *Thoroughbreds Don't Cry* (1937), *Babes in Arms* (Theaterkinder, 1939), *Andy Hardy Meets Debutante* (aus der Familie-Hardy-Serie, 1940).

»Mickey verstand mich«, erzählte Judy voller Zuneigung. »Er erklärte mir, wie ich aus dem Off in eine Szene hineingehen mußte. Das Studio hat sich nie die Mühe gemacht, mir das beizubringen; von ihm habe ich auch gelernt, wie man aus einem Satz das Optimale herausholt.« Mickey beschrieb ihr Verhältnis so: »Wir mußten einander nur ansehen und wir wußten Bescheid. Wir wußten sofort, was der andere dachte.«

Nach einigen Jahren bei MGM hatte sich Judy bereits einen Namen gemacht, ein Star war sie aber noch nicht. Die Apotheose ihres Lolita-Daseins in Hollywood trat vermutlich erst ein, als man ihr die märchenhafte Aufgabe übertrug, zu Clark Gables sechsunddreißigstem Geburtstag am 1. Fe-

Nach nur wenigen Jahren standen Nervenzusammenbrüche, diverse Ehemänner und Selbstmordversuche zwischen ihr und den unschuldigen, aber glühenden Tagträumen ihrer Lolita-Zeit

bruar 1937 ein Lied vorzutragen, das speziell für ihn geschrieben worden war. Judy war damals vierzehn, wirkte aber jünger. Mit ihren großen Augen, ihrem gewinnenden Gesicht und ihrer geringen Körpergröße (sie war selbst als Erwachsene noch kleiner als 1,55 Meter) sah sie endlich so aus wie eine Filmwelt-Nymphe. Sie war richtig verschossen in Gable (seit ihrem zwölften Lebensjahr war sie diverse Male in wesentlich ältere Männer verschossen gewesen), also gab es für sie kaum etwas Normaleres, als ihm die schalen Worte »Mister Gable, Sie haben mich in Sie verliebt gemacht« zu singen, das heißt halb zu singen, halb zu sprechen, während sie eine Photographie ihres Idols betrachtete. »Herrjeh, Mister

Gable, ich möchte Ihnen nicht auf die Nerven gehen, aber es betrifft Sie ... Ich muß Ihnen einfach erzählen, wie es war, als ich Sie in *It Happened One Night* (Es geschah in einer Nacht, 1934) sah. Es war das erste Mal, daß ich Sie gesehen habe, doch ich wußte vom ersten Augenblick an, daß Sie der netteste Kerl der Welt sind. Ich glaube, weil Sie so gut, so natürlich, nicht wie ein richtiger Schauspieler spielten ...«
Das Lied war peinlich sentimental und fade. Doch die kleine Judy hatte bereits damals die Fähigkeit, die nur wenige Sänger haben: abgeschmackten Worten, einer nichtssagenden Melodie und abgedroschenen Gefühlen so viel Emphase einzuhauchen, daß selbst aus lächerlichen Worten und Noten ein kleines Meisterwerk wurde, ein bewegendes Erlebnis. Die Gäste waren genauso überwältigt wie das Geburtstagskind selbst. Gable eilte gleich nach dem Vortrag mit verschleiertem Blick zu ihr, umarmte und küßte sie. Judy brach vor Glück in Tränen aus – damals und an diesem Ort wurde der Star geboren: A Star Was Born.
Filmhistoriker sind sich darin einig, daß es Judys Wiederholungsvorstellung von »Dear Mr. Gable«, das in letzter Minute in *Broadway Melody of 1938* (Broadway-Melodie von 1938, 1939) eingebaut wurde, war, die ihren Namen bei Kritikern und Öffentlichkeit bekannt machte. Mit diesem Lied trat sie aus den Rängen der mehr oder weniger anonymen Kinderschauspieler heraus, die sich in Hollywood abstrampelten. Ihr Name, ihr Gesicht und ihre Stimme prägten sich ein, und sie war schon beinahe ein Star. Doch der absolute Durchbruch kam erst, als Judy 1939 in *The Wizard of Oz* mitspielte.
Heute bezeichnet man Judys Wahl für die Hauptrolle in *The Wizard of Oz* »als Meisterleistung der Besetzungspolitik, für die die ganze Welt ewig dankbar sein sollte«, doch zunächst hätte sich MGM viel lieber die unglaublich populäre Shirley Temple von der Fox für diese Rolle ausgeliehen. »Miß Lokkenköpfchen« wurde als naheliegendste Besetzung angesehen, weil sie mit ihren zehn Jahren nicht nur im passenden Alter war, sondern auch, weil sie mit ihrer Zugkraft Judy Meilen hinter sich ließ. Auch die unerhört erfolgreiche

Deanna Durbin wurde in Betracht gezogen, doch hielt man ihr Aussehen letztendlich für zu reif. Schließlich machte Judy das Rennen. Sie war schon sechzehn, konnte aber auf jünger getrimmt werden, außerdem hatte sie genau die richtige schlichte und spontane Ausstrahlung, um ein beherztes kleines Mädchen vom Lande, wie es Dorothy aus Kansas ist, zu spielen.

Judy verkörperte in *The Wizard of Oz* die kindfrauliche Ambivalenz der Hollywood-Lolita beispielhaft, wenn auch nicht in sexueller Hinsicht. Ist Dorothy ein kleines Mädchen oder eine sehr junge Frau? Oder beides? Sie hat die Rattenschwänzchen, die Ringelsocken, das karierte Baumwollkleid, die Naivität und das rosige Gesicht eines kleinen Mädchens, aber sie hat auch die entwickelte Figur (trotz des »Liebeskorsetts«, das sie trug), die hochhackigen Pumps und die reife Stimme eines weiblichen Wesens, das die Kindheit bereits hinter sich gelassen hat. Da Bert Lahr, Roy Bolger und Jack Haley (alias Cowardly Lion [Feiger Löwe], Tin Man [Büchsenmann] und Straw Man [Strohmann]) sie an Körpergröße, Alter und Erfahrung weit hinter sich ließen, sahen sie in ihr alle das süße Kind. Aber die Knirpse, die die Munchkins spielten, betrachteten sie als Frau und kniffen ihr die ganze Zeit in den Hintern oder machten ihr eindeutige Angebote.

Dieser uneindeutige Kindfrau-Status von Judy/Dorothy erklärt auch, weshalb man sie »Somewhere Over the Rainbow« beinahe nicht hätte singen lassen: Man hielt das Lied für zu anspruchsvoll für ein Kind und auch zu anspruchsvoll für das potentielle Publikum des Filmes. Mayer selbst mochte es nicht, er war der Ansicht, daß es die Handlung verlangsamen würde, und wollte es deshalb herausgeschnitten haben. Doch der Koproduzent Arthur Freed war so versessen darauf, es drin zu lassen, daß er sich sogar erkühnte, dem Tyrannen zu trotzen: »Das Lied bleibt, oder ich gehe«, drohte er wütend. Es blieb, und damit auch er.

Im gleichen Maß, in dem sie »Over the Rainbow« prägte, prägte er sie. Für den Rest ihres Lebens blieb es ihre Erkennungsmelodie. Ihr Biograph berichtet: »Selbst wenn sie stimmlich schlecht disponiert war, war es ihrem Publikum lieber, es halb gesprochen als gar nicht zu hören.« Man könnte sagen, daß Arthur Freed ihr einen großen Gefallen tat, als er auf dem Lied bestand, doch war es wirklich ein so großer Gefallen? Freilich, die siebzehnjährige Judy, die schnell erwachsen wurde und schon bald heiraten sollte (an ihrem achtzehnten Geburtstag verlobte sie sich), gewann einen Sonder-Oscar für ihre Darstellung in *The Wizard of Oz*. Das »kesse Fräulein mit dem frischen Gesicht und den verträumten Augen einer Märchengläubigen«, wie der Kritiker Frank Nugent ihre Dorothy beschrieb, war gerade im Begriff, das Nymphen-Land für immer zu verlassen. Nach nur wenigen Jahren standen schon ein paar Ehemänner, Kinder, Nervenzusammenbrüche, Selbstmordversuche und glanzvolle Vamp-Rollen zwischen ihrer Gegenwart und jenen Tagen, in denen sie die Hollywood-Lolita unschuldiger, aber glühender Tagträume war. Doch auch den erwachsenen Star umgab weiterhin ein Rest der alten Nymphen-Aura; das Gesicht wirkte nicht mehr frisch, doch die »verträumten Augen einer Märchengläubigen« strahlten weiterhin wie damals in den Regenbogen-Tagen. Judy war sich dessen voll bewußt, als sie Jahre später meinte: »Ich glaube, die amerikanische Öffentlichkeit hat mich mit den Armen umschlungen, als ich noch ein Kinderstar war, und das blieb so – auch wenn ich großen Kummer hatte.«

Im »kleinen roten Schulhaus« auf dem MGM-Gelände wurden zwei dreizehnjährige Nymphen namens Deanna Durbin und Judy Garland von einer gewissen Frau McDonald in »musikalischem Verstand« unterwiesen. Diese Dame war sehr überrascht, als sich herausstellte, daß das »Jazz-Püppchen« Judy Garland klassische Musik liebte. »Oh, viel mehr als Jazz«, gestand sie ihrer Lehrerin und fügte wehmütig hinzu: »Aber jeder behauptet, daß Jazz das Geld bringt.«

Deanna Durbin, die bald Universals »kleine Diva« wurde, bewies Judy, daß sie sich irrte. Im Hollywood der dreißiger Jahre ließ sich viel Geld aus ernster Musik machen, solange es sich um die entschärften Filmland-Fassungen handelte. Man lieferte eher Musik »mit klassischen Anflügen« als an-

Puffärmel, Rüschenkragen und kleine Löckchen sollten den Zuschauer über das hinwegtäuschen, was ihre zierliche Armbanduhr unmißverständlich anzeigte: Für Hollywood-Lolitas schreiten die Zeiger schneller voran – auch für Deanna Durbin

spruchsvollen Stoff: viktorianische Balladen wie »Pale Hands I Loved«, populäre Kirchenlieder wie »Chapel Bells« oder »Ave Maria«, Songs im Stil von Irving Berlin wie etwa »Begin the Beguine« ebenso wie die bekannten Arien aus Opern wie *La Traviata*.

Deanna war süß und unschuldig und dennoch eine lupenreine Hollywood-Lolita: Der Kontrast zwischen dem, was Graham Greene als »unnatürlich reife Sopranstimme« bezeichnete, und ihrer schlaksigen, mädchenhaften Erscheinung trug sicher ganz wesentlich zu ihrem Erfolg bei. Obwohl sie weiße Halbstiefel und Schleifen im Haar trug, sang sie Liebeslieder. Kaum begann sie, für die Bändchen und weißen Söckchen zu alt auszusehen, verloren ihre Fans das Interesse an ihrer Stimme, obwohl sie noch genauso gut war. Wieder einmal war es die Kombination aus Kind und Frau, die sie angesprochen hatte. Viele Jahre später kommentierte Deanna Durbin dieses Verhalten: »Hollywood weigerte sich, mich erwachsen werden zu lassen. Hollywood sah in mir das ewige Püppchen.« Genauso wie Mary Pickford und Shirley Temple war sie davon überzeugt, daß ihre wahren Bewunderer eher die Eltern als deren Kinder waren, trotz der Deanna-Durbin-Puppen, -Kleider, -Haarbänder und -Spielsachen, die in den Jahren ihres kurzen Ruhms eifrig produziert wurden. »Genauso wie die in Hollywood hergestellten Pin-ups für viele Unzufriedene ein Sexersatz waren, war ich den Millionen frustrierter Väter und Mütter ein idealisierter Tochterersatz«, überlegte sie im nachhinein. Kennzeichnend für die idealisierte Tochter eines frustrierten Vaters ist, daß ihre Jungfräulichkeit durch Bändchen und weiße Söckchen garantiert wird, während ihr Gesang andeutungsweise reifere Gefühlswonnen verspricht.

Anders als Judy Garland wollte Deanna Durbin kein Filmstar werden; sie hat den Filmruhm auch nie genossen. 1935 war sie eine hübsche Zwölfjährige mit einer hübschen Stimme, die mit ihrer anspruchsvollen Mittelklasse-Familie in Los Angeles wohnte. Sie sang in ihrer Kirchengemeinde und hegte den Kleinmädchen-Traum, eines Tages Opernsängerin zu werden. Doch in diesem Teil der Erde sind Talentsucher wie hungrige Wölfe immer auf der Suche nach frischem, jungem Fleisch, und Deanna wurde entdeckt, als sie auf einer Schulveranstaltung »Drink to Me only with Thine Eyes« sang. Sie war alles andere als außer sich vor Freude, vielmehr hatte sie Angst und versuchte ihr Glück beim Film nur widerwillig. Als sie mit ihrer Mutter ins Studio fuhr, um dort Probeaufnahmen zu machen, soll sie zusammengebrochen sein. »Ich möchte nicht Schauspielerin werden. Ihr quält mich alle«, schluchzte sie.

Die Legende will es auch, daß Mary Pickford, die damals Regisseurin bei Universal war, Deanna ihre erste richtige Chance gab: eine Rolle in dem B-Picture *Three Smart Girls*.

Klein-Mary hatte schon immer ein untrügliches Auge für hochbegabte potentielle Kino-Nymphen gehabt. Immerhin war sie es, die 1915 die halbwüchsigen Schwestern Gish mit D. W. Griffith bekannt gemacht hatte. Was immer das Publikum von einer Hollywood-Lolita verlangte, es war sofort klar, daß Deanna es mitbrachte. Das schöne kleine Mädchen mit der schönen kräftigen Stimme machte nicht nur für sich selbst ein Vermögen, sondern auch für ihr Studio; 1947 führte sie die Einkommensliste der USA an. Das gelang ihr, indem sie in schneller Folge jährlich zwei Filme herausbrachte, die das Muster von *Three Smart Girls* weiterstrickten; ein süßes aber gewitztes Mädchen räumt mit den Problemen auf, die sich ihm in den Weg stellen, dabei wird die

Die Zuschauer kamen in Scharen, wenn Deanna Durbin alte Griesgrame mit ihrem strahlenden Lachen und einigen Liedern um den kleinen Finger wickelte, die für ihr Alter ein wenig zu gewichtig klangen

Handlung den ganzen Film hindurch regelmäßig von Liedern unterbrochen. *One Hundred Men and a Girl, Mad About Music* (Verrückt nach Musik, 1938), *That Certain Age* (1939), *Spring Parade* (Frühlingsparade, 1941), *Nice Girl* (1941) und andere zuckersüße Mischungen schienen damals unvergänglich zu sein – ein Fan behauptete, *Mad About Music* hundertvierundvierzigmal gesehen zu haben, dennoch überstand kein einziger Film den Wandel der Zeit. Selbst den Mary-Pickford- und Shirley-Temple-Vehikeln ist es besser ergangen, und das will etwas heißen.

Wie wir bereits wissen, wollte Deanna keine Filmschauspielerin werden. Sie hat an ihrer Karriere nie viel Freude finden können. Das schüchterne, zurückgezogene Mädchen haßte den Publicity-Apparat, der sie umgab, dem sich aber Shirley Temple, Judy Garland und Elizabeth Taylor bereitwillig ergaben, weil es ein Teil des Spiels war. Autogramme zu schreiben, photographiert zu werden, wenn man einen Teddybären umarmte oder eine Pfadfinderuniform trug, Interviews zu geben, die inhaltlich vorher abgesprochen waren und in denen man Meinungen hersagte, die mit dem Image, das man in der Öffentlichkeit hatte, übereinstimmten: Deanna hatte gegen all das eine tiefe Abscheu. Jahre später hat sie die zerstörerischen Auswirkungen einer solchen Existenz auf einen jungen Menschen zusammengefaßt, und was sie über ihr Dasein berichtete, ist sicherlich auf beinahe jede Hollywood-Lolita des 20. Jahrhunderts übertragbar, auf berühmte Kinderstars generell: »Die Fans nahmen ein bestimmtes Bild von mir mit nach Hause, und die Presseagenturen ergänzten es mit dazu passenden persönlichen Angaben. Das meiste davon erfanden sie, und ehe ich mich dagegen wehren konnte, war das Bild, das man von mir entworfen hatte, stärker als mein eigenes Ich, und sehr oft standen beide auch in glattem Widerspruch zueinander. Wie konnte ein ungefestigter junger Mensch gegen dieses von der Öffentlichkeit oktroyierte Image angehen, wenn er mit sich selbst noch so sehr beschäftigt war? Ich war ein ganz durchschnittlicher dreizehnjähriger amerikanischer Teenager. Die Figur, in die man mich hineinzwang, hatte nur wenig mit mir zu tun.«

Deanna Durbin, wie ihr Publikum sie liebte

Es war vorhersehbar, daß ihre Fans entsetzt sein würden, wenn sie versuchen sollte, dieses süße, schulmädchenhafte Image hinter sich zu lassen. Einen Abstecher ins dramatische Rollenfach quittierten die Kritiker prompt mit Verrissen wie

So sah Nabokovs Humbert Humbert seine Lolita zum ersten Mal: sich unschuldsvoll in der Sonne aalend

»grotesk und seltsam«. Ihr erster Leinwandkuß wurde zur Pressesensation. Und als gerüchteweise verlautete, daß Deanna sich bald verheiraten würde, verursachte diese Nachricht bei Universal mehr Aufregung und Schmerz als

Wenn Deanna mal für ein paar Sekunden nicht lächelte oder sang, konnte man sehen, was für einen überaus schönen Mund sie hatte. Auch der sanfte, verträumte Blick war nicht typisch für sie, aber er stand ihr gut

Hitlers Marsch nach Wien, wenn man der Klatschkolumnistin Louella Parsons glauben darf. Doch Deanna ließ sich von ihren Plänen nicht abbringen und heiratete trotzdem, obwohl sie noch ein Teenager war. Ihre Altersgefährtinnen Shirley

Temple, Judy Garland und Elizabeth Taylor haben es nicht anders gemacht. Eine frühe Heirat ist für die Hollywood-Lolita eine wichtige Sicherheit, denn während ihre Fans, das Studio und – üblicherweise – auch die Mutter ihr das Gefühl vermitteln, daß ihr persönlicher Wert ausschließlich in ihrer Kindheit liege, gibt es wenigstens einen Menschen in der Welt, der sie gerne in einer Erwachsenen-Rolle sieht: ihren Ehemann. In allen Fällen brachen diese Ehen bereits nach ein oder zwei Jahren auseinander. Der Übergang von der umschmeichelten Nymphe zur voll verantwortlichen Ehefrau war zu plötzlich vonstatten gegangen.

Doch in Deannas Fall erwies sich nicht einmal eine zweite gescheiterte Ehe als Katastrophe; genausowenig, wie das kontinuierlich nachlassende Interesse ihrer Fans. Vielmehr war es so, daß sie es richtig genoß, auf der Straße nicht mehr erkannt

Elizabeth Taylor mit ihrer Mutter und ihrem älteren Bruder: zwei hinreißend schöne Kinder, doch die Mutter hat nur einen Blick für das Mädchen – die Brötchenverdienerin

zu werden. Als sie Mitte Zwanzig war, war ihre Filmkarriere endgültig vorbei; sie verließ das Land, verweigerte vergangenheitsselige Interviews und sagte sicher die Wahrheit, wenn sie meinte, daß sie nun wesentlich glücklicher sei als damals, auf dem Höhepunkt ihres Ruhmes. Deanna war immer ein bescheidenes Mädchen gewesen, doch sie konnte es sich nicht verkneifen, nach ihrer Rückkehr in die Anonymität, die sie vielleicht nie hätte verlassen sollen, voller Stolz festzustellen: »Ich bin der einzige Kinderstar, der schließlich doch ein glücklicher Mensch geworden ist.«

Sterne werden im Himmel geboren, doch künftige Kino-Nymphen entstehen nur durch die Träume ihrer Mutter. Elizabeth Taylor brachte in unglaublichem Maße die drei Grundvoraussetzungen für den Hollywood-Lolita-Ruhm mit: Sie hatte ein schönes Gesicht, war genau zum richtigen Zeitpunkt im richtigen Alter und – wahrscheinlich die wichtigste von allen – sie hatte eine Mutter. Wie üblich war die treibende Kraft hinter Elizabeth Taylor eine frustrierte Schauspielerin, die von einer Biographin Liz Taylors als eine der entschlossensten Bühnenmütter, die je ein Besetzungsbüro betreten haben, beschrieben wurde. Wohlgemerkt, die Konkurrenz, die in diesem Bereich um diesen traurigen Titel herrschte, war überaus hart.

Sie war wirklich eine Dame, diese Sara Taylor; sie machte ein großes Getue um die Jahre, die sie in England verbracht hatte – in denen auch Elizabeth zur Welt gekommen war –, und um das angenehme, kultivierte Leben, das sie dort geführt hatten. Auch wenn sie sich zum Wohle der Öffentlichkeitsabteilung des Studios die Geschichten von Kindermädchen und Chauffeuren, die ihre Kleine im Hyde-Park spazierenfuhren bzw. zum Tee im Buckingham-Palast kutschierten, ausgedacht hatte, war sie keine von der aufdringlichen oder gar unverschämten Sorte. Doch selbst wenn sie diskreter agierte, war sie doch mindestens so furchtbar wie der Typ der vulgären, marktschreierischen Mutter, die ihr Kind ohne Scham ausbeutete. Noch Jahre später konnte sich Elizabeth Taylors Stand-in (damals wurde Elizabeth noch nicht Liz gerufen; ihre Mutter hätte das nie zugelassen) daran erinnern, wie sie sich regelmäßig innerlich zusammengekrampft hatte, wenn Saras kultivierte, aber durchdringende Stimme am Drehort »Eli-za-beth« rief.

Sara Taylor hatte ein Kind produziert, dessen Schönheit unübertrefflich war, ebenso wie die Brooke Shields' ein paar Jahrzehnte später; sie hatte diesem Kind auch den leidenschaftlichen Wunsch eingepflanzt, Mama in allem zu folgen, und das ist charakteristisch für die Hollywood-Lolita. Mamas Lebenszweck war es, die Erwartungen ihrer Mutter zu erfüllen. »Wir denken in einem Ausmaß das gleiche, daß man das Gefühl haben könnte, wir seien ein und derselbe Mensch«, sagte Sara einmal über sich und ihre Tochter.

Die Besessenheit, ihre Mutter zufriedenzustellen und alles zu vermeiden, was ihren Unmut erregen könnte, hatte viele Vorteile, aber sie hatte vor allem auch eine negative Folge: Elizabeth Taylor konnte jahrelang ihren Figuren keine Persönlichkeit vermitteln, ebensowenig wie später Brooke Shields. Ihre Anwesenheit auf der Leinwand war ausnehmend dekorativ, aber sie war hölzern. Es war, als ob sie mit ihrem Innern ganz woanders wäre, als ob sie die perfekte Aufziehpuppe wäre, zum Leben gebracht und aus der Ferne gesteuert von einem unsichtbaren Puppenspieler. Genau so war es.

Die Furcht, den Unmut ihrer Mutter auf sich zu ziehen, mag Auslöser für Elizabeths unglaubliche Sorgfalt mit ihrem Äußeren gewesen sein. Schon im Kleinkindalter hatte Sara ihrer Tochter eingebleut, daß eine Falte im Kleid, eine ungezähmte Locke oder eine Schürfstelle am Schuh etwas ganz Schreckliches seien, so daß das Mädchen alle Energien darauf verwandte, solche Katastrophen zu vermeiden.

Sie wurde 1932 geboren, hatte pechschwarze Haare und tiefblaue Augen. Das verzückte Publikum bekam Elizabeth 1943 in *Lassie Come Home* (Heimweh, 1943), ihrer ersten großen Rolle und ihrem ersten »Klassiker«, zum ersten Mal zu sehen. Seither haben sich Generationen von Kindern über Lassies Leiden die Augen ausgeweint. Generationen kleiner Buben haben ihren ersten schmerzlichen Einbruch der Leidenschaft beim Anblick Elizabeths mit ihrem netten kleinen

Elizabeth bemüht sich, entspannt und fröhlich zu wirken, doch ihr Gesicht will dem nicht entsprechen

Mantel und Hut erfahren. Generationen kleiner Mädchen haben beim Anblick von Elizabeths wunderschön gelocktem Haar zum ersten Mal die schmerzliche Erfahrung aufkeimender Eifersucht gemacht. Liebe und Neid der Untertanen sind das angeborene Privileg von Prinzessinnen, und Elizabeth hatte an beidem ihren mehr als nur gerechten Anteil, seit sie zum ersten Mal an der Seite eines Collies die Hauptrolle gespielt hatte.

Um Lassie zu besetzen, hatte man in Hollywood-Manier eine ganze Wagenladung Collies gekauft, aus der man den schönsten und gelehrsamsten, einen einjährigen Rüden namens Pal, auswählte. Mit Elizabeth war's genauso. Der Produzent

des Films, Samuel Marx, beschrieb den Auswahlprozeß folgendermaßen: »Wir hatten fünf andere Mädchen, die wir in die engere Wahl zogen. Wir haben einfach eine ausgesucht, weil ich mir von Elizabeth nicht viel erwartete. Doch in dem Moment, als sie eintrat, waren alle anderen vergessen. Sie war strahlend schön, einfach phänomenal.« Angeblich hat der Kameramann am ersten Drehtag den debütierenden Star aufgefordert, noch einmal zum Maskenbildner zu gehen, um die Überdosis Mascara und den zu starken Lidstrich entfernen zu lassen. »Das ist keine Schminke. Das bin ich«, entschuldigte sich Elizabeth. Und sie war es auch.
Pal hatte keine Mutter, die den Vertrag für ihn hätte aushandeln können, deshalb kostete er das Studio nur zehn Dollar. Elizabeth kostete erheblich mehr. Dennoch war ihre Rolle viel kleiner als die des Collies, und der Hund war der wesentlich ausdrucksvollere Schauspieler von beiden. Kritiker schwärmten von seiner Vorstellung, doch von Elizabeth Taylor sagten sie lediglich, daß sie schön anzusehen wäre, was zweifelsohne der Fall war. Sie hatte noch einen langen Weg vor sich: In ihrem nächsten Film, in *Jane Eyre* (Die Waise von Lowood, 1948) spielte sie an der Seite zweier echter kindlicher Profis (Peggy Ann Garner und Margaret O'Brien) und wurde nicht einmal erwähnt. In *The White Cliffs of Dover,* ihrem nächsten Film, hatte sie einmal mehr die Aufgabe, kurz niedlich auszusehen, während die anderen die richtigen Rollen spielten.
Die junge Elizabeth fuhr am besten, wenn man sie mit Tieren vor die Kamera stellte. Lag das daran, daß sie sie mochte und deshalb in ihrer Gesellschaft lebendiger wurde? Oder wurde sie für den Rest ihres Lebens eine Tiernärrin, weil sie ihr zu Beginn ihrer Laufbahn Glück gebracht hatten? Ein Film mit einem Hund hatte ihren Namen und ihr Gesicht dem Publikum eingeprägt. Ein Film mit einem Pferd machte sie zum Star. Auch wenn sie in *National Velvet* die Tochter eines Schlachters spielte (ein sozialer Abstieg, wenn man bedenkt, daß sie in *Lassie Come Home* noch die Enkelin eines Herzogs war), gewann sie doch das Hindernisrennen der Kinderstars um Längen. Obwohl sie als Erwachsene die einssechzig nie

erreichte, zwang sie sich erfolgreich, in drei Monaten fünf Zentimeter zu wachsen, um die Rolle zu bekommen. Sie spielte an der Seite des großartigen Wallachs King Charles und des sehr plebejisch aussehenden Mickey Rooney, Judys altem Kumpel und Ko-Star. Clarence Brown, der Regisseur von *National Velvet,* meinte über das zwölfjährige Mädchen: »Hinter ihren Augen liegt etwas, das man nicht genau erklären kann. Auch die Garbo hatte dieses Etwas.« Er mußte es wissen, denn er hatte in nicht weniger als sieben Garbo-Filmen Regie geführt. Meinte er etwas Geheimnisvolles? Oder Seele? Oder einfach eine seltene Form der Abwesenheit? Ein Star ist ein Gefäß, in das wir unsere Träume versenken. Der Blick der Garbo hat etwas seltsam Leeres an sich, das

Selbst der übellaunigste Großvater konnte Elizabeth Taylor nicht widerstehen

Sie war noch zu jung, um sich zärtlich um einen Mann zu kümmern, bei einem Pferd war das schon etwas ganz anderes

gleiche gilt für den von Elizabeth Taylor, zumindest in ihren ersten Filmen. Diese Leere läßt Raum für unsere Phantasien. Sie nisten sich dort ein und füllen die wunderschöne Lücke. Mit dreizehn Jahren war die kleine Prinzessin bereits stolze Besitzerin zweier Pferde, eines war ihr Ko-Star King Charles, das andere hieß Prince Charming (Märchenprinz). Die drei lebten wie Könige, und die echte Kronprinzessin Elizabeth, die im kriegsgeschüttelten England leben mußte, könnte sie darum beneidet haben. Liz Taylor beschrieb diese Zeit später: »Das Starsystem war für uns ein vom Studio beschützter goldener Kokon. Die Menschen, die darin lebten, haben nie etwas vom Leben draußen mitbekommen.« Für seine Zög-

Tiere brachten ihre Schönheit am besten zur Geltung

linge war das Studio das Zuhause, die Schule, die Familie. Es bedeutete Ruhm und Reichtum und raschen Zugang zu Leinwandgöttern, die da hießen Clark Gable, Gary Cooper, Roy Rogers, Humphrey Bogart usw., eben zu allen, die im Film-Olymp regierten. Der goldene Kokon schützte einen vor den Schocks und Schlägen, die ein normales Leben für einen bereithält, das ging so weit, daß Elizabeth völlig gleichgültig blieb, als ihre Eltern sich 1946 trennten. Kühl blickt sie zurück: »Es war kein großer Verlust. Ich hatte mich schon seit Jahren wie ein Waisenkind gefühlt. Die, die mir so nahestanden wie ein richtiger Vater, waren Jules Goldstone und Benny Thau, der Chef des künstlerischen Stabs bei MGM.

An sie wandte ich mich, wenn ich Rat oder Hilfe brauchte.« Siebzehn Jahre lang, von *Lassie Come Home* (1942) bis *Butterfield 8* (Telefon Butterfield 8, 1960), war MGM Elizabeth Taylors goldener Kokon. Während ihrer kurzen Nymphen-Zeit gab sie Interviews, posierte sie mit ihren vielen Tieren, schrieb sie ein oft neu aufgelegtes Kinderbuch über Eichhörnchen und machte einen weiteren *Lassie*-Film: *The Courage of Lassie*. Noch immer brachten ihr Tiere Glück für ihre Karriere. Ihr Biograph Dick Sheppard formulierte es so: »Nie hat sie einen ihrer Hauptdarsteller so vorbehaltlos geliebt wie Lassie, sieht man einmal von Montgomery Clift und Richard Burton ab.« Lange bevor sie Liz, die Scharlachrote, die Hure von Babylon, die Gattendiebin, die Diamantensammlerin, wurde, war sie Elizabeth die Jungfräuliche, die Reine, die Anbetungswürdige und Unerreichbare.

Im Hintergrund lauerte Humbert Humbert Louis B. Mayer, der sie bewachte, weil er all seine anderen MGM-Nymphen bewachte, und der mit echten Tränen in den Augen seinen kleinen Geldschöpfern immer wieder voller Güte erklärte: »Ihr seid alle meine Kinder, und ich bin euer Vater.« Seine Fürsorge hielt ihn nicht davon ab, sich in unglaubliche Wutausbrüche hineinzusteigern, wenn seine »Töchter« – oder deren Mütter – ihren Stand vergaßen und es wagten, an seinen Entscheidungen zu zweifeln. Als Sara Taylor ihn einmal fragte, wie es mit einer neuen Rolle für Elizabeth aussehe, fing er buchstäblich – nicht sinnbildlich – zu geifern an und kreischte: »Sie und Ihre Tochter, Ihr seid Nichtse. Gossenweiber. Ich habe euch von der Straße aufgelesen und ich kann euch auch wieder dahin zurückbringen!« Soviel zum liebenden Vater. Auf diese Weise erkannte die zwölfjährige Elizabeth sehr früh, daß goldene Kokons nicht unbedingt der gemütlichste Lebensraum sein müssen, so wie es manch eine – darunter Judy Garland – vor und nach ihr auch erkennen mußte. Freilich war Elizabeth zu schön, um von Kopf bis Fuß neu geformt werden zu müssen wie Judy. Doch sie war Verfügungsmasse, konnte verliehen, verkauft, gefeuert, bevormundet und in ihrem Willen gebrochen werden.

Tatsächlich wurde Elizabeth für ihren nächsten Film an Warner Brothers ausgeliehen: In *Life with Father* (1947), liebte sie nicht mehr nur Tiere, sondern bereits ihren Vater. Mit vierzehn, normalerweise der Höhepunkt einer Hollywood-Lolita, erblühte sie rasend schnell zu postnymphischer Reife. In den Vierzigern schienen die Lolitas nicht mehr sehr in Mode zu sein, deshalb waren die Nymphen von gestern darum bemüht, in Windeseile erwachsen zu werden, das »blöde Alter«, in dem sie zu alt für Kinderrollen und zu jung für romantische Heldinnen-Rollen waren, hinter sich zu lassen. Elizabeth reifte körperlich außerordentlich schnell. Sie hatte bereits in einem Alter einen großen Busen, in dem andere Mädchen noch flach wie Buben sind. Vielleicht hatte sie auch hier ihren starken Willen walten lassen, genauso wie damals, als sie für eine Rolle ihr Wachstum beschleunigt hatte.

Abgesehen von Montgomery Clift und Richard Burton hat sie nie einen ihrer männlichen Hauptdarsteller so sehr geliebt wie Lassie

Links: Elizabeth Taylors verkrampfte Haltung läßt darauf schließen, daß sie sich in ihrer Rolle als Pinup gar nicht wohl fühlt

Rechts: In ihrer weichen Sinnlichkeit hob sich Elizabeth Taylor deutlich von ihren Plastikpuppen ab

Ihre Mutter und ihr Studio halfen mit beinahe peinlicher Hast, diesen Prozeß zu beschleunigen. Ihre allererste Verabredung hatte sie im zarten Alter von vierzehn mit einem fünfunddreißigjährigen Studio-Begleiter – arrangiert war sie von MGM worden. Sara Taylor steckte ihre Tochter fortan in tief dekolletierte schwarze Kleider, die sie in einem solchen Grad zur Femme fatale stilisierten, daß sich die Leser eines Fan-Magazins darüber beschwerten. »Warum sagt keiner Elizabeth Taylor Bescheid?« schrieb einer von ihnen, »schließlich ist sie erst sechzehn, aber sie kleidet sich so, als müßte sie spielen, als sei sie zwanzig oder dreißig.«

Aber auch Elizabeth schien es mit dem Erwachsenwerden

eilig zu haben. Als sie noch kaum ein Teenager war, kam einer der Kameraleute am Drehort auf sie zu und sagte: »Es wird dich sicher freuen, daß dich die Jungs gerade zur schönsten Frau gewählt haben, die sie jemals photographiert haben.« Kaum war er außer Hörweite, japste Elizabeth: »Mutter, hast du gehört, was er gesagt hat? Er hält mich für eine *Frau*!« So spielt das Leben – vor allem in Hollywood: Der Eifer der jungen Mädchen, die Grenzen der Kindheit möglichst schnell hinter sich zu lassen, Zugang zur geheimnisvollen Welt weiblicher Privilegiertheit zu finden, wird bald zu einem lebenslangen Ringen um die verlorene Jugend, eine endlose Nostalgie um die Frische und Spontaneität, die sie einst im Alter der Unschuld so glücklich aufgegeben hatten. Mit sechzehn sah Elizabeth ihrer eigenen Einschätzung zufolge wie vierundzwanzig aus und war eine »voll erblühte Sex-Göttin«. Sie spielte in *Conspirator* (Verschwörer, 1949) die Ehefrau des siebenunddreißigjährigen Robert Taylor, eine Rolle, die einer um zehn Jahre älteren Frau wesentlich besser gestanden hätte, außerdem machte der vierundvierzigjährige Howard Hughes ihr den Hof. Rein äußerlich waren ihre Nymphen-Tage als keusche Elizabeth vorüber, doch innerlich war sie immer noch ein unreifes Mädchen. Die Ambivalenz ihrer Stellung wird deutlich, wenn man sich ansieht, wie sie während der Dreharbeiten für den *Conspirator* ihre Pausen verbrachte: Sie enteilte den leidenschaftlichen Umarmungen ihres Partners, um ihre kindliche Pflicht der Hausaufgaben zu erfüllen. »Wie«, so beklagte sie sich bei ihrem Betreuer, »soll ich mich auf meine Ausbildung konzentrieren, wenn Robert Taylor die ganze Zeit seine Zunge in meine Kehle steckt?«

Während sie sich in diesem Lebensabschnitt befand – eine fünfzehn- bis sechzehnjährige Nymphe, die zur Sex-Göttin erblühte –, zog Liz insbesondere ältere Männer an. Viele gefeierte Persönlichkeiten umwarben sie, dabei waren sie viel mehr von ihrer knospenden fraulichen Schönheit fasziniert als von ihrem unreifen Nymphen-Charme. Sowohl Orson Welles als auch Howard Hughes haben sich eine Zeitlang häufig in ihrer Nähe aufgehalten. Doch Elizabeth war keine Lolita. Wahrscheinlich wären ihr Aufmerksamkeiten gleichaltriger Jungs wesentlich lieber gewesen, doch die ließen sich von ihrer Schönheit und ihrem Ruhm abschrecken, vielleicht auch von ihrer Schüchternheit und ihrer Zurückhaltung, die in all ihren frühen Filmen so deutlich zutage traten. Mit vierzehn bat sie ihren älteren Bruder Howard, ihr dabei zu helfen, Jungs kennenzulernen. Er soll geantwortet haben: »Verschaff dir deine Bekanntschaften selbst. Du mußt genauso wie die anderen Mädchen auf die richtige Gelegenheit warten. Ruf einen Jungen an. Hol dir meinetwegen eine Abfuhr, genauso wie jedes andere Mädchen auch.« Doch weder Liz noch die Freunde ihres Bruders wagten den ersten Schritt zu unternehmen. Deshalb fürchtete sie wie viele ganz durchschnittlich aussehende Mädchen in ihrem Alter drei angstvolle Jahre lang, daß sie vielleicht nur eine Laune der Natur sei und daß sich keiner je in sie verlieben würde.

Ihre sehr frühe Heirat mit dem jungen Nicky Hilton und ihre lang dauernde Verliebtheit in den ebenfalls sehr jungen Montgomery Clift, ihren Partner in *Place in the Sun* (Ein Platz an der Sonne, 1951), setzte ihrem geschlechtslosen Status als sexy Teenager ein Ende. Auch wenn Clift eigentlich

Die Unschuld vom Swimmingpool

homosexuell war, schien er ihre Liebe doch erwidert zu haben. Mit siebzehn hatte Elizabeth das Nymphen-Land endgültig hinter sich gelassen. Die Tage ihrer Lolita-Frische, als sie für Werbephotos posierte, während sie Katzen und Kaninchen kraulte, als ihre schmächtige, unreife, abwesende Lieblichkeit das Herz eines jeden Humberts höher schlagen ließ, sie waren für immer vorbei. Sie wurde in jeder Hinsicht zur Femme fatale. Der Übergang von dem naiven, linkischen Mädchen in *National Velvet* zur weltoffenen, verwöhnten Schönheit in *Julia Misbehaves* (Julia benimmt sich schlecht, 1949) hatte sich mit beinahe wundersamer Leichtigkeit vollzogen: in der Geschichte der Hollywood-Nymphen wahrlich eine seltene Großtat, wenn auch keine einzigartige, da Natalie Wood einige Jahre später die gleiche vollbracht hat.

Deanna Durbin zog sich instinktiv zurück, als offensichtlich wurde, daß sie nach Hollywood-Begriffen mehr oder weniger unten durch war. Sie hatte den richtigen Blick, um den geeigneten Ehemann zu finden, der ihr über die unvermeidlichen Leiden des gefallenen Stars hinweghelfen konnte. Nach zwei falschen Starts in ihrem Leben fand Lassie nach Hause – in die wartenden Arme eines dritten Ehemanns, mit dem sie in Frankreich auf dem Land wohnt. Es ist angenehm, sie sich in der Küche ihres Bauernhofes vorzustellen, wie sie eher in Frieden als in Stücken in die Jahre kommt, wie sie die Segnungen und ihre Enkelkinder zählt, wie sie »Pale Hands I Loved« summt – eine ihrer Dreingaben aus den Tagen des Ruhms –, während sie Kartoffelkuchen bäckt. Die Nachbarn hören sie, wenn sie an ihrem Küchenfenster vorbeifahren, und ungläubig wispern sie, daß die runde gemütliche Madame David einst die höchstbezahlte weibliche Entertainerin auf der ganzen Welt war.

Wie anders war im Vergleich dazu Judy Garlands postnymphisches Dasein: ein langer Alptraum aus Neurosen, schwer erträglichem physischen und psychischem Schmerz und Suchtkrankheiten. Dennoch genoß sie fast bis zum Ende ihrer Tage das beglückende Gefühl, sich die unerschütterliche Liebe und Loyalität ihrer Fans erhalten zu haben; für eine, die als Vagabundin zur Welt kam, kein geringer Trost.

Als Robert Taylors Film-Ehefrau in ›Verschwörer‹ beklagte sie sich darüber, daß sie sich nicht auf die Schule konzentrieren könne, wenn »er die ganze Zeit seine Zunge in meinen Hals steckt«.

Egal wie aufgedunsen, gebrochen, betrunken oder betäubt sie war, ihr Ruhm wuchs, wo andere schon längst den endgültigen Niedergang erlebt hätten. In künstlerischer Hinsicht schien ihr Leben wie von Zauberhand gesteuert. Je mehr sie zum Wrack und je unansehnlicher sie wurde, um so besser wurden ihre schauspielerischen Leistungen. Als Konzertsängerin hatte sie nur auf die Bühne zu torkeln und ihren Mund zu öffnen, und schon stand das Haus kopf. Sie konnte zu spät kommen, in Tränen aufgelöst oder nicht bei Stimme sein, solange sie nur durch und durch Judy war, betete ihr Publikum sie noch mehr an. Sie wurde auf immer und ewig mit der kleinen Heimatlosen namens Dorothy identifiziert, die so tapfer ihr »Somewhere Over the Rainbow« schmetterte und mit zitternder Stimme fragte, warum – oh warum sie nicht wie eine Blaumeise fliegen könne. Nachdem sie fünf Ehemänner verschlissen, Pillen wie Sand am Meer und genug Alkohol getrunken hatte, um einen See von beträchtlicher Größe füllen zu können, starb Judy im Alter von siebenundvierzig Jahren. Der Befund des Leichenbeschauers lautete auf »unvermittelten Tod, selbst verursacht durch eine unvorsichtige Überdosierung von Schlaftabletten«. Charles Schram, der dreißig Jahre zuvor in *The Wizard of Oz* ihr Maskenbildner gewesen war, richtete nun ihren Leichnam her, und die Fans schluchzten, daß sie jetzt ihren Regenbogen gefunden habe, auch wenn ihr der Vogel des Glücks für immer und ewig entwischt war. Judy hat einen hohen Preis dafür bezahlen müssen, daß sie schon zu ihren Lebzeiten ein Mythos geworden war, aber sie war ein Mythos und blieb ein Mythos, und gerade das war trotz allem das, was für sie immer am meisten gezählt hatte.

Auch Elizabeth Taylors spätere Karriere und ihr Liebesleben waren durchwachsen, um es dezent zu formulieren, und die Öffentlichkeit – allen voran die Presse – ging häufig grausam mit ihr um. Sie wußte ebenso wie Judy ein Lied zu singen vom elenden Dasein einer Suchtkranken, von schlechter Gesundheit und zerbrochenen Ehen. Wahrscheinlich waren ihre Filmerfolge und das beträchtliche Lob, das die Filmkritik ihr in den Jahren nach Lassie spendete, für sie viel weniger lebenswichtig als für Judy Garland. Man hat den Eindruck – vielleicht nicht zu Recht –, daß Liz niemals im geringsten für sich *selbst* ehrgeizig war. So wie sie sich in ihrer Kindheit die Anerkennung ihrer Mutter und ihrer Studio-»Väter« hatte erringen wollen, so galt es während ihrer Ehen mit dem brillanten Richard Burton, diesen dadurch zu beeindrucken, daß sie eine gute Schauspielerin wurde. Auf jeden Fall stellte sich heraus, daß Liz sowohl in physischer als auch in psychischer Hinsicht stark genug war, um alle Turbulenzen zu überstehen.

Obwohl sie schon so oft ausgezählt worden ist – ein Opfer des Starsystems und des grausamen Drucks in der Filmwelt –, rappelte sie sich jedesmal wieder auf, nachdem sie ihre angesammelten Pfunde und Falten losgeworden war. Es gibt zwangsläufig ein neu erwachtes sentimentales Interesse daran, die unersetzliche *grand amour* von gestern doch zu ersetzen. Sie wird bis zu ihrer letzten Stunde die Menschen fesseln und faszinieren und in ihren Fünfzigern die gleiche Kultfigur bleiben, die sie schon mit fünfzehn war. Sie hatte nicht gerade ein schönes Leben, doch hat sie trotz vieler Tiefschläge offenbar auch eine Menge guter Momente durchlebt, und es sieht so aus, als ginge es auf immer und ewig so weiter. Im Jahr 2000 werden die *paparazzi* aller Wahrscheinlichkeit nach immer noch ihre Blitzlichter aufflammen lassen, wenn sie des Weges kommt, die Ober werden weiterhin betriebsam um sie herumschwirren, wenn sie im Maxim's auftaucht, und sie werden viel Lärm um Lizzy mit den ewig violetten Augen machen. »Ich bin Mutter Courage«, meinte Liz einstens, »ich werde mit meinem Zobelmantel ins hohe Alter schlurfen.«

Elizabeth Taylor und Montgomery Clift in ›Ein Platz an der Sonne‹. Mit diesem Film ließ sie ihre Teenager-Tage endgültig hinter sich. Fortan galt sie als Femme fatale, die ihren Sex-Appeal üppig verströmte

Wie ausgesucht hollywoodianisch doch ihre Auffassung von Brechts Mutter Courage in einem Zobelmantel ist! Liz ist ganz offensichtlich sehr stolz darauf, überlebt zu haben, und sie behauptet, für ihren Grabstein die folgende Inschrift selbst verfaßt zu haben:

> HIER RUHT ELIZABETH TAYLOR
> DANKE FÜR JEDEN AUGENBLICK
> – OB GUT ODER SCHLECHT –,
> ICH HABE JEDEN GENOSSEN!

Die Unglückliche, die in ihrer postnymphischen Laufbahn nicht die geringste Entschädigung erhalten hat, war Gloria Jean. Gloria wer? Die Frage ist erlaubt. »Baby Schoonover« sollte die »alternden« Deanna Durbin und Judy Garland ersetzen. Sie war von Joe Pasternak, dem Produzenten der frühen Durbin- und Garland-Filme, entdeckt worden, und sie hatte die perfekte Sopranstimme, die der Deanna Durbins so sehr ähnelte. Sie war es auch, die mit ihren blauen Augen und ihrem braunen Haar Deanna zum Verwechseln glich, die zusammen mit Bing Crosby in *If I Had My Way* (1940) spielte und mit W. C. Fields in *Never Give a Sucker an Even Break*. Innerhalb von sechs Jahren trat sie in mehr als zwanzig Filmen auf, mußte dann aber im kritischen Alter von siebzehn – man hätte sie ohne weiteres noch auf fünfzehn schätzen können – mitansehen, wie man ihr die Studiotüren vor der Nase zuknallte. Sie, die damit gerechnet hatte, für den Rest ihres Lebens beim Film zu bleiben, endete als Kellnerin und Empfangsdame, nur um keine Sozialhilfeempfängerin zu werden. Sie hat ihrem Studio unglaubliche Summen eingespielt, doch alles, was sie später verdiente, ging für Steuerrückzahlungen drauf, so daß sie als Mittzwanzigerin völlig pleite war.

Gloria Jeans Leben ist die Schauergeschichte über Hollywood und die Studiobosse und darüber, wie sie jemanden fallenlassen, den sie nicht mehr mögen oder brauchen, sobald dieser Jemand nicht mehr in der Lage ist, goldene Eier zu legen. Damals, als die Sucht nach singenden Lolitas noch ungebrochen war, paßte sie perfekt ins Konzept: ein süßes Ge-

Eine leidenschaftliche Szene aus ›Ein Platz an der Sonne‹. Elizabeth Taylor und Montgomery Clift konnten ihre Liebe füreinander kaum verbergen. Sie gipfelte in einem Kuß, der in die Filmgeschichte einging

sicht, eine süße Stimme und vor allem – so jung, ganze zehn, als das Märchen Wirklichkeit wurde, gute sechs Jahre jünger als die regierenden Musical-Nymphen Judy Garland und Deanna Durbin. Hollywood, von jeher gierig nach frischem, jungem Blut, scheute keine Mühen, um »Baby Schoonover« hochzupäppeln und es als das neue Wunderkind zu vermarkten.

Gloria Jean hatte sicherlich einen leichteren Start als ihre Vorgängerinnen Judy und Deanna, die ihr den Weg gebahnt hatten; für sie war die Lehmstraße bereits mit Gold gepflastert. Diese Lehre hatten die kurzsichtigen Studiobosse nach langer Zeit gezogen, nachdem sie die Option auf Deanna Durbin aufgegeben und Judy Garland lange nur als Sängerin

für Geburtstagspartys eingesetzt hatten, ehe sie ihr kommerzielles Potential erkannten. Mit Gloria Jean würden sie den gleichen Fehler nicht noch einmal begehen! Schon in ihrem allerersten Film spielte sie die Hauptrolle (*The Under-Pup*, 1939), und ihr Name war noch größer angekündigt als der von Robert Cummings. Doch man unternahm noch viel mehr, um den Film groß herauszubringen. »Das Studio«, so erinnert sich Gloria Jean, »mietete einen ganzen Zug, um Berühmtheiten nach Scranton, Pennsylvania (ihre Heimatstadt) zur Premiere zu bringen, fünfundsiebzigtausend Menschen schwärmten aus, um den Zug zu empfangen, und ich war die Einheimische, die es zu etwas gebracht hatte!«
Von da an versicherte ihr jeder, daß sie die »nächste Deanna« wäre, was sie für das größte Kompliment der Welt hielt. Natürlich hatte die Medaille auch ihre Kehrseite. Man benutzte sie, um Deanna Durbin zu disziplinieren, und ließ sie im Hintergrund ständig »als möglichen Ersatz« bereit sein. Es ist deshalb nicht besonders überraschend, daß die Ältere Gloria Jean die kalte Schulter zeigte. »Jung wie ich war, habe ich nie verstehen können, weshalb sie nicht mit mir sprach«, erinnerte sich Gloria Jean Jahre später wehmütig. Doch der Erfolg und die Verehrung waren mehr als ein Trost für Deannas Feindseligkeit. Von Universal, die sie der gluckenhaften Presse als Durbin-Protegé präsentierte, gehätschelt und gepäppelt, saß sie im selben Unterrichtsraum wie Elizabeth Taylor und brachte in den folgenden sechs Jahren einen banalen Film nach dem anderen heraus, wobei sie »mit beinahe jedem Star, den ich einst angebetet hatte«, zusammenspielte. Schon die Titel der Gloria-Jean-Vehikel sprechen eine Sprache für sich: *A Little Bit of Heaven* (Ein kleines Stück vom Himmel, 1941), *Wake Up and Dream* (Wach auf und träume, 1942), *Pardon My Rhythm* (1944), *I'll Remember April* (1945).
Gloria Jean hielt diese Filme alle für großartig und glaubte, daß ihr märchenhaftes Dasein nie zu Ende gehen würde. Sie war einfach zu jung, um während ihrer großen Jahre einen wesentlichen Faktor richtig einschätzen zu können: Sie war im Gegensatz zu Elizabeth Taylor und Natalie Wood keine

herausragende Schönheit. Sie hatte auch nicht die außerordentliche Persönlichkeit und Stimme einer Judy Garland, um mit dieser Visitenkarte die Schwelle vom Kinderstar zum erwachsenen Star passieren zu können. Ihr Studio ließ sie über Nacht fallen. (»Als Universal mich rausschmiß, war es, als ob

Gloria Jean, die man als neue Deanna Durbin bejubelt hatte. Sechs Jahre lang drehte sie einen Film nach dem anderen, bis man ihr von einem Tag auf den anderen den Laufpaß gab

ein Verwandter gestorben sei. Ich konnte ohne Ausweis nicht einmal mehr aufs Studiogelände, und keiner stellte mir einen aus.«) Die verhätschelte und verwöhnte Siebzehnjährige aus dem Traumreich war zum ersten Mal der harten Wirklichkeit ausgesetzt: Sie mußte sich selbst den Besetzungschefs anpreisen, die sie ablehnten, weil sie »zu alt für die Naive war und zu jung für reifere Frauenrollen«. Sie mußte feststellen, daß sich keiner mehr für einen interessiert, wenn man ganz unten und raus aus dem Geschäft ist – vor allem: »Als ich mich an einige von denen wandte, denen ich einmal geholfen hatte – man möchte es gar nicht glauben, wie die mich empfangen haben. Die haben geglaubt, ich bettle um Almosen. Das hat mich unglaublich niedergeschmettert! Ich war am Boden zerstört!«
Es sollte aber noch schlimmer kommen. Als sie beinahe pleite war, machte sie sich daran, einen Job zu finden, doch sie mußte feststellen, daß sie alles, nur nicht vermittelbar war: »Was für ein entsetzliches Gefühl ... Ich hatte für nichts die nötigen Qualifikationen. Ich war ausschließlich im ›business‹ groß geworden, und nun war ich wie ein Fisch ohne Wasser. Ich konnte zum Beispiel nicht Schreibmaschine schreiben – ich kann es heute noch nicht. Wie man sieht, habe ich mir eingebildet, daß ich auf ewig berühmt sein würde.«
Schließlich bekam Gloria Jean Arbeit als Kellnerin, dann als Empfangsdame. Zwanzig Jahre lang hoffte sie gegen besseres Wissen auf ihren zweiten großen Durchbruch. Das schönste Vermächtnis eines Hollywood-Geschöpfs ist vielleicht seine Fähigkeit, unverrückbar daran zu glauben, daß alles wieder gut werden würde, daß ein Traum, der einmal Wirklichkeit geworden ist, ein unfaßbar erregender Traum von Ruhm und Reichtum des kleinen Mädchens aus Scranton, Pennsylvania, daß dieser Traum wieder wahr werden kann – nein, muß. Noch in ihren Vierzigern war Gloria Jean voller Zuversicht: »Ich kann immer noch singen und spielen ... Im Herzen bin ich immer noch Schauspielerin! Ich weiß, daß ich älter und dicker geworden bin ... wenn man mir aber dennoch eine Chance gäbe, würde ich mich wieder in Form bringen. Ich singe heute so gut wie damals, wenn nicht besser.«

5. Baby-Puppen

Praktisch jeder liebt Babys, doch man liebt es beinahe noch mehr, wenn der Gegenstand dieser Liebe trotzdem kein Kind mehr ist. »Baby« ist ein Standardbegriff der Zärtlichkeit, den Männer für Frauen jeden Alters verwenden, die in ihnen ein Gefühl der Liebe und des sexuellen Verlangens erwecken. Jeder beliebige Pop-Song richtet sich an ein solches erwachsenes Baby: »Ah need my baby«, »My baby and me«, »Baby come back to me«, »Aw, please, baby« und so weiter. Das amerikanische Ideal-Baby hat babyblaue Augen, babyblondes Haar und zarte Babyhaut, aber – es ist durchaus alt genug, um ganz und gar nicht babygerecht behandelt zu werden. In anderen Worten, sie ist ein »Babe«, ein pretty baby, ein Baby-Vamp, ein Baby-Doll. Als Carroll Baker nach Mississippi ging, um in Elia Kazans *Baby Doll* (Baby Doll) die Hauptrolle zu spielen, stellte sie fest, daß es der häufigste Kosename weit und breit war. Drunten im tiefen Süden reichte es nicht, eines Mannes Baby zu sein: Ein Baby-Doll war noch unbeholfener, noch passiver, noch meinungsloser – und daher per definitionem niedlicher.

Wie kam es, daß sich die Mode zwischen den dreißiger und den fünfziger Jahren vom »Doll-Baby« der Shirley Temple zum »Baby-Doll« der Carroll Baker gewandelt hat? Paradoxerweise war es vielleicht gerade der Nachkriegs-Babyboom der späten vierziger und frühen fünfziger Jahre, der der Wonne, die Amerikaner bei Kinderfilmen empfanden, ein Ende setzte. Wenn vier oder fünf eigene Kinder im Haus herumtobten, soll der erschöpften Hausfrau und dem gelangweilten Vater verziehen sein, wenn sie sich im örtlichen Drive-in-Kino lieber *Kismet* (Kismet) als *Bright Eyes* (Glänzende Augen) anschauten. Vielleicht lag es auch daran, daß der Zweite Weltkrieg zu viel offengelegt hatte, um weiterhin an gute kleine Feen glauben zu können wie etwa Shirley Temple oder Deanna Durbin, die trotz des Durcheinanders, in das sie hineingeraten waren, doch noch erwachsen wurden. Mag sein, daß Elizabeth Taylor Lassie und ihren Schmusehundchen eine sichere Welt bot, aber nicht der Demokratie. Außerdem sprachen die Photographien von Kindergesichtern während der Bombenangriffe, von kleinen, ausgemergelten Überlebenden von Auschwitz und das winzige koreanische Waisenkind, das man »den Jungen, der nie lacht« nannte, den wohlgenährten, grinsenden Vorkriegs-Püppchen hohn.

Wenn auf den Leinwänden der vierziger und fünfziger Jahre auch nur noch wenige lupenreine Lolitas zu sehen waren, so gab es immer noch viele in Hollywood, die sich Hoffnungen auf sie machten. Weil er die verschiedenen, aber doch parallel verlaufenden Pfade der Hollywood-Humberts beschritt, verwickelte sich Errol Flynn, schwadronierender Held vieler Filmepen, in eine ganze Serie wahrhaft epischer Skandale, weil er es mit Nymphen trieb, die noch längst nicht volljährig waren. Der zweifelsohne gutaussehende Flynn wurde von weiblichen Verehrern geradezu belagert, und das permanent. Er beklagte sich häufig darüber, daß man in ihm offenbar eine »männliche Mae West« sehe. Allerdings hat er außerordentlich unverblümte Darstellungen bieten müssen, um weiter seiner hochgerühmten Männlichkeit zu entsprechen. Vielleicht empfand er sehr junge Mädchen in dieser Hinsicht als weniger fordernd, vielleicht wollte er auch einfach zur Abwechslung die Verfolgung einmal selbst aufnehmen. Wie auch immer: sein Treiben kam 1942 zum ersten Mal ans Licht. Er wurde verhaftet und wegen Notzucht mit zwei unmündigen Mädchen vor Gericht gestellt. Wie schon fünfzehn Jahre zuvor, als es um Charlie Chaplin ging, siegte auch diesmal die Doppelmoral: Wären die fraglichen Mädchen Deanna Durbin oder Elizabeth Taylor gewesen, hätte es ihre Karriere zerstört. So aber verhalf der Prozeß Errol Flynn zu noch mehr Zugkraft: Die Zuschauer wollten ihren draufgängerischen Helden offensichtlich in einem neuen Licht sehen. Die Freude darüber währte aber nur kurz, denn auf lange Sicht erwies es sich, daß er seinem Ruf als Wüstling nicht mehr entkommen konnte.

Flynn, der vom besten Anwalt vertreten wurde, den es gab (die ganze Angelegenheit kostete den Schauspieler fünfzig-

Carroll Baker – die erste Film-Nymphe, die unverhohlen ihren Sex-Appeal einsetzte. Sie aalte sich in der Aufmerksamkeit der Männer und machte sich einen Sport daraus, ihre Begierden zu erwecken

tausend Dollar, damals eine immense Summe), wurde schließlich mangels Beweisen nach einem einundzwanzigtägigen Verfahren freigesprochen. Er war einer Verurteilung gerade noch einmal entronnen, und er wußte es. Danach gestand er, daß er im Falle einer Verurteilung mit einem bereitstehenden Flugzeug außer Landes geflohen wäre. Genauso wie Chaplin war er von der brutalen Zurschaustellung seines Intimlebens zutiefst erschüttert; er dachte an Selbstmord und trank schwerer denn je, eine Gewohnheit, die ihn früh ins Grab bringen sollte. Er war trotzdem kein bißchen klüger geworden, genausowenig wie Charlie Chaplin nach dem Skandal wegen Mildred Harris. Einmal Humbert, immer Humbert. 1950 war Flynn wieder in ein illegales Verhältnis mit einer Minderjährigen geraten – mit einer Fünfzehnjährigen. Obwohl er schließlich wieder um eine Verurteilung herumkam, reagierte die amerikanische Öffentlichkeit nicht mehr

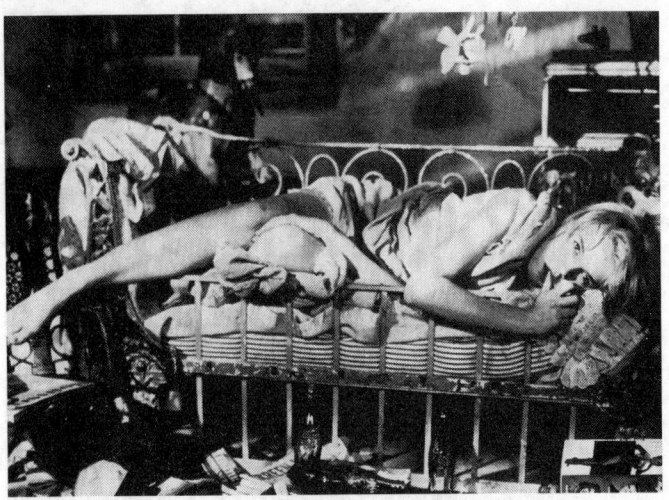

Carroll Baker in ›Baby Doll‹: Abertausende von Protestschreien gingen durch die USA

wohlwollend: Flynn war damals einundvierzig und hatte sich kaum einen Monat zuvor wieder verheiratet – selbstredend mit einer wesentlich jüngeren Frau.
Ende der fünfziger Jahre war Flynn durch seinen Alkohol- und Drogenkonsum nur mehr ein Wrack; trotzdem bäumte er sich noch einmal trotzig auf. Die Auserkorene war eine zurückgebliebene Fünfzehnjährige namens Beverly Aadland, die von Psychologen als »emotional eher zwölf- bis dreizehnjährig« beschrieben wurde. Auch wenn sie mit dem fünfzigjährigen Schauspieler die letzten beiden Jahre seines Lebens zusammenwohnte, unternahm Hollywood nichts; es schien es müde gewesen zu sein, Flynn wegen seiner Vorliebe für Nymphen anzuklagen (und zu schikanieren). Erst nach seinem Tod beschloß Beverlys Mutter, getreu der alten Nymphen-Mutter-Tradition, aus dem Verhältnis klingende Münze zu schlagen: Sie schrieb ein Buch mit dem Titel »The Beautiful Pervert« (Der schöne Perverse), das wie folgt beginnt: »Meine Beverly war erst fünfzehn und noch Jungfrau,

als sie Errol Flynn kennenlernte. Ein paar Stunden später war sie immer noch fünfzehn ... aber keine Jungfrau mehr.« Die liebende Mutter schilderte die Affäre Flynns mit ihrem »Baby« bis ins kleinste Detail, und ihre purpurrote Prosa war

Carroll Baker mit Karl Malden: die Film-Nymphe der Fünfziger wurde mit wesentlich älteren Männern zusammengespannt, damit ihre Jugend noch deutlicher wurde

Der Ruf, ein Lüstling zu sein, tat der Karriere Errol Flynns kaum Abbruch

für die damalige Zeit äußerst aufsehenerregend. Doch zu diesem Zeitpunkt war Flynn bereits tot, und die Sechziger hatten gerade begonnen. Wahrhaftige Lolita-Humbert-Konstellationen hatten ihre schockierende Wirkung weitgehend verloren – obwohl diese keineswegs untergegangen war, wie Roman Polanski einige Jahre später am eigenen Leib feststellen mußte.

Die Seltenheit von Leinwand-Nymphen in den späten fünfziger Jahren kündigte nicht den endgültigen Untergang der Hollywood-Lolita an – ganz im Gegenteil. Es kostete sie etwa ein Jahrzehnt – von 1948 bis 1956 –, bis es ihr gelang, ihr neues Image in den Brennpunkt zu rücken, doch 1956

1942 wurde er festgenommen und wegen Vergewaltigung Minderjähriger vor Gericht gestellt – seine Zugkraft wuchs!

tauchte Carroll Baker als das letztgültige Baby-Doll auf. Worin lag der Unterschied zwischen ihr und den Doll-Babys der Vorkriegsjahre? Doll-Baby war jung an Jahren, aber gewitzt und frühreif. Baby-Doll dagegen war älter, aber sie war dumm und zurückgeblieben. Das Geheimnis der Niedlichkeit der Doll-Babys lag in der Art, wie sie Erwachsenen-Posen ad absurdum führten, und das mit klarem Verstand, Reife und Geschliffenheit, die weit über das eigentliche Alter hinausgingen. Der Reiz der Baby-Dolls dagegen lag in ihrer Kindlichkeit, manchmal sogar Kleinkindlichkeit. Baby-Doll glotzte mit großen Augen in die Welt (Judy Holliday), sprach mit piepsender Baby-Stimme (Marilyn Monroe), lutschte am

Daumen und schlief in einer Wiege (Carroll Baker). Doll-Baby war lebenstüchtig, verteidigte feige Löwen, schützte dusselige Strohmänner, half hilflosen Verwandten aus ihrem Schlamassel heraus, wenn sie nicht ein Waisenkind war, das sich auf eigene Faust Adoptiveltern suchte. Sie besorgte anderen Leuten Arbeit und Ehefrauen, ahmte Ginger Rogers' Tanz- oder Al Jolsons Sangeskünste nach, um Erwachsene zu unterhalten, die immer ein wenig Aufheiterung und Ermutigung brauchten.

Baby-Doll dagegen war allem hilflos ausgeliefert, schmollte und schniefte, brachte sich selbst und andere in größte Verlegenheit und war völlig abhängig von den Hilfestellungen ihrer Ersatzeltern, vor allem der ihres großen Übervaters. Von ihm kamen die finanzielle Unterstützung genauso wie die Streicheleinheiten. Wenn sie überhaupt ein wenig Durchblick hatte, dann tat sie so, als hätte sie ihn nicht. Je höher ihr IQ war, desto besser tat sie daran, diese Gefahr zu verschleiern.

Doll-Baby war eine Frau in einem kindlichen Körper; Baby-Doll war ein Kind in einem Frauenkörper. Dadurch waren beide in ihrer Wirkung ambivalent: Frau-Kind und Kind-Frau, erstere körperlich asexuell, die zweite in gewisser Hinsicht sexy, weil sie so unreif war. Ihren erwachsenen Körper zu begehren, gab einem Mann das Gefühl, hinterhältig und schuldig zu sein; schuldig, weil es ihn nach einer Frau verlangte, die in Wirklichkeit noch ein Kind war.

In den fünfziger Jahren gab es unabhängig von *dem* Baby-Doll, das von Carroll Baker so großartig dargestellt worden ist, noch einige andere Kategorien von Baby-Dolls. Sie wichen deutlich voneinander ab, ergänzten einander aber. Sie sprachen viele Zuschauergruppen an, hatten jedoch eine Gemeinsamkeit: Die neuen Hollywood-Lolitas waren einmal mehr erwachsene Nymphen, die durch ihr Aussehen und ihr Gehabe wesentlich älter wirkten, als es ihrem tatsächlichen Alter zukam, und dadurch die humbertinischen Phantasien anregten. Der Prototyp der Hollywood-Lolita in der Stummfilm-Ära war ein junges Mädchen gewesen, das vorgab, noch jünger zu sein, als sie es sowieso schon war, zum Teil da-

durch, daß es Kinderkleidung trug und Kinderrollen spielte. Es hatte die scheinbare Unschuld und Reinheit des idealisierten kleinen Mädchens nachgeahmt, das vom Helden scheu geliebt und von schurkischen Humberts arg in Bedrängnis gebracht wird. Die Hollywood-Lolita der dreißiger und frühen vierziger Jahre war ein lebensechtes Mädchen, das oft – aber nicht immer – sogar jünger war als die Nabokovsche Nymphe, ein niedliches kleines Bündel aus Liebe und Übermut, das es in den verschiedensten Lagen mit eindeutigen Erwachsenen-Situationen mit Erwachsenen zu tun hat (Arbeit, Krieg, Verbrechen, Abenteuer), aber nie mit Sex.
Ein Nymphen-Typ, der in den Fünfzigern hochkam, war das *kleine Mädel:* kulleräugig, mit Feengesicht, ihre Jugend so sorgsam unterstrichen, daß es bewirkte, daß inzestuöse Vater-Sehnsüchte bei einem männlichen Erwachsenen eher geweckt wurden als die naheliegendere gegenseitige Anziehung zwischen Jungen und Mädchen. Um diese Wirkung nachdrücklich zu betonen, ließ man sie häufig an der Seite viel älterer Männer spielen: Audrey Hepburn mit dem ältlichen Gary Cooper in *Love in the Afternoon* (Ariane – Liebe am Nachmittag, 1957), Leslie Caron mit dem alternden Fred Astaire in *Daddy Long-Legs* (Daddy Langbein, 1955) – eine Rolle, die in den Dreißigern von der achtjährigen Shirley Temple gespielt worden war. Der perverse Charme dieser verschiedenen Nymphen-Typen lag darin, daß diese kindlich aussehenden Schauspielerinnen so taten, als ginge ihnen jede Erfahrung ab, ja, als ob sie in sexueller Hinsicht noch völlig naiv wären, was ihrem natürlichen Alter hohnsprach. Genauso wie Lillian Gish und Mary Pickford schon vor ihnen, traten Julie Harris in *The Member of the Wedding* (Das Mädchen Frankie, 1953) und Millie Perkins in *Anne Frank* (Das Tagebuch der Anne Frank, 1959) als Zwölf- oder Dreizehnjährige auf: Sie trugen Kleider, wie Zwölfjährige sie tragen, bewegten sich wie Zwölfjährige und waren doch von einer reifen Aura umgeben, die deutlich ein sexuelles Bewußtsein signalisierte, das eine Zwölfjährige einfach nicht haben konnte.
Geht man vom wirklichen Alter von Leslie Carons *Gigi* oder

Carroll Baker hier mit ungewohnter, dunkler Haarfarbe und einem vertrauensvollen, frischen Lächeln: ›Baby Doll‹ scheint Lichtjahre entfernt zu sein

Audrey Hepburns *Sabrina* aus, dann konnten sie der Welt und den Männern nicht mehr so unschuldig gegenüberstehen. Die daraus resultierende Ambivalenz (wollte man die Zuschauer dazu animieren, diesen kleinen Mädchen über den Kopf zu streichen?) wurde von Maurice Chevalier perfekt vermittelt, der selbst ein alter humbertinischer Weiser war. Am Ende von *Gigi* besingt er Leslie Caron in seiner unverwechselbaren, suggestiven Art: »Thank heaven for little girls« (dem Himmel sei für die kleinen Mädchen gedankt). Leslie Caron, Pier Angeli und Audrey Hepburn waren zerbrechliche, elfenhafte europäische Lolita-Typen, die in Hollywood groß herauskamen, doch es gab haufenweise ameri-

Carroll Baker, die mit ihrer Rolle als Baby Doll einen ganzen Wurf neuer Lolitas geboren hat

kanische Mädels, die in den Fünfzigern mit ihnen um die Stellung der Film-Nymphe wetteiferten. Sie waren süße Püppchen von der Art, zu denen Männer bewundernd sagen; »Du bist eine echte Puppe!« Debbie Reynolds, Shirley MacLaine und Doris Day hatten alle die »glücklichen Sommersprossengesichter der Kindheit – und sich auch als Erwachsene diese glückliche Ausstrahlung und die Sommersprossen bewahrt«, zumindest in der Sicht der Autorin von *From Reverence to Rape*. Molly Haskel fügte dem gewitzt hinzu: »Debbie Reynolds erinnert einen an ein elendiglich frühreifes Kind, das schon mit drei die ›kleine Dame‹ war, die ihre Grübchen und ihre strahlenden Augen perfektioniert, um sie dann einset-

Audrey Hepburn erhielt sich ihr unschuldiges Flair weit über ihre Jugend hinaus

zen zu können, wenn sie sie brauchen würde.« Eine Zweiundzwanzigjährige mit einer Dreijährigen zu vergleichen ist weniger weit hergeholt, als es scheint. Die Kunst dieser zukünftigen Nymphen war so vollendet, ihre Erscheinung und Manierismen waren so unendlich jugendlich, daß es in der Tat schwer war, Shirley MacLaine von ihrer kleinen Tochter zu unterscheiden, als sie mit ihr auf dem Titelbild von *Life* abgelichtet war. Über Doris Day machten sich viele lustig, weil sie bis in ihre Vierziger die »Berufsjungfrau« mimte; doch diese fröhliche, sommersprossige Jungfräulichkeit war ihr Berechtigungsschein für nimmer endende Jugend – und Arbeit. Zu »jung und unschuldig«, um in die Sexualität Erwachsener verstrickt zu werden, wurde aus ihr eine Art geriatrischer Fall von Lolita, zumindest in einigen ihrer späten Filme.

Diese neuen Lolitas erfüllten einen Aspekt des amerikanischen Männertraums von ewiger Infantilität ihres Liebesobjekts. Doch die sexy Puppe der fünfziger Jahre – aufblasbar, federleicht und strohdumm – erfüllte auch einige andere. Sie entsprach der Phantasie vom kleinen Mädchen, das im Körper eines großen Mädchens gefangen war – zur größeren Zufriedenheit ihres Partners. Äußerlich schien sie das Gegenteil einer Nymphe zu sein: großbusig, vollmundig, in Kleidung und Verhalten ausgesucht elegant, auf Stöckelschuhen einherwackelnd, von Diamanten strotzend oder sich zumindest danach sehnend. Dennoch war auch sie eine Art Monster-Nymphe, ein übersteigertes Kind. Die Adjektive »unschuldig« und »kindlich« wurden im Zusammenhang mit der erwachsenen Marilyn Monroe beinahe ebenso oft verwendet wie für das Kind Shirley Temple. In *Monkey Business* (Liebling, ich werde jünger, 1952), einem der ersten Filme Marilyns, verteidigt der Held (Cary Grant) ihr unverantwortliches Verhalten hitzig, indem er versichert: »Sie ist ja noch ein halbes Kind.« Worauf seine geistig und körperlich reife Freundin sarkastisch antwortet: »Nicht in der Hälfte, die sie zeigt.« Wenn unverantwortliches Handeln, Konfusion, Dusseligkeit und Abhängigkeit die Hauptmerkmale extremer Jugend sind, dann war Marilyn die größte Lolita im Filmgeschäft, und ihre Männer waren die feurigsten Humberts, die sich an ihrer vermeintlichen geistigen Unterlegenheit weiden – sie auch ausbeuten –, an ihrer körperlichen Verletzbarkeit (in ihren Filmen durch ihre Stöckelschuhe und/oder ihre Kurzsichtigkeit hervorgehoben) und an ihrer himmelschreienden Unfähigkeit, mit dem Leben fertig zu werden, es sei denn, eine Vaterfigur ist im Hintergrund immer gegenwärtig. So sah ihre stereotype Rolle in ihren Filmen aus, und im wirklichen Leben scheint es ähnlich gelaufen zu sein, nicht nur mit ihren Liebhabern, sondern auch mit Freunden und Bekannten. Um sich durchs Leben zu kämpfen, legte sie sich das Image eines kleinen Mädchens zu, das sich im großen Kauf-

haus des Lebens verlaufen hat und das letztendlich nicht aus dem Labyrinth herausfinden würde, wenn nicht *Du*, der verständige Erwachsene, Dich ihrer annimmst. Sie war so vollständig davon überzeugt, daß sie ein hilfloses, leichtsinniges kleines Kind sei, daß sie selbst an die Nachsicht und an das Verständnis anderer Frauen appellierte: »Sie sind die Erwachsene, nicht ich.« In ihrer Autobiographie beschreibt Carroll Baker ihre Wut, als sie feststellte, daß Marilyn nicht nur schnurgerade auf ihren, Carrolls, Mann losing und das »Kleinmädchenspiel« mit all ihren Mitteln trieb, sondern auch – zu ihrem maßlosen Erstaunen – das gleiche Spielchen auch bei ihr selbst begann!
Theoretisch ist die Lolita minderjährig und damit für ihr Handeln nicht verantwortlich. Darin liegt sowohl ihre Stärke als auch ihre Schwäche; auch bei einem Mord kommt sie ungeschoren davon. Im Sex-Krieg der Fünfziger war das die Masche vieler Frauen, und Marilyn war ihr Vorbild, ihre Galionsfigur: Lolita mit großen Titten, die erwachsene Nymphe, die für ihre eigenen Zwecke Nutzen aus Humberts Beklemmung und Besessenheit zieht. Doch das Spiel ist ungleich; die Erfinder der Nymphe vom Typ einer Marilyn stehen vor dem Abgrund wirtschaftlicher oder emotionaler Abhängigkeit. In Nabokovs Original-Duell zwischen Lolita und Humbert gibt es keinen Sieger, da letztendlich beide daran zugrunde gehen, daß sie einander begegnet sind. Viele solcher Duelle sind weniger dramatisch, doch auch Marilyn verlor in dem Spiel um das ewige Lolita-Dasein. Ein Leben ohne einen Humbert konnte sie nicht überstehen; ganz am Ende, nachdem ihr Studio sie gefeuert hatte, drängten Freunde sie dazu, in Europa ein neues Leben zu beginnen. Sie antwortete, daß sie das nicht könne, nicht *alleine*. Erwachsene können alleine überleben, Kinder nicht.
Zunächst hatte Elia Kazan gehofft, daß Marilyn in seiner Verfilmung von Tennessee Williams' Vorlage Baby Doll spielen würde. Marilyn – sie war damals gerade in ihrer Actors'-Studio-Phase – hätte es gerne gemacht. Daß es anders kam, war möglicherweise die größte Portion kinematographischen Glücks seit G. W. Pabst sich dazu entschlossen

Leslie Carons langes, offenes Haar und ihr sittsames Kleid signalisieren einladend: Ich bin noch sehr jung! Doch ihre Pose verspricht: Ich werde in Windeseile erwachsen sein

hatte, die weithin unbekannte Louise Brooks statt Marlene Dietrich als Hauptdarstellerin in *Lulu* zu besetzen. Denn Carroll Baker schuf in *Baby Doll* einen neuen, archetypischen Nymphentyp, der so einzigartig verwirrend war wie Louise Brooks in Pabsts *Lulu* oder Lillian Gish als Nellie in Griffiths *Broken Blossoms*. Hätte Marilyn Baby Doll gespielt, hätte sie ziemlich wahrscheinlich eine Neuauflage ihres herrlichen Sex-Puppen-Archetyps geboten, genauso wie Marlene Dietrich in *Lulu* auch nur ihre Nummer aus dem *Blauen Engel* hätte wiederholen können – und sie hätte die Rolle nur allzu gerne übernommen. Doch Lola ist keine Lulu und Sugar kein Baby Doll. Genauso wie Lulu jünger, un-

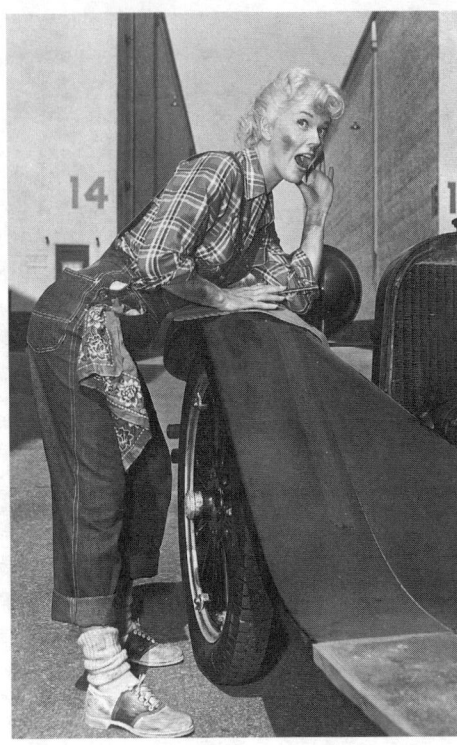

Die Leute machten sich über die »älteste Berufsjungfrau Hollywoods« lustig, und doch verkörperte Doris Day das Ideal der amerikanischen Frau, die sich ihre Unschuld hartnäckig für den Mann aufbewahrt, den sie heiraten wird

schuldiger und weniger lebenserfahren als Lola sein mußte, so war es für Baby Doll unabdingbar, daß sie jünger, weniger klug und weniger berufsmäßiger Vamp sein durfte als die goldsuchende Lorelei Lee oder die unterbelichtete, aber betörende Cherie aus *Bus Stop* (Bus Stop, 1956). Carroll Baker war ideal für die Rolle. Man stelle sich Marilyn als jugendliche Jungfrau aus den Südstaaten vor, die in einer Wiege schläft und am Daumen nuckelt: Das wäre eine Karikatur, wenn nicht eine Groteske gewesen. Bei Carroll Baker wirkte das ganz natürlich und anrührend, auch wenn es beinahe absurd klingen sollte. Beim Blick durch das Guckloch, das ihr wollüstiger Vater durch die Wand gebohrt hatte, wurden aus den Voyeuren jeden Alters schmutzige alte Humberts, die die verbotene Frucht begafften. Sie trug ihren berühmten Baby-Doll-Schlafanzug mit dem unbefangenen Selbstbewußtsein, mit dem die kleinen Mädchen einer früheren Generation (Baby Peggy? Shirley Temple?) ganz ähnliche Kleidungsstücke getragen hatten: superkurze Kleidchen über dazu passenden Höschen. Bei Marilyn war das verspätete Klein-Mädchen-Spiel eben ein Spiel. Bei Carroll Baker wirkte es so glaubwürdig, daß es ein für allemal unmöglich war, diese Schauspielerin von der betörenden Nymphe zu trennen, die sie in *Baby Doll* gespielt hatte. Baby Doll wurde ihr Zweitname, und die Menschen auf der Straße baten sie noch Jahre später, ob sie nicht für sie an ihrem Daumen lutschen würde. Mit ihren Pausbacken, ihren klaren Augen, ihrem offenen Mund und ihrem vernachlässigten Äußeren schaffte sie es, auf eine unbewußte Art sexy zu wirken. (Marilyn hat keine Sekunde lang vergessen, daß sie sexy war.) Eine Nymphe muß sich ihrer Ausstrahlung bewußt und doch wieder nicht bewußt sein. Lolita hat keine Chance, die lasterhaften Triebe in Humbert anzusprechen, wenn sie nicht unschuldig wirkt oder ist. Carroll Baker war als geistig zurückgebliebene, körperlich kindliche, leicht zu groß gewachsene Nymphe absolut überzeugend. Sie war provozierend und doch passiv, eine Puppe, die viel ältere Männer zum Wahnsinn trieb. (Alle Männer in dem Film scheinen in mittleren Jahren zu sein, selbst Vacarro, der verschlagene Verführer, der etwas Leben in die Puppe bringt, sieht alt genug aus, um ihr Vater sein zu können. Elia Kazan war zu schlau, um ihre nymphenhafte Ausstrahlung durch den Auftritt eines jungen Mannes zu mindern, für den sie keine Nymphe gewesen wäre.)

Es ist kaum überraschend, daß *Baby Doll* von den Sittlichkeitswächtern an den Pranger gestellt wurde, sogar von dem allmächtigen Kardinal Spellman aus New York. Und das, obwohl in diesem Film kein Geschlechtsakt zu sehen war, keiner je nackt auf der Leinwand erschien (es sei denn, man sieht in den Höschen oder den am Schluß sehr knappen Slips von Baby Doll bereits den Tatbestand der Nacktheit gegeben), die Liebesspiele sich auf Streicheln und Kitzeln beschränkten und es lediglich gegen Ende des Films zu einem flüchtigen Kuß zwischen Carroll Baker und Eli Wallach kam. Verglichen mit dem expliziten Sex in heutigen Kinofilmen mag dies wie Kinderkram aussehen, aber jemand hat einmal die richtige Feststellung geäußert, daß sich in den Filmen der fünfziger Jahre alles um Sex drehte – aber ohne Sex. Das galt für keinen Film mehr als für *Baby Doll*. Der Film verströmt Sex, pulsiert vor Sex, trieft davon, wird von ihm davongerissen und explodiert schließlich.

Der listige alte Kardinal Spellman fiel nicht auf Einwände herein, die sich darauf beriefen, daß Baby Doll mit niemandem davonzog, daß sie in dieser Geschichte über eine nicht vollzogene Ehe und unerfüllte Lust am Ende genauso jungfräulich ist, wie sie es am Anfang war. Der gewiefte alte Elia Kazan gab auch zu, daß er genau wußte, was er tat. In einem Interview erklärte er: »Für mich besteht die Erotik in der amourösen Jagd. Den Liebesakt an sich zu zeigen, finde ich nicht erotisch. Erotik lebt von der Frage: ›Kriegt er sie oder kriegt er sie nicht?‹ Und: ›Wird sie ihn kriegen oder kriegt sie ihn nicht?‹ Und wie werden sie sich wohl verhalten? Das Erwecken von Sehnsucht ist Erotik, genauso wie vorhandenes Verlangen, noch ehe es erfüllt wird.«

Aber auch die pfiffige Carroll Baker ließ sich nicht täuschen. Sie gab zu, daß sie das elektrisierende, erotische Klima, das während der Dreharbeiten herrschte, stark gespürt habe: »Bei meinen Bemühungen, in den sexuell beziehungsreichen Szenen echt zu wirken, habe ich mich in einen leicht entflammbaren, geradezu vulkanischen Zustand reingearbeitet. Das ging so weit, daß einiges auf der Leinwand gar nicht gezeigt werden konnte. Nach den verschiedenen Einstellungen war ich immer noch am Glimmen, so daß ich Mühe hatte, ein Stöhnen zu unterdrücken, wenn irgend jemand mich versehentlich berührte. Ich fand es wirklich bedenklich, wenn ich im Schminkstuhl saß und einen langsam aufsteigenden Ausbruch kommen spürte ... Es war diese Puderquaste! ... Oder empfand ich bloß eine überwältigende Lust für den Maskenbildner? ... Er liebkoste mein Gesicht und meine Ohrläppchen und machte mich total kopflos!« Sie steckte so tief in der Sache drin, das behauptete sie wenigstens, daß sie ihren Mann bitten mußte, das nächstbeste Flugzeug von New York nach Mississippi zu nehmen, um zu ihr zu kommen und mit ihr zu schlafen. Selbst das bewahrte sie nicht davor, wie eine »überspannte, überhitzte Halbwüchsige« zu spielen, wie sie es ausdrückte. Sie beschrieb, wie sie nach der einzigen Kuß-Szene in dem Film ihren Partner Eli Wallach dazu zwang, sie immer und immer wieder zu küssen, selbst nachdem die Einstellung schon längst im Kasten war: »Obwohl sie schon aufgehört hatten, mich und Eli beim Küssen zu filmen, und die Kamera schon in die Küchendekoration gebracht hatten, ließ ich Eli nicht los ... Ich wollte einfach nicht aufhören, ihn zu küssen. Während des ganzen langen Dialogs zwischen Milly und Karl und während verschiedener Wiederholungen dieser Szene hatte ich Eli an die Außenwand des Studios gedrückt – für einen endlosen, zwingend notwendigen Kuß.«

Wenn es keine Beischlafszene – sei sie angedeutet oder eindeutig – war, was in *Baby Doll* schockierte dann die gläubigen Christen oder was wühlte Carroll Baker so sehr auf, und später die Kinobesucher? In der berühmten Anfangssequenz sehen wir den kahlköpfigen, bauchenden Karl Malden, den Inbegriff des miesen humbertinischen *dirty old man*, ein Loch (Symbol für die Entjungferung) in die Wand bohren, um einen Blick auf seine ferne Kindbraut zu erhaschen (Voyeurismus). Er kniet auf allen vieren (Masochismus), an seiner Seite sein Hund, der mit seinem dicken, erstaunlich suggestiven Schwanz wedelt (Anklang an Zoophilie und Autoerotik). Als das Loch endlich gebohrt wird, dürfen wir einen kurzen Blick auf Baby Doll werfen, die in ihrer Baby-Wiege (Pädophilie) schläft und an ihrem Daumen lutscht (symbolische Fellatio). Und das ist erst die kurze erste Einstellung! Wie anders als mit sexueller Symbolik kann man beschreiben, wie Baby Dolls Mann, Archie Lee, ihr eine triefend phallische Doppelportion Eis in einer Waffel bringt, an der sie genüßlich leckt, während die Zuschauer auf die Leinwand starren und kichern. Oder die Art, in der der Feind ihres Mannes sie zu verführen versucht, während er sie hin- und herwiegt, was eindeutig für das stetige Auf und Ab während des Geschlechtsverkehrs steht. Oder die Art, wie er sie neckt und erschreckt, indem er mit seinem fetischistisch beschuhten Fuß ihren Bauch kitzelt (er trägt auch die meiste Zeit eine Reitgerte bei sich). Oder die lippenleckende Sinnlichkeit, mit der sie geräuschvoll ihr Essen schlurfen, während sie sich gegen Ende tief in die Augen schauen?

Mit *Baby Doll* kam die Hollywood-Lolita in die Jahre. Nicht etwa, weil Carroll Baker technisch gesprochen postpubertär war, sie war vielmehr in allen anderen Belangen eine wahre Nymphe, sondern weil der Film Begierde beinhaltete – Begierde, nicht Sex, und das auf überaus deutliche und erregende Weise: die obsessive, beinahe kriminelle Begierde eines viel älteren Mannes für eine schwer faßbare und feindselige Nymphe, dann das Erwachen ihrer eigenen Begierde durch einen anderen Mann, ein Erwachen, das wie eine symbolische Pubertät wirkt. Der Film zeigte noch einen anderen älteren Mann, der auf seine beiläufige, herablassende und väterliche Art mit Baby Doll auf einer sehr sinnlichen Ebene spielte, und doch irgendwie so, wie er es auch mit einem kleinen Kind gemacht hätte: Er wiegte sie, neckte sie, spielte Verstecken mit ihr, jagte ihr Angst ein, und brachte sie absichtlich entweder zum Weinen oder zum Lachen, ohne sie aber jemals als Frau ernst zu nehmen. Ein französischer Filmkritiker bezeichnete *Baby Doll* als den Film, »der *Lolita* ankündigte und ihr den Weg bahnte und für den Ausbruch der sexuellen Revolution, die noch heute im Gange ist, eine ebenso grundlegende Bedeutung hat wie etwa Nabokovs Roman oder die Zeitschrift *Playboy*«.

Demnach tat Kardinal Spellman von der Erzdiözese New York nach seinen Begriffen das einzig Richtige, wenn er sich den Film vornahm und ihm von der Kanzel herab eine spezielle Verdammung verpaßte: In der St.-Patricks-Kathedrale forderte er alle gläubigen Katholiken dazu auf, den Film zu boykottieren, ihn sich anzuschauen wäre eine Sünde. In das gleiche Horn stieß die Legion of Decency, die den Film als »moralisch abstoßend« einstufte, »sowohl was das Thema als auch was die Art seiner Darstellung betrifft«, außerdem dün-

Baby liebt ihre Puppe ... ihren Vati aber noch mehr. Sein Bild steht auf ihrem Nachttisch, und nachts träumt sie von ihm. Carroll in ›Baby Doll‹

ste er »fleischliche Schlüpfrigkeit« aus. Aber sicher! Katholische Organisationen stellten landauf, landab Streikposten vor allen Kinos auf, die den Film zeigten, während einige Bischöfe einen generellen Wirtschaftsboykott gegen all jene ausriefen, die *Baby Doll* im Programm hatten. Einige Extremisten drohten sogar damit, in den betreffenden Kinos Bomben zu legen, und rechtfertigten dies vor sich selbst innerhalb des Rahmens ihrer altbackenen Moralauffassung. Sie alle spürten, daß *Baby Doll* ein Vorbote eines neuen, zwanglosen Zeitalters sein müsse. Wenn es einmal so weit gegangen ist, dann würde das Kino demnächst auch noch weiter gehen – viel weiter.

Doch *Baby Doll* wurde nicht verboten. Es erzeugte weitere Baby Dolls, ebenso wie Carroll Baker wenige Tage nach der Filmpremiere ein kleines Mädchen zur Welt brachte. Der Film sollte ganze Massen neuer Lolitas hervorbringen, eine forcierter und unverhohlener als die andere, auch wenn keine von ihnen so kunstvoll und sexy wie das Original war.

Das Symbol von *Baby Doll's* Triumph über veraltete Sitten und moralische Grundsätze war schön: das berühmt-berüchtigte Bild von Baby Doll, auf dem sie in ihrem Höschen steckt, in ihrer Wiege liegt und schläfrig an ihrem Daumen lutscht. Es wurde auf die größte Plakatwand gemalt, die Manhattan jemals gesehen hatte – sie füllte einen ganzen Straßenzug aus!

Das war der glatte Hohn für Kardinal Spellman, der gerade aus Korea zurückkam, wo er das Weihnachtsfest mit den dort stationierten amerikanischen Soldaten verbracht hatte. Nach seiner Rückkehr fauchte er von seiner Kanzel herunter: »Ich fahre zu unseren Jungs, die ihr Leben für ihr Vaterland riskieren und alles Menschenmögliche tun, um unsere Gesellschaft zu retten, und was muß ich bei meiner Heimkehr sehen? *Baby Doll*!« Dieser Wutschrei wurde zum Kennzeichen der sich wandelnden Zeit. »Und was muß ich bei meiner Heimkehr sehen? *Baby Doll*!« wurde zum In-Witz des Jahres. Bis zum heutigen Tag weiß keiner mit Gewißheit, ob der gute Kardinal den Film je gesehen hat, aber es ist zu vermuten, daß die Jungs in Korea lieber Baby Doll zu Weihnachten bei sich gehabt hätten als den Kardinal.

Wie auch immer. *Baby Doll* forderte seine eigenen Opfer. Im nachhinein zeigte sich, daß er fast der Todeskuß für Carroll Bakers Karriere war. Einmal Nymphe, immer Nymphe – in den Augen der Öffentlichkeit, und dieses Problem machte ihr schon zu schaffen, bevor sich die ersten Krähenfüße um ihre Augen herum abzeichneten. Am Ende ihrer Autobiographie gesteht Carroll Baker traurig ein (natürlich trägt sie den Titel *Baby Doll,* trotz all ihrer Klagen), daß dieses Etikett hartnäckig an ihr haftete. »Diese dämliche kleine daumennuckelnde Göre ist in den Köpfen einer ganzen Kinogänger-Generation immer noch lebendig und wohlauf«, schrieb sie. »Danke bestens! Mehr als fünfundzwanzig Jahre lang habe ich versucht, sie zu zerstören. Und ich bin so ausgelaugt von diesem Kampf, daß mein einstmals manischer Beschluß, sie auszulöschen, nach und nach zu einem ziemlich hilflosen Wunschdenken verkommen ist. Sie hat jedenfalls all ihre Stärke bewahrt …«

6. Ein ganzer Wurf Lolitas

Nabokovs Humbert Humbert hatte von dem Tag geträumt, an dem seine Lolita »einen Wurf neuer Lolitas« gebären würde, doch am Ende des Romans stirbt sie bei der Geburt eines toten Knaben. Die Kino-Nymphe war da erfolgreicher. Das Baby Doll der fünfziger Jahre brachte nämlich eine ganze Riege Film-Lolitas hervor, die alle eine unübersehbare Ähnlichkeit mit Carroll Baker hatten: Tuesday Weld, Sue Lyon, Carol Lynley, Hayley Mills und viele andere Hoffnungsträgerinnen des Hollywood der Sechziger. Alle waren sie kindliche Blondinen zwischen ihren Anfangs- und Endzehnern. Sie hatten so offene, blaue Augen, wie Kleinkinder sie haben, dazu das makellose Porzellangesicht von Puppen. Der europäische Kindfrau-Typ, der auch jenseits des Atlantiks zu Ruhm kam (Brigitte Bardot, Sarah Miles, Françoise Dorléac, Jane Birkin, Cathérine Deneuve und Julie Christie), war intellektueller und erfahrener, aber die Baby-Vamps waren jedenfalls weltweit in Mode, zum Teil dank Nabokovs internationalem Bestseller.

Die lupenreine Nymphe blieb allerdings vorwiegend amerikanisch – mit Blue Jeans, Kaugummi kauend und naiv. Sie war sexuell kein Unschuldslamm mehr, doch war sie es ihrem Alter und ihrer Kultur (oder mangelnden Kultur) nach noch. Sie war eher niedlich als schön. Schönheit ist ein Begriff, den man nur in bezug auf reife Frauen anwenden kann, die Nymphe dagegen rechtfertigte seine Verwendung nicht. Ihr Frauenideal war die Barbie-Puppe, die um diese Zeit aufkam und mit der alle braven, kleinen amerikanischen Mädchen spielten. Die Barbie verkörperte damals wie heute den amerikanischen Traum von Weiblichkeit: schlank, langbeinig, geschmeidig, platinblond und ewig jung.

Die Baby-Barbies, diese Eiscreme schleckenden Lolitas mit ihren Hula-Hoop-Reifen, sahen sich so ähnlich, daß es oft schwierig war, sie auseinanderzuhalten: Ist das jetzt Carol Lynley auf dem Photo oder ist es Carroll Baker? Ist es Hayley Mills, Tuesday Weld, Sandra Dee oder Sue Lyon? Auch in

Hollywood hielt man sie für austauschbar: Sowohl Carol Lynley als auch Carroll Baker durften Jean Harlow auf der Leinwand verkörpern – und das beinahe zur gleichen Zeit. Tuesday Weld und Hayley Mills behaupteten beide, daß man ihnen in Stanley Kubricks *Lolita* die Hauptrolle angeboten habe, ehe Sue Lyon sie bekam. Diese Mädchen ähnelten einander wie junge Hunde – oder Schweinchen – aus demselben Wurf. Sie waren anbetungswürdige Wesen, die sehr bald ein bestimmtes Ideal vom »jungen Mädchen« herausbildeten, ein wenig begriffsstutzig und verkommen – wie ihre Mutter, Baby Doll. Dennoch waren sie knuddelig und in ihrer Bienchennatur sogar nützlich, denn dadurch war es möglich, sich in einer Weise Gedanken über Sex zu machen, die zu Zeiten von Lillian Gish, Miß Lockenköpfchen, Judy Garland und Deanna Durbin noch völlig undenkbar gewesen wäre.

Lolita zu lieben war für Humbert Humbert tödlich, aber auch Lolita kam nicht ungeschoren davon. Nabokovs Lolita stand mit dreizehn in ihrer Blüte, mit vierzehn war sie kaum weniger reizvoll, dann aber verfiel sie bis zu ihrem fünfzehnten Lebensjahr rasch und war mit siebzehn schon völlig verblüht. In den Eingangskapiteln des Romans ist sie noch ein hübsches, verwöhntes Mittelklasse-Kind, das sich aber bis zu den Schlußkapiteln zu einer schlampigen, proletarischen Hausfrau mit ungepflegtem und liederlichem Äußeren entwickelt. Die Botschaft hätte nicht moralinsaurer sein können: Sexuelle Frühreife ist schlecht für kleine Mädchen. Nimm niemals ein Bonbon von einem Fremden an. Du wirst es später bereuen, und später, das ist sehr bald.

Die Hollywood-Lolitas der sechziger Jahre versinnbildlichten genau diesen Lehrsatz – in mehr oder weniger starkem Ausmaß: zuviel frühen Erfolg, zu stark dem öffentlichen Interesse ausgesetzt, zuviel lockeres Leben in einem Alter, in dem brave kleine Mädchen früh zu Bett gehen (bevorzugt alleine). All das hat bei dieser Gruppe junger Nachwuchs-Nymphen enorme psychische Schäden hinterlassen. Und in ihrem Privatleben hatte keine von ihnen mehr Glück als in ihrem Beruf: Ihr beträchtliches Potential kam irgendwie nie richtig zur Entfaltung, und kaum waren sie erwachsen, tru-

Links oben: Tuesday Weld – das Mädchen, das Lolita gar nicht lange spielen mußte, weil es schon in seinem richtigen Leben eine war
Rechts oben: Sue Lyon – die Nymphe, die Nabokovs Lolita auf die Leinwand brachte und sich damit ihr Leben verpfuschte
Links unten: Hayley Mills – die Disney-Version der Leinwand-Lolita Hollywoodscher Prägung
Rechts unten: Carol Lynley – die Zwölfjährige, die sich an ihrem prallvollen Portemonnaie berauschen konnte

delten ihre Karrieren in das kuriose B-Picture-Milieu oder in Fernsehserien ab.

Frühere Generationen von Film-Nymphen waren auch enormem Druck durch die Öffentlichkeit und die Studios ausgesetzt gewesen – natürlich auch ihrer Mütter –, aber sie waren auch rigoros vor sexueller Ausbeutung, sowohl auf der Leinwand als auch dahinter, geschützt worden. Ihre Mütter waren zu sehr daran interessiert gewesen, ihre Kleinen kindlich zu halten, und hatten sie deshalb entsprechend unter der Knute. Alte Gehorsamspflichten wirkten lange nach: Noch als Anfangszwanzigerin, als sie bereits eine verheiratete Frau war, erzählte Judy Garland ihrer Mutter von ihrer ersten Schwangerschaft mit zitternder Stimme: »Ich bekomme ein Baby, Mutter. Hast du etwas dagegen?« Die Studios wiederum hatten zuviel in ihr »Eigentum« investiert, um einen Skandal zu riskieren, der ihre Einspielergebnisse massiv reduziert hätte. Noch mit siebzehn Jahren hatten Elizabeth Taylor, Judy Garland und Deanna Durbin nur ganz selten Verabredungen, und wenn, dann waren sie in der Regel von ihren Studios organisiert und beaufsichtigt worden!

Eine spätere Generation von Film-Nymphen, wie etwa Tatum O'Neal, Jodie Foster und Nastassia Kinski, wuchs in einer Zeit auf, als sexuelle Freizügigkeit und die Frauenbefreiung nicht mehr nur leere Worte waren; sie hatten mehr Selbstvertrauen, waren viel mehr gewillt, sich ihre Partner selbst auszusuchen, weigerten sich, sich persönlich oder beruflich ausgebeutet zu fühlen, selbst wenn alles für diesen Eindruck sprach, und einige von ihnen hatten offenbar sehr viel weniger Angst, ihre Jugend hinter sich zu lassen, als die Nymphen der sechziger Jahre. Aber die Lolitas der sechziger Jahre waren, wie ihre älteren Schwestern aus derselben Zeit, eine Übergangsgeneration, die sich ihrer selbst nicht sicher war. Sie schwankten zwischen der Sicherheit, die ihnen die moralischen Restriktionen der fünfziger Jahre boten, und dem Lebensstil der emanzipierten Mädchen der Siebziger, die es akzeptierten, daß eventuell Einsamkeit und Schmerz der hohe Preis für ihre Unabhängigkeit und Selbstverwirklichung sein könnten. Die Lolita der sechziger Jahre (von den

Medien bezeichnenderweise »Puppenvögelchen« genannt) wußte nicht, wo sie stand: War sie eine Sex-Königin oder war sie ein Opfer, das auf dem Altar männlicher Lust hingeschlachtet wurde? War sie frei, wenn sie sexuelle Kontakte hatte, sich betrank, Drogen nahm, oder war sie versklavt? War sie glücklich darüber, daß man ihr so viel Aufmerksamkeit schenkte (ihre bloße Jugend machte sie nachrichtenwür-

Sue Lyon hatte den Ehrgeiz, eine Kreuzung aus Brigitte Bardot und Marilyn Monroe zu sein

diger und angreifbarer als ältere Schauspielerinnen, die es wild trieben)? Oder war es der grelle Glanz der Publicity, der ihr zu Kopf stieg? So viel Unsicherheit ließ sie zu einem verwirrten Kind werden, das in seinen Zwanzigern so sehr damit beschäftigt war, in sich Ordnung zu schaffen, daß es nicht mehr in der Lage war, sich auf den Beruf zu konzentrieren.
Warum aber wurden so extrem begabte Teenager-Schauspielerinnen wie Carol Lynley und Tuesday Weld in ihren Erwachsenenjahren keine Megastars? Warum wurde Sue Lyon, deren Ehrgeiz mit sechzehn auf nichts Geringeres abzielte, als »eine Kreuzung aus Brigitte Bardot und Marilyn Monroe« zu werden, statt dessen Cocktail-Serviererin, die mit einem Lebenslänglichen verheiratet war? Warum ging Hayley Mills mit einem Fünfzigjährigen durch, als sie gerade lolitaische achtzehn war? Warum endete sie in der Hare-Krishna-Sekte? Frühere Film-Lolitas waren entweder von ihrem Publikum kurzerhand verlassen worden, wenn sie aus ihrem Klein-Mädchen-Dasein herauswuchsen, oder sie sind voller Energie noch größeren Erfolgen entgegengegangen. Die babyblonden Nymphen der Sechziger sind durchgefallen, nicht mit einem lauten Knall, sondern mit einem Wimmern.
»Ich mußte nicht lange Lolita spielen, ich *war* Lolita«, hat Tuesday Weld einmal erklärt. War das Prahlerei oder ein Geständnis? Wie auch immer, sie verlieh lediglich ihrer Meinung von sich selbst Ausdruck, die jedermann teilte, sei es beifällig oder abschätzig. Jahrelang schrieb kein Journalist je irgend etwas über sie, worin nicht Attribute wie »archetypische Nymphe«, »Shirley Temple mit dem einladenden Blick«, »pubertärer Fratz«, »jugendliches Sexkätzchen« oder ähnliches zu lesen stand. Doch Tuesday übertraf ihr literarisches Vorbild bei weitem, wenn wir all dem Glauben schenken wollen, was wir lesen (und was sie von sich erzählte); was sie in Hollywood trieb, hätte die Lolita des Romans wahrscheinlich wahnsinnig gemacht.
Immerhin war Nabokovs Lolita bis zu ihrem zwölften Lebensjahr ein ganz normales Kind, und selbst nachdem ihre sexuelle Karriere an ihrem dreizehnten Geburtstag begonnen hatte, ging sie weiterhin zur Schule und machte ihre Hausauf-

gaben. Sie führte eine monogame Beziehung, und orgiastische Feste, harte Getränke oder auch nur Rauchen standen nicht zur Debatte, geschweige denn Drogenkonsum. Tuesday dagegen hatte ihrem eigenen Eingeständnis zufolge ihre erste »richtige Affäre« mit elf Jahren, und mit zwölf war sie bereits alkoholsüchtig. An die Schule hatte sie nur noch eine schwache Erinnerung – sie nützte höchstens als bequeme Ausrede –, als sie in ihre Zehner kam: »Ich habe immer gesagt, daß ich in die Schule gehe, in Wirklichkeit bin ich nach Greenwich (Village) gefahren und habe mir einen angetrunken.« Zu Drogen meinte sie, »ich genieße alles, was mich high macht«, und das zu einer Zeit, als es noch wirklich *shokking* war, so etwas zu sagen. Mit vierzehn hatte sie ein Verhältnis mit ihrem Saufkumpan, dem vierundvierzigjährigen Frank Sinatra, der später Mia Farrow heiratete, die ihrerseits einmal als »die Nymphe des Intellektuellen« bezeichnet wurde. Aber Sinatra war nur einer in einer ganzen Galerie von Tuesdays Liebhabern, zu denen auch Albert Finney, John Barrymore, Terence Stamp und George Hamilton gehörten. »Tuesday hat etliche total verrückte Sachen gemacht und viele, viele Männer auf tausend gebracht«, seufzte Ryan O'Neal. Einmal hat sie sogar versucht, jemanden glattweg über den Haufen zu fahren (den Schauspieler Gary Lockwood), um auf diese Weise einen Streit ein für allemal beizulegen. Der arme Kerl mußte auf ihre Motorhaube springen und um sein Leben betteln, als sie den Sunset Boulevard hinunterraste. Aber damals war ihr offenbar nicht bewußt, was sie machte: »Ich habe so viel getrunken, ich kann mich an überhaupt nichts mehr erinnern«, erklärte sie später, »meine Jugend habe ich im Suff verbracht.«

»Miß Weld ist keine sehr gute Repräsentantin der Filmindustrie«, schniefte Louella Parsons, womit sich die gute Klatschkolumnistin sicherlich die einzige Untertreibung in ihrem ganzen Leben leistete. Alle hatten erstaunlich viel Nachsicht mit diesem Mädchen, vielleicht deswegen, weil sie nicht nur ganz offensichtlich die idealtypische Film-Nymphe war, sondern auch, weil sie die erste einer unverhohlen liberalen Brut war, deren Vertreterinnen glaubten, mit vollem

Recht die Schule schwänzen, ganze Nächte auf Festen herumschwirren und mit dreizehn vögeln zu können, egal, ob die spießigen Verfechter des Rechts gegenteiliger Auffassung waren. Solche Mädchen machten sich beliebt, nicht bei allen, aber bei vielen, denn diese Art ungeschminkter Offenheit und traurigen Zynismus ist in Verbindung mit einem engelsgleichen Gesicht und einem geschmeidigen, jungen Körper hochgradig verführerisch. Und dann hatte die arme Kleine natürlich jede Entschuldigung für ihren Lebenswandel für sich: Tuesday, die Ideal-Nymphe, hatte eine Kindheit, wie sie für Hollywood-Lolitas geradezu typisch zu sein scheint. Ihr Vater starb, als sie noch in den Windeln steckte, und obwohl sie die Jüngste in der Familie war, wurde sie bald zum einzigen Ernährer. Als man sie später einmal fragte, weshalb sie als Mittzehnerin den Kontakt zu ihrer Mutter völlig abgebrochen habe, antwortete sie: »Wenn die Mutter einen mit drei Jahren als Modell arbeiten läßt, dann dürfte klar sein, weshalb ...« Es handelte sich um die übliche Geschichte von mütterlicher Ausbeutung und auf seiten des Kindes um einen unwiederbringlichen Verlust, gepaart mit dem tiefsitzenden Gefühl, daß das eigene Anrecht auf Liebe unbedingt mit der Fähigkeit, Geld zu verdienen, verbunden ist. Die Tatsache, daß man im Alter von vier Jahren einen solchen Eindruck weder erklären noch rationalisieren kann, macht die zwangsläufig eintretende Neurose um so schwerwiegender. Tuesday war selbst in dieser Hinsicht frühreif: Mit neun Jahren hatte sie ihren ersten Nervenzusammenbruch, und mit zwölf versuchte sie, sich das Leben zu nehmen.
Doch die kleine Tuesday genoß ihr Dasein als Kinder-Modell, zumindest hätte ihre Mutter dies zu ihrer eigenen Verteidigung vorgebracht. Die Mütter von Shirley Temple, Judy Garland, Jodie Foster und Brooke Shields, um nur ein paar zu nennen, hätten zweifelsohne die gleiche Behauptung aufgestellt. »Die Arbeit als Modell brachte mich in eine scheinbar strahlende Welt«, gab Tuesday zu, »welches kleine Mädchen würde sich dem entziehen? Du kommst aus der Schule raus und weißt schon mit fünf Jahren, wie du dir ein perfektes Make-up mit Lippenstift auflegst. Ich lebte die Klein-Mäd-

Die Kombination aus sanft-verträumter Kindlichkeit und wollüstiger Vulgarität war eine zentrale Anforderung, die Nabokovs Lolita zu erfüllen hatte. Sue Lyon paßte hundertprozentig in diese Beschreibung und schlug 800 Mitbewerberinnen aus dem Rennen

chen-Vorstellungen vom Erwachsensein aus.« Leider wirkt es sich nicht positiv auf die Psyche aus, wenn man mit fünf Jahren bereits ein Erwachsenenleben führt; Tuesdays

spätere Psychiater, Psychoanalytiker und Hypnosetherapeuten werden ihr das bestätigt haben.
»Ich möchte niemals ein Superstar werden«, beharrte Tuesday Weld einst. Ihr Wunsch ging in Erfüllung. Nicht ein einziger Film, in dem sie mitwirkte, kann als Klassiker bezeichnet werden. Die meisten von ihnen würden wahrscheinlich nicht einmal im Nachtprogramm des Fernsehens gezeigt werden. Vier Jahre bevor die Sechziger begannen, stellte sie im Alter von dreizehn Jahren in *Rock, Rock, Rock* (1956) bereits eine Sechziger-Jahre-Nymphe dar. Sie selbst stellte es so dar: »In

Links: Tuesday Weld war sich ihres Lolita-Appeals voll bewußt

Rechts: Tuesday Weld als verhurter Teenager, der »mit jedem schlafen konnte«

der Regel spielte ich kleine, verhurte Teenager, die mit jedem schlafen würden, die sich aber doch etwas Kindliches erhalten hatten.« Ihr Auftreten und ihr jugendlicher Körper ermöglichten es ihr, diese Art Rollen weitere fünfzehn Jahre zu spielen; damit wurde sie zur ältesten Leinwand-Nymphe seit Mary Pickford. Als Tuesday noch ein Kind war, hatte sie einen solchen Lebenswandel, daß Danny Kaye sie als »Siebenundzwanzigjährige im Alter von vierzehn« beschrieb. 1970 hätte sie diesen Ausspruch einfach umdrehen können, denn in *I Walk the Line* (Der Sheriff) spielte sie mit siebenundzwanzig Jahren eine Vierzehnjährige, und zwar überzeugend. Zwischen ihrem ersten und ihrem letzten Lolita-Film lagen jede Menge ziemlich schlechter Streifen, in denen sie aber ziemlich gut war: *Sex Kittens Go to College* (1960), *Wild in the Country* (Lied des Rebellen, 1961), *Return to Peyton Place* (Rückkehr nach Peyton Place, 1961), *Bachelor Flat* (1963), *The Cincinnati Kid* (Cincinnati Kid, 1965), *Lord Love a Duck* (Molly mank, der Wunderknabe, 1966), *Pretty Poison* (Der Engel mit der Mörderhand, 1968) usw. Als sie zu alt für Nymphenrollen wurde, bestritt sie ihre Karriere nur noch mit Nebenrollen und Auftritten in Fernsehproduktionen.

Tuesday hat einmal behauptet, daß man ihr nicht nur für *Lolita* die Hauptrolle angeboten habe, sondern auch für *Bonnie and Clyde* und *Rosemary's Baby*. Sollte sie sie tatsächlich abgelehnt haben, wie sie ebenfalls behauptete, dann muß sie die größte Masochistin im Filmgeschäft gewesen sein. Hätte sie auch nur in einem dieser drei Filme mitgespielt, dann wäre dies ihre Eintrittskarte in die Film-Ewigkeit gewesen. Statt dessen ist sie nur eine Fußnote in der Filmproduktion der Sechziger, ein fast vergessenes Gesicht. Sie ist wie alle anderen Nymphen nach ihrem Erwachsenwerden ein Fall für die Mottenkiste geworden, es sei denn, ein humbertinischer Filmregisseur hat sie durch einen Film unsterblich gemacht, der für alle Zeit seine Gültigkeit bewahren wird. Mag sein, daß Tuesday Weld in ihrem wirklichen Leben Lolita war, doch für die Verfilmung des Romans bekam Sue Lyon die Chance, die Hauptrolle zu spielen; das war ein Riesenglück für sie, das, wie es so oft der Fall ist, ihre Karriere nicht nur begründete, sondern sie zugleich zerstörte.

Man kann mit Sicherheit behaupten, daß Stanley Kubrick Sue Lyon vor dem Vergessen bewahrte, als er 1962 *Lolita* drehte. Sowohl sie als auch der Film wurden herb heruntergemacht damals, aber beide sind auf dem besten Weg, jetzt, mehr als fünfundzwanzig Jahre später, von den Kritikern rehabilitiert zu werden.

Der wichtigste Einwand, den man damals gegen Sue Lyon

vorbrachte, war, daß sie mit vierzehn zu alt für die Rolle sei; doch der Roman deckt fünf Jahre von Lolitas Leben ab, von zwölf bis siebzehn. Wenn der Film die ganze Geschichte wiedergeben sollte, von Humberts erstem Blick auf das junge Mädchen, wie es unverdorben in der Sonne liegt, »ein atemberaubend anbetungswürdiges, halbwüchsiges Wesen«, bis zu seinem allerletzten Blick auf sie, als sie verschlampt und hochschwanger war, dann mußte die Film-Nymphe altersmäßig zwischen diesen beiden Eckdaten liegen, also zwischen vierzehn und fünfzehn sein. Es wäre viel lächerlicher gewesen, wenn man von einer zwölfjährigen Schauspielerin erwartet hätte, daß sie eine verheiratete, werdende Mutter spielte, als wenn man ein reifes vierzehnjähriges Mädchen eine kaum entwickelte pränymphische Kleine spielen läßt, die Lolita am Anfang schließlich ist. Zwei verschiedene Darstellerinnen einzusetzen, wäre unbefriedigend gewesen, wie das immer der Fall ist.

Immerhin war es für den Film von ebenso grundlegender Bedeutung wie für den Roman, daß man Lolitas Entwicklung vom ersten bis zum letzten Blick Humberts auf sie nachvollziehen kann: Um genau wie er mitzubekommen, welch irreparablen Schaden er ihrem jungen Leben zugefügt hat, und um festzustellen – wie er es auch getan hat –, daß es sich »trotz ihres zerstörten Äußeren und ihren stark hervortretenden Adern an den schmalen Händen, ihrer Gänsehaut an den weißen Armen ..., eben ihrer völligen Verlebtheit mit siebzehn Jahren« immer noch »um Liebe auf den ersten Blick, auf den letzten Blick, auf immer und ewig« gehandelt hat. Selbst die »alte« Sue Lyon tat sich schwer damit, dem Aussehen der siebzehnjährigen Lolita zu entsprechen. Wäre sie nur sechs Monate jünger gewesen, sie hätte es schon nicht mehr geschafft.

Das eigentliche Problem lag nicht darin, daß Sue Lyon zu alt gewesen wäre für die Rolle der Lolita, sondern darin, daß die Leute fanden, daß sie sich zu alt kleidete und spielte. Sie wirkte zu cool und erfahren mit ihren hochhackigen Schuhen und ihrem sorgfältig eingedrehten Haar. Zu fraulich und wissend in ihren Hüfthaltern und knielangen Röcken. Aber

James Mason und Sue Lyon in ›Lolita‹: Während sie gleichgültig ihre Cola schlürft, lackiert ihr liebender »Vater« ihr die Zehennägel; vielleicht der geheime Traum vieler Frauen ...

schließlich waren die Mädchen in den fünfziger Jahren genau so und nicht anders gekleidet, wenn sie zur Abschiedsfeier ihrer High-School gingen. Auch James Mason sah mit seinem pelzbesetzten Mantel älter aus, als es der Roman vorgegeben hatte: Humbert war nicht älter als vierzig. Und Sue Lyon sah mit ihrem runden Gesicht und ihren leeren Augen wahrlich nicht so aus, als hätte sie ihre Kindheit längst hinter sich gelassen. Darüber hinaus hatte sie eine Eigenschaft, die Nabokov als elementaren Bestandteil des Nymphen-Zaubers hervorgehoben hatte: »Eine sanfte, verträumte Kindlichkeit und eine irgendwie furchterregende Vulgarität, die auf die stupsnäsige Niedlichkeit von Anzeigen und Plakaten zurückgeht ... strahlend, entspannt, mich mit ihren sanften, ge-

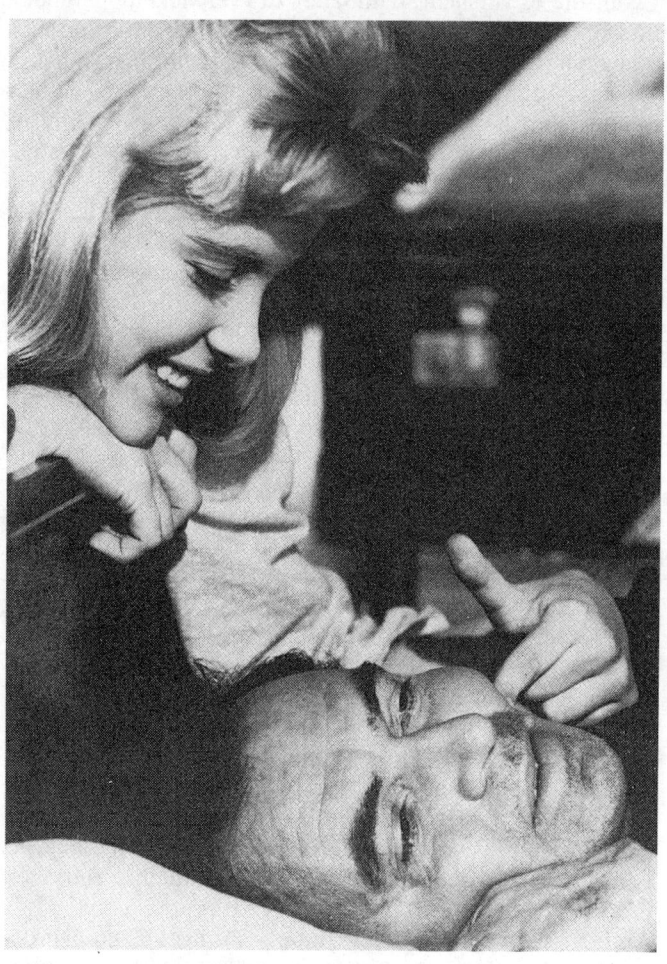

Sue Lyon und James Mason in der Verführungsszene in ›Lolita‹. Es ist ziemlich eindeutig, wer hier wen verführt

heimnisvollen, einladenden, teilnahmslosen, undefinierbaren Augen liebkosend – vor aller Augen, wie die billigste der billigen Nutten. Sie sind es, die Nymphen nachahmen.« Die, die das Buch nicht gelesen hatten (darunter die kleine Sue Lyon, die es versucht, dann aber zu »verwickelt« gefunden und aufgegeben hat), wußten nicht, daß Lolita – wie Sue auch – abgeblätterten Nagellack auf ihren kurzen Fingern hatte, verschmierten Lippenstift trug und mit schriller, nasaler Stimme sprach, die einem »normalen« Mann unattraktiv erscheinen mochte, die Humbert Humbert aber unwiderstehlich fand.

Kubrick hatte Sue Lyon nicht aus reiner Willkür für die Rolle ausgesucht. Ganz im Gegenteil: Er und der Produzent von MGM, James B. Harris, hatten an die achthundert Bewerberinnen unter die Lupe genommen, die alle die Rolle haben wollten, die man als »die gefragteste Jugendlichen-Rolle in der Geschichte« bezeichnet hat. Obwohl es ihm nicht gelang, *die* Lolita unter den vielen Berufs- und Laiendarstellerinnen zu finden, hätte er alles getan, bloß nicht den Drehbeginn verschoben. Dann sah er Sue Lyon. Sie trat in der Fernseh-Show von Loretta Young auf, und er verabredete auf der Stelle einen Termin für Probeaufnahmen mit ihr. Auf ihnen fand er die Kombination aus »verträumter Kindlichkeit« und »furchterregender Vulgarität«, die er suchte, und er nahm sie für sieben Jahre unter Vertrag. Zwar war sie wie eine leibhaftige Tochter der daumenlutschenden Baby Doll, doch Sue Lyons kindliche Vulgarität wirkte weniger einstudiert und wesentlich spontaner als die der viel älteren Carroll Baker. Sie bestaunte Humberts ausgewachsene Leidenschaft für sie mit genau der richtigen Mischung aus Neugierde und amüsiertem Widerwillen, die sich langsam zu Feindseligkeit und Abscheu entwickelte. Sie war sowohl Verführerin als auch Opfer, kühl wie eine Puppe und verschreckt wie ein Baby, als er mit der gefährlichen Lust eines Mannes auf ihren unreifen Charme reagierte.

Als ihr Leben später ein erbarmungswürdiges Chaos wurde, beklagte sich Sue Lyon bitterlich darüber, daß »die Zerstörung meiner Persönlichkeit auf diesen Film *(Lolita)* zurückgeht«. Sie ist ein guter Beweis für diese Behauptung, dazu einer, der bei vielen anderen Hollywood-Lolitas – der Vergangenheit, der Gegenwart und der Zukunft – auf offene Ohren stoßen wird: »Es ist eine Herausforderung für jedes hübsche Mädchen, das durch eine Sex-Nymphen-Rolle mit fünfzehn zu Weltruhm katapultiert wird, nicht den Boden unter den Füßen zu verlieren.« Sie fuhr fort mit der Aufzählung aller möglichen Fallgruben: »Über Nacht dem Ruhm preisgegeben, dazu viel Geld, attraktive Schauspieler und endlose Feste, all das ist, na, sagen wir mal, dazu angetan, einen aus der Bahn zu schleudern ... Ich habe alle Warnungen lachend beiseite gefegt, aber die anderen hatten absolut recht. Durch *Lolita* war ich plötzlich Versuchungen ausgesetzt, denen sich kein Mädchen in diesem Alter aussetzen sollte.« Stanley Kubrick hätte sicher ein schlechtes Gewissen bekommen – wie Humbert Humbert auch –, wenn tatsächlich die alleinige Schuld für Sue Lyons verpfuschtes Leben bei ihm gelegen hätte. Doch dieser Fall lag ein wenig komplizierter, auch wenn sich das erst später herausstellte. Ursprünglich hörten sich die Details, die über Sue Lyons vorlolitaisches Leben bekannt waren, ziemlich normal an, doch sie paßten perfekt ins Klischee der klassischen Film-Nymphen-Kindheit; Sue war die Jüngste in einer fünfköpfigen Familie, und ihr Vater starb, als sie gerade zehn Monate alt war. Die Familie zog nach Los Angeles, als Sue noch ein Kleinkind war, und daß bißchen Geld, das man anfangs noch hatte, war schnell ausgegeben. Die Mutter versuchte erst relativ spät, aus ihrer Tochter die Ernährerin der Familie zu machen, denn Sue war immerhin schon zwölf Jahre alt, als man beschloß, mit Sues Aussehen die Zukunft zu sichern. In diesem Alter war sie genau wie die Lolita im Roman »ein ekelhaft normales kleines Mädchen«, das Popmusik mochte, gern tanzte, ins Kino ging und pappiges Zeug aß. So sah das offizielle Bild aus, das Bild, das sie selbst aufrechterhielt, als die Interviewer begannen, sich für ihr Leben zu interessieren. »Keine Lolita, aber auch kein Unschuldslamm«, erklärte sie ihnen, »ein ganz gewöhnliches, erwachsenes amerikanisches Mädchen ..., das ist alles.« Zunächst bestand sie auch immer

Sue Lyon in ›Lolita‹

eiligst darauf, daß *Lolita* ihr Leben nicht in geringster Hinsicht verändert habe: »Wieso auch. Ich bin ganz die alte ...« Doch zehn Jahre später beschrieb Sue Lyon ihre gesamte Kindheit als »ein großes Durcheinander«. Hat sie deren Scheußlichkeiten übertrieben dargestellt, um eine Entschuldigung für all ihre Desaster, die sie als Erwachsene durchlebt hat, zu haben? Hat sie hier vielleicht genauso übertrieben wie damals, als sie ihren »typischen, normalen« Hintergrund so sehr betont hat? Die neue Version war ein Hammer, um es zurückhaltend zu formulieren. Jetzt erklärte Sue den Interviewern, daß ihre bösartige, selbstsüchtige Mutter ihren Vater in den Selbstmord getrieben habe. Später sei sie sowohl drogen- als auch alkoholabhängig geworden und habe eine ganze Reihe widerlicher Männer geheiratet. Sie habe ihre jüngste Tochter in eine Filmkarriere gepeitscht, in der Hoffnung, daß das Kind ihr einen höheren Lebensstandard ermöglichen würde. Bitter arm wie sie waren, hatten sie in ihr heruntergekommenes Haus noch einen Untermieter aufgenommen. Der Untermieter versuchte, die achtjährige Sue zu vergewaltigen, was in letzter Sekunde verhindert werden konnte. Der Fall kam vor Gericht, doch der Mann kam straffrei davon. Mit zwölf Jahren färbte Sue ihr fades Haar blond und verdingte sich nun als Modell. Genau wie Lolita hatte sie ihre erste Affäre am Abend ihres dreizehnten Geburtstages. Auch beim Heiraten tat sie es Lolita gleich. Mit siebzehn heiratete sie, weil sie vor Liebeshunger beinahe umkam (sie hatte ihre Mutter und ihr Zuhause verlassen, sobald sie als Schauspielerin genug verdiente). Kaum ein Jahr später ertappte sie ihren Mann mit einer anderen im Bett und ließ sich scheiden. Danach heiratete sie einen schwarzen Football-Spieler, mit dem sie auch ein Kind hatte. Da damals, in den Sechzigern, der Rassismus in den Vereinigten Staaten noch sehr vehement war (1967 wurde Martin Luther King ermordet), fühlte sie sich gezwungen, das Land zu verlassen, um nach Spanien zu gehen. Weder die Heirat mit einem Farbigen noch ihre Auswanderung waren ihrer Karriere sehr förderlich, obwohl sie für ihre Leistungen in *The Night of the Iguana* (Die Nacht des Leguan, 1964) und *Tony Rome* (Der Schnüffler, 1967) sehr gute Kritiken erhalten hatte. Mit der Zeit bildete sich bei ihr ein letztendlich selbstzerstörerisches Lebensmuster heraus. Anstatt zu versuchen, ihre schwierige Ehe zum Funktionieren zu bringen, machte sie ihren Ehemann hochgradig eifersüchtig, als sie einen langen, zunehmend leidenschaftlicher werdenden Briefwechsel mit einem Vietnam-Soldaten aufnahm, mit dem sie sich am Ende gar noch verlobte. Nach ihrer zweiten Scheidung und ihrer Rückkehr lernte sie den verurteilten Mörder kennen, der eine vierzigjährige Strafe absitzen mußte.

Als sie ihren unheimlichen Brieffreund, »Cotton« Adamson, zum ersten Mal in der Strafanstalt besuchte, überfiel sie plötzlich eine Liebe, die so »unfaßbar und unerklärlich war, wie es keiner hätte vorhersehen können«. Seine äußere Erscheinung beschrieb sie als »nicht der Rede wert«, und doch sah sie in ihm einen »unglaublichen Mann mit verblüffendem Charme«. 1973 heirateten die beiden, obwohl die Ehe nicht vollzogen werden durfte, und Sue ließ sich in einem Motel nahe der Strafanstalt nieder. Die Klatschkolumnisten waren einige Zeit von dieser Geschichte gefesselt, doch schreckte

sie andererseits garantiert die letzten an ihr interessierten Filmproduzenten ab: Als sie fünfundzwanzig war, war Sue Lyons Film- und Fernsehkarriere beinahe völlig im Sande verlaufen.
Trotz seiner barocken Phantasie hätte sich Nabokov kein merkwürdigeres, quälenderes Ende für *seine* Lolita ausdenken können. Er hätte den Leser mit diesem letzten Blick auf eine ruinierte Jugend und Hoffnung zurückgelassen: Eine hübsche Blondine sitzt alleine mit ihrem kleinen Kind in einem Motel, das an einer lauten Fernstraße in einem gottverlassenen Kaff in Amerika liegt. Der Blick aus dem Fenster bleibt an einem Wachturm einer Strafanstalt hängen, der sich von einem trüben Himmel abhebt. Sie arbeitet abends als Cocktail-Servierin, um ihr Motelzimmer bezahlen zu können. Auch die Lolita des Romans verbrachte ihre meisten Nächte mit Humbert Humbert in miesen Hotels, auch sie endete als Servierin in Autobahn-Raststätten, um sich ihren Lebensunterhalt verdienen zu können. Oscar Wilde hatte schon recht, als er feststellte, daß die Natur die Kunst nachahmt.
Doch weder die Literatur noch das Leben sind vollkommen: Nabokov ließ seine Heldin im Kindbett sterben und ließ sich damit von einem abgedroschenen literarischen Muster leiten. Und die echte Sue Lyon hatte dieses Leben schließlich satt und beantragte die Scheidung, weil ihre Ehe »irreparabel zerrüttet« sei. »Wo verbirgst du dich, Dolores Haze? ... Wohin gehst du, Dolores Haze? ... Wer ist dein Held, Dolores Haze? ...« lauteten einige der Fragen, die Humbert Humbert in poetischer Form gestellt hatte, nachdem Lolita aus seinem Leben verschwunden war. Die Antwort, die sich die mittlerweile auf die Fünfzig zugehende Sue Lyon geben muß, ist düster. Sie »verbirgt« sich als Untere-Mittelschicht-Hausfrau in einer nicht genannten Kleinstadt im Mittleren Westen Amerikas, haßt Filme und grübelt auf ihrer Veranda darüber nach, wie *Lolita* ihr vielversprechendes Leben ruiniert hat.
»Der begabteste Youngster, den man seit Deanna Durbin, Margaret O'Brien und Shirley Temple auf der Leinwand ge-

Sue Lyon war die Personifizierung humbertinischer Träume. Ihre Lippen scheinen sich hier zu den Worten »Küß mich« zu öffnen

sehen hat«; »die Universal-Tochter der Sechziger, eine Art Jungfrau Mary Pickford«; »Weltstar«; »ein wahrhaftes Genie und die erste würdige Nachfolgerin für die aus Zucker ge-

wirkte Krone Shirley Temples«; »Wunderkind«; »das goldene Mädchen des britischen Films«; »mit sechzehn Schauspielerin des Jahres«; »jedermanns liebste Tochter, kleine Schwester, Mädchen von nebenan oder – für die mit den verborgeneren Interessen – Lolita-Symbol«. Von wem, um des Himmels willen, schwärmten die Interviewer so sehr? Für die, die die Sechziger miterlebt haben, liegt das auf der Hand: natürlich von Hayley Mills, von wem sonst?
Für die, die die Sechziger nicht miterlebt haben, dürfte diese Frage kaum zu beantworten sein. Die erfolgreichste, beliebteste, international anerkannteste Nachwuchsschauspielerin aus dem Lolita-Wurf der sechziger Jahre litt bis vor allerkürzester Zeit ebenfalls unter dem »Was-wurde-aus ...«-Syndrom. Ihre kurze, atemberaubende Jugendkarriere ging in das allzu bekannte Film-Nymphen-Schema über: Durchbruch über Nacht, Dauerpräsenz in den Medien, eine Phase in rasend schneller Folge herausgebrachter Star-Vehikel – und selbst das war den Fans noch zu langsam –, geballte Verehrung, harte Arbeit, Wirklichkeitsferne, astronomische Gagen, und das alles innerhalb weniger Jahre; dann ein langsamer, zunächst kaum wahrnehmbarer Verfall, langsam, aber kontinuierlich zurückgehende Einspielergebnisse, zunehmende Schwierigkeiten bei der Rollensuche (»zu alt für Jugendliche, zu jung für romantische Hauptrollen, meine Liebe«), Annahme von Rollen, die man früher schlankweg abgelehnt hätte, dazu noch in Filmen, die man noch vor ganz kurzer Zeit als unter dem eigenen Niveau angesehen hätte. Und eines Tages dann die Erkenntnis, daß man nur mehr eine von sehr vielen hübschen jungen Schauspielerinnen ist, aus denen sich der Besetzungschef die geeignetste heraussucht. Zwar hat man einen Namen und einen glänzenden Ruf, natürlich, aber der Ruhm als Jugendstar wirkt sich eher nachteilig aus. Die Zuschauer wollen neue Gesichter sehen oder sie kleben am liebgewordenen Image eines Stars fest und weigern sich, dieses klischierte Bild aufzugeben. Ihre nostalgisch gefärbte Erinnerung an eine hinreißende Halbwüchsige, eine scheue Nymphe, einen unschuldigen Wildfang oder eine jungfräuliche Maid ist mit diesem neuen An-

blick jungen Frauseins nicht vereinbar, denn dazu gehört es, die sexy Figur so vorteilhaft wie möglich einzusetzen oder den vollen Mund für einen ernsthaften Filmkuß zu spitzen. »Hayley ist noch ein Kind ..., aber sie wird so unglaublich schnell erwachsen ... Ich glaube, sie wird sich von Film zu Film zu einem der beliebtesten und attraktivsten weiblichen Stars Englands entwickeln«, prophezeite der vierundsiebzigjährige Maurice Chevalier, als er mit der fünfzehnjährigen Hayley in der Disney-Produktion *In Search of the Castaways* (Die Abenteuer des Kapitän Grant, 1963) gemeinsam vor der Kamera stand. Das Problem aber war, daß die Leute fünfzehn Jahre später, als sie tatsächlich eine attraktive, begabte Schauspielerin geworden war, immer noch auf sie zukamen, um ihr zu sagen, wie oft sie sie in *Castaways* gesehen

Hayley Mills und Maurice Chevalier, der dem Himmel immer noch für die kleinen Mädchen dankbar war

hatten oder in anderen bittersüßen Epen, in denen sie in ihren Nymphen-Jahren die Hauptrolle gespielt hatte. Daß sie mittlerweile eine schöne, erwachsene Frau war, interessierte keinen von ihnen.
War Hayley Mills überhaupt eine Film-Nymphe oder war sie eine echte Hollywood-Lolita? Einige der wesentlichen Bestandteile der Nymphe waren vorhanden, andere fehlten. Zunächst einmal war sie Engländerin und die Tochter eines durch und durch britischen Schauspielers, von Sir John Mills. Doch mit dreizehn ging sie nach Hollywood. Sie hatte das typisch amerikanische Aussehen, das einem Humbert Humbert Wonne bereitet: blond, stupsnasig, wild und anrührend unbeholfen auf eine fröhliche, übermütige Art. Niemand konnte behaupten, daß sie sexuell frühreif oder gar erfahren wirkte, wie das etwa bei Sue Lyon oder Tuesday Weld der Fall war; doch ihr erster Film, *Tiger Bay* (Tiger-Bay, 1959), war eine etwas zweideutige Abenteuergeschichte über ein zwölfjähriges Mädchen und einen Mörder. Das Mädchen fühlt sich auf ganz eigenartige Weise zu dem Mörder hingezogen, und anstatt ihn der Polizei auszuliefern, freundet es sich mit ihm an und schützt ihn, weniger aus Mitleid oder Weichherzigkeit, sondern weil das Slum-Kind an der Schwelle des Erwachsenwerdens der animalischen Anziehungskraft des attraktiven Horst Buchholz nicht gleichgültig gegenüberstand. Ein großer Teil des Erfolgs, den dieser Film hatte, beruhte auf der zweideutigen Komplizenschaft zwischen der Kindfrau und dem erwachsenen Mann; man fühlte sich stark an einen wunderschönen französischen Film aus der gleichen Zeit erinnert: *Les Dimanches de Ville d'Avray* (Sonntage mit Sibyll, 1962).
Dennoch begann man nach ihrem großen persönlichen Triumph in *Tiger Bay* nicht, ihren jugendlichen Sex-Appeal auszubeuten. Anders als die meisten anderen Hollywood-Lolitas kam sie aus einer Familie, die es nicht nötig hatte, aus finanziellen Gründen gerade diese Eigenschaft ihrer heranwachsenden Tochter hervorzuheben. Auf der anderen Seite hatte diese »Showbiz«-Familie die notwendigen Kontakte zum Film, so daß es für Hayley kein Problem war, einzustei-

gen, vor allem bei ihrem Aussehen. Kaum war sie in Hollywood, wurde sie von den Walt-Disney-Studios unter Vertrag genommen, die ihr eine umfassende Garantie dafür gaben, daß man sie mit der Süße und Unschuld einer Mary Pickford verwenden werde. Hayleys erster Film für Disney war auch gleich ein Remake eines Pickford-Vehikels, *Polyanna* (1960), in dem sie den sonnigen Liebling mit dem Pferdeschwanz spielte, der Glück in die Herzen aller trägt. Für ihre Darstellung gewann sie einen Spezial-Oscar, und nach kürzester Zeit war ihr Name regelmäßig auf der Liste der zehn zugkräftigsten Stars zu finden. Die leichte moralische Zwiespältigkeit aus *Tiger Bay* war vergessen. Hayley war in all ihren Disney- und ähnlich gearteten Filmen ein übersprudelndes, aufgewecktes, asexuelles Baby-Doll: *The Parent Trap* (Die Vermählung ihrer Eltern geben bekannt ..., 1961), *The Moon Spinners* (Der Millionenschatz, 1963), *The Truth about Spring* (1964), *That Darn Cat* (1965), *The Trouble with Angels* (Immer Ärger mit den Engeln, 1965) und *Sky West and Crooked* (1965). Hayley wurde eine Familieninstitution. Mütter benannten ihre Kinder nach ihr. Man konnte seine Kinder bedenkenlos in Filme mitnehmen, in denen sie mitspielte. Doch irgend etwas muß an ihr gewesen sein, das nicht nur die Kleinen und ihre gluckenhaften Mütter ansprach, sondern auch den *dirty old man,* der in einigen ehrenhaften, aber auch in weniger ehrenhaften Männern immer auf der Lauer liegt. Die meisten hätten damals über die Behauptung gespottet, daß man Hayley als sexy Nymphchen sehen könnte, doch ändert das nichts an der Tatsache, daß sie sehr ernsthaft für die begehrte Rolle der Lolita in Betracht gezogen wurde. Sie mußte ablehnen, weil diese Rolle ihr gesundes Disney-Image völlig ruiniert hätte. Doch während Sue Lyon später behauptete, daß Lolita ihr Leben zerstört habe, bedauerte – es klingt wie Ironie – Hayley später, diese Rolle abgelehnt zu haben. Sie hatte das Gefühl, daß sie ihr dabei geholfen hätte, nicht nur in ihrem Privatleben reifer zu werden, sondern auch in ihrem Beruf. »Vielleicht wäre mir das Erwachsenwerden nicht so schwer gefallen, wenn ich sie angenommen hätte«, erklärte sie.

Tuesday Weld und Sue Lyon fanden es sehr hart, im zarten Alter von fünfzehn auch im wirklichen Leben in die Rolle einer sexy Nymphe getrieben zu werden. Doch Hayley Mills fand es mindestens ebenso schwer, mit dem Etikett »Polyanna« – jedermanns Liebling – aufzuwachsen. Kurz vor ihrem siebzehnten Geburtstag geriet sie in eine tiefe Depression, die schließlich in einen klinischen Zusammenbruch einmündete. Sie sagte sich dauernd vor: »Mein Kopf ist tot. Ich bin wie ein großer brauner Teigkringel mit einem großen Loch in der Mitte.« Sie machte die allzu vertrauten Qualen einer »alternden« Hollywood-Nymphe durch, die spürt, daß niemand möchte, daß sie erwachsen wird, und das in einer Phase, in der ein Mädchen nichts mehr braucht, als genau in dieser Richtung ermutigt zu werden.

Dazu die panische Angst, daß kein Mensch sie mehr mögen wird, wenn sie auch nur noch ein wenig älter wird, daß sie all die enttäuschen wird, die aus ihr den Kinderstar gemacht haben, der sie bald nicht mehr sein würde: ihre Fans, ihr Studio, häufig ihre Mutter.

»Ich habe so lange gegen mein Klein-Mädchen-Image gekämpft«, erinnerte sich Hayley später. »Ich schien dazu verurteilt zu sein, immer ein kleines Mädchen zu bleiben, egal, was ich tue. Dabei wußte ich, daß keiner auch nur die geringste Veränderung an mir wollte.« Der schüchternste Versuch, reifer und selbstbewußter aufzutreten, wurde auf der Stelle abgeschmettert: »Es gab einen Riesenstunk, wenn man mich mit einer Zigarette ertappte, und man durfte keine Photos von mir machen, auf denen ich ein Glas in der Hand hielt, denn dann hätte ja jemand denken können, daß da Alkohol drin sei.« Sie grübelte in krankhaftem Ausmaß über sich nach: »Ich habe immer geglaubt, daß die Leute mehr von mir erwarten, als ich zu geben in der Lage bin, und daß ich eine Riesenenttäuschung für sie bin. Deshalb versteckte ich mich bei allen Partys, auf die ich ging, fast die ganze Zeit auf dem Lokus.« Bei gleichaltrigen Jugendlichen fühlte sie sich sogar noch unwohler, weil sie den Eindruck hatte, daß sie sich über sie lustig machten, weil sie anders oder weil sie in Sachen Bildung so weit hinter ihnen zurück war: »Wenn ich mit anderen

Die Film-Nymphe Hayley Mills war niedlich, anständig und naturblond

Teenagern zusammen war, wurde ich starr vor Angst.« Das strenge Arbeitsreglement und ihr Tagesbeginn bei Morgengrauen ließen ihr kaum die Möglichkeit, sich mit Jungs zu treffen, und wenn sie es doch tat, blieb es nach der Erinnerung ihrer Mutter dennoch ein kompliziertes Unterfangen:

»Sie konnte nur schwer abschätzen, ob ein Junge sie um ihrer selbst willen mochte oder nur, weil sie Hayley Mills war.«
Obwohl damals alle verblüfft oder sehr überrascht waren, war es an sich kein Wunder, daß Hayley mit der Unreife einer Achtzehnjährigen Sicherheit und Verständnis in den Armen des zweiundfünfzigjährigen Roy Boulting suchte, der *The Family Way* (Der Honigmond, 1966) produziert hatte, den ersten Film, in dem man ziemlich zaghaft versucht hatte, sie als Erwachsene einzubauen. Als sie Boulting schließlich heiratete, waren alle entsetzt: Erzürnte junge Männer schrieben ihr aus der ganzen Welt verletzende Briefe und klagten sie an, daß sie der Jugend ein schlechtes Beispiel gebe.
Hayley fand trotzdem nie zu der Ruhe und der Reife, die ihr immer abgegangen waren, weder mit Boulting noch mit ihrem zweiten Ehemann, einem Gleichaltrigen. Sie glaubte, sie endlich bei einem vierzehn Jahre jüngeren Mann gefunden zu haben, der sie zur Hare-Krishna-Sekte brachte: »Sie haben etwas gefunden, wovon sie wissen, daß man es nie wieder verliert«, erklärte sie überglücklich. »Was er und die Bewegung mich gelehrt haben, hat einen viel klügeren, nachsichtigeren Menschen aus mir gemacht. Heute kann ich mit meinen Schwierigkeiten, Enttäuschungen und Problemen fertig werden.« War eine ihrer Enttäuschungen die Tatsache, daß Hayleys Karriere, die durch ihre vielen Durchhänger und privaten Wechselfälle stark behindert wurde, schließlich vom Superstartum zum Fernsehserien-Dasein verkam? Als Schauspielerin ist sie nach wie vor sehr anerkannt: Für ihre Darstellung der englischen Mutter in *The Flame Trees of Thika* (1981) erhielt sie sehr viel Lob. Doch im wesentlichen hatte sie das gleiche Schicksal wie all die anderen Sechziger-Jahre-Lolitas, und wie fast alle Film-Nymphen vor ihr, erklärte auch sie: »Keins meiner Kinder wird da je reingeraten ... Natürlich erlebt man eine großartige Zeit, solange man mittendrin steckt, aber am Ende wird man als völlig ungebildeter Mensch entlassen.«

Carol Lynley war ebenfalls eine Hollywood-Lolita der sechziger Jahre, die wie Hayley Mills jungfräuliche Nymphen in

Disney-Filmen, aber auch weniger frühe (weil sexuell erfahrene) Nymphen spielte wie Sue Lyon und Tuesday Weld, deren Spielkameradin sie in ihrer Kindheit war. Obwohl sie weniger bekannt war als die anderen drei, war sie ein ebenso perfektes Exemplar des Baby-Doll-Wurfs: pausbackig und gesund, eher spitzbübisch als schön, mit kornblumenblauen Augen und weizenblondem Haar. »Ein durch und durch amerikanisches Zuckerfaden- und Bienenstich-Püppchen«, beschrieb Anne Leslie sie. Wie alle amerikanischen Nymphen neigte sie dazu, sich einen Lutscher zu schnappen, wenn es mit der Stimmung bergab ging. Ihrem eigenen Eingeständnis zufolge war sie außerdem »verrückt nach Eiskaffee«. Welch Wunder, daß diese Nahrungsmittel-Verehrerin ihren

Die noch minderjährige Hayley Mills in Begleitung des 52jährigen Roy Boulting, den sie kurz darauf zum Entsetzen ihrer Eltern und des Publikums heiratete

ersten Auftritt in einem Stück mit dem Titel *Under the Yum Yum Tree* (Ein Ehebett zur Probe, 1963 als Film) hatte.
Wie die meisten anderen, so konnte auch sie den typischen Lolita-Hintergrund aufweisen. Sie kam als Carolyn Lee zur Welt und wurde Kindermodell, um ihre alleinstehende und völlig mittellose Mutter zu unterstützen. Während sie im Lutsch-Alter hart arbeitete, versuchte sie noch zusätzlich, ihrer Mutter eine Mutter zu sein. Aber sie meinte wehmütig: »Sie war eine schwere Prüfung für mich ... Wir waren Gift füreinander.« So ganz nebenbei war Carol auch eine gute Schauspielerin. Sie war so gut, daß sie mit fünfzehn – nun als Carol Lynley – am Broadway Hauptrollen bekam. Als sie im selben Jahr (1958) nach Hollywood kam, wurde sie überschwenglich als »das aufgeweckteste Ding, das man in Hollywood seit langem gesehen hat«, beschrieben, ja sogar als »die wichtigste junge Schauspielerin, die seit Elizabeth Taylor ihr Debüt gegeben hat«.
Disney nahm sie für *The Light in the Forest* (1958) und *Holiday for Lovers* (Ferien für Verliebte, 1959) unter Vertrag, doch ihre beste Leistung brachte sie in der Rolle eines gestörten, sexuell aufgeklärten jungen Teenagers in *Blue Jeans* (1959). Die kindliche Sexualität einer Jean Harlow schien für die »blonden Bomben« der Sechziger ein Muß gewesen zu sein, und deshalb wurde Carol Lynley genau wie Carroll Baker 1966 als Jean Harlow verpflichtet.
Mit Otto Premingers *Bunny Lake is Missing* (Bunny Lake ist verschwunden, 1965) schaffte sie einen erfolgreichen Übergang zu reifen Rollen, doch den Sprung zum Superstar schaffte sie nie. Im übrigen hat sie das gängige Schema der Hollywood-Nymphen getreulich befolgt: mit achtzehn geheiratet, mit einundzwanzig geschieden.
Carol Lynley war eine der wenigen Hollywood-Lolitas, die ihr großes Interesse an möglichst hohen Einnahmen für den Verkauf ihres jugendlichen Zaubers offen eingestand. »Ich hole mir das Geld dort, wo es welches zu holen gibt«, erklärte Carol im zarten Alter von dreizehn ganz cool. Und im Rückblick auf die Jahre des schnellen Geldes gab sie zu, daß Lutscher nicht ihre einzige Möglichkeit waren, Stimmungstiefs

Obwohl Carol Lynley als eine der vielversprechendsten Film-Nymphen der sechziger Jahre galt, schaffte sie nie den großen Durchbruch. Sie entschied sich später für die Ehe und für Häuslichkeit

zu bekämpfen: »Wenn ich Depressionen bekam, habe ich mein Sparbuch hervorgeholt und ein wenig angeschaut, und sofort fühlte ich mich wieder glücklich.« Die meisten anderen Film-Nymphen waren nicht so ehrlich, sie wichen dem Thema und der Tatsache aus, daß ihre Karrieren sie nicht nur durcheinanderwirbelten, sondern auch gut polsterten. Doch selbst die profithungrige Carol blieb dem Credo der Hollywood-Lolitas treu, als sie viele Jahre später meinte: »Ich bedaure überhaupt nichts. Aber ich glaube, ich würde es nicht noch einmal machen.«

7. Dem Teufel eine Tochter

Der Teufel hat schon immer viele Töchter gehabt, aber sie sind alle mit den Jahren immer dämonischer geworden. In mancher Hinsicht ist die Lolita immer ein teuflisches Geschöpf, wenn auch gegen ihren Willen. Sie lockt – in aller Unschuld – erwachsene Männer auf verbotene Pfade, die zu ewiger Verdammnis in der nächsten Welt führen können – und ins Gefängnis, zu Schande und Gewissensqualen im Diesseits. Sie verkörpert Lilith, die verbotene Frucht, in doppelter Hinsicht sogar, weil sie noch unreif ist; und wenn man erst einmal von ihr gekostet hat, kann sie einem die ganze Existenz vergiften.

Man hört immer wieder, daß die Besessenheit von Film-Nymphen Amerikas zwiespältiges Verhältnis gegenüber seiner Jugend widerspiegelt: eine Zwiespältigkeit, die von Furcht und Begierde bestimmt ist. Kein anderes Land ist so intensiv mit seiner Jugend- und sogar Vor-Jugend-Kultur beschäftigt, so erpicht darauf, sie nachzuahmen, so schnell dabei, sie zu verurteilen, aus der bloßen Tatsache des Jungseins einen Kult zu machen oder, wenn dies nicht gelingt, zumindest versuchsweise jung auszusehen oder zu handeln. Nymphen sind die Hohepriesterinnen dieses Kults, Mädchen, die erwachsenen Männern die Illusion vermitteln können, daß sie das Paradies der Jugend noch nicht verlassen haben.

Aus irgendeinem Grund – wahrscheinlich ist er mehr anthropologischer als soziologischer Natur – hat die männliche Nymphe oder der Faun, wie Nabokov ihn nennt, nicht die gleiche Wirkung auf erwachsene Frauen: die reizenden, kleinen Leinwandknaben lösen bei ihren weiblichen Fans eine weniger ambivalente, dafür eher mütterliche Bewunderung aus, obwohl einige von ihnen zweifelsohne die geheimen Lieblinge Homosexueller waren.

Erstaunlich ist, daß sich die erwachsene Frau, egal welchen Alters, häufig mit der Film-Nymphe identifiziert und ebenfalls zu dieser unwiderstehlichen, kindlichen Verführerin

Links oben: Linda Blair – auf der Leinwand vom Teufel besessen, wurde sie im wirklichen Leben drogenabhängig
Rechts oben: Tatum O'Neal – Baby-Nymphe im Stile der Siebziger. Die Kleine mit der großen Klappe wünschte sich lange Zeit nichts sehnlicher, als die einzige Frau in Pappis Leben zu sein
Rechts: Nastassia Kinski – Roman Polanskis Ideal-Nymphe, dessen sexuelle Kraft für keinen mehr eine Überraschung war

wird, die ihren Kopf immer durchsetzt und mit Männern macht, was sie will. Das erklärt, weshalb so viele Fans von Mary Pickford, Shirley Temple oder Deanna Durbin Frauen waren, die auf ihre kleinen Idole nicht eifersüchtig waren, weder auf ihre Leindwandpersönlichkeit noch auf ihren Erfolg, denn es wurde für den Zeitraum von ein oder zwei Stunden *ihr* Erfolg. Dank ihres Charmes, ihrer Energie und Begabung haben es diese kleinen Mädchen zu sensationellen Ergebnissen gebracht, auf die nur wenige reife Frauen im wirklichen Leben hoffen durften.

Doch Mary Pickford, Shirley Temple und Deanna Durbin waren unschuldige Nymphen, die sich in der Männerwelt durchsetzten, ohne Sex als Waffe einzusetzen. Sie waren über Flirts oder weibliche Schliche zwar nicht erhaben, doch war ihre Macht eher engelhaft als diabolisch. Die Übergangs-Nymphen der fünfziger und sechziger Jahre waren in sexueller Hinsicht wacher und machtbewußter, aber das lag daran, daß sie älter und gewitzter waren und ihrer nymphischen Kräfte nutzten, was aber auch in ihrem Fall noch Jungfräulichkeit und eine kindliche Erscheinung voraussetzte (man denke nur an Debbie Reynolds, Leslie Caron oder Audrey Hepburn). Die wirklichen jungen, manchmal auch nicht mehr ganz so jungen Nymphen, die versuchten, Sex als Waffe einzusetzen, waren in der Regel am Ende die Opfer, auch wenn es zunächst so ausgesehen hatte, als hätten sie alle Trümpfe in der Hand: Carroll Baker wurde als Baby Doll am Schluß von Eli Wallach auf geschickte Weise benutzt. Tuesday Weld wurde in *Peyton Place* von ihrem widerlichen Stiefvater vergewaltigt. Mit Sue Lyon nahm es ein schlimmes Ende, weil sie zu jung anfing, Erwachsenenspiele mitzumachen. Carol Lynley war in *Blue Jeans* ein unverheirateter, schwangerer Teenager, ein Umstand, der damals schlimmer als der Tod war. Nur Hayley Mills setzte die Tradition der Gänseblümchen pflückenden Nymphe fort, die vom ersten Film an Hollywoods Schmuckstück war: die Jungfrau mit den goldenen Locken, die so unschuldig war, daß sie nicht einmal die Bedeutung des Wortes Jungfrau kannte, geschweige denn ahnte, daß das Böse im dunklen Wald hinter der sonnenüberfluteten Lichtung lauert, auf der sie gerade ihre endlose Gänseblümchenkette knüpft.

Aber der Teufel weiß, daß professionelle Film-Verführerinnen meist den Wert echter Nymphen nicht aufwiegen können, vor allem in einer Welt, in der es immer schwieriger wird, wirklich schockierend zu sein. Die späten Sechziger und frühen Siebziger waren das Zeitalter der sexuellen Befreiung, des »Alles-ist-möglich«, der Pornographie für die breite Masse. Jeder kann Verführungs- und Ehebruchsszenen in Großaufnahme und Technicolor sehen, und zwar täglich, selbst in sogenannten Familienfilmen wie etwa *James Bond* oder *Indiana Jones*. Vertrautheit im alten Sinne des Wortes hat Verachtung zur Folge oder mindestens Abstumpfung. Die dekadenten römischen Massen, die in ihren Amphitheatern gerne zusahen, wenn Frauen mit Eseln kopulierten, werden wohl da und dort ein Gähnen unterdrückt haben: Wenn man es erst einmal gesehen hat, kennt man es ein für allemal …

Was hat die Nymphe mit all dem zu tun? Sie ist per definitionem *jung*. Jugend schließt per definitionem *Unschuld* mit ein, und ihre willentliche Befleckung ist nach wie vor ein Tabu. In unseren ermatteten westlichen Gesellschaften sorgt Frische immer noch für eine Überraschung, wirkt wie ein Versprechen, ist aufregend. Wir sprechen hier nicht von den Perversen, von den echten Pädophilen, die an »Küken-Pornos« riesigen Spaß haben – an der grellen visuellen Darbietung von Kindern, die es mit Erwachsenen treiben –, sei es auf Video oder auf Photos. Wir sprechen von der großen Masse Erwachsener, die ihre Jugend längst hinter sich haben und sentimental werden, wenn sie durch einen Film an ihre »schönsten Jahre« zurückerinnert werden. Sie sind oft von ihrem Leben enttäuscht und von ihrem Partner noch mehr. Deshalb versuchen sie sich voller Sehnsucht in ihre Jugend zurückzuversetzen, in eine Zeit also, in der alles möglich zu sein schien, als die Knospe aufplatzte, erblühte und der Tau noch auf den Blütenblättern lag.

Doch die Zeit verging, und Hollywood wurde »mündig«, der ungezügelte Sex-Appeal der Film-Nymphe kroch aus allen Winkeln. Die Nymphe weckte Sehnsüchte, die nicht immer unterdrückt wurden, und sie war manchmal eine Komplizin, eine Mittäterin, aber eben auch ein Opfer. Und die siebziger und achtziger Jahre haben noch schrillere, häßlichere Töne eingeführt: Kinder-Prostitution in *Taxi Driver* (Taxi Driver, 1976) und *Pretty Baby* (Pretty Baby, 1978), Besessenheit von den Mächten des Bösen in *The Exorcist* (Der Exorzist, 1974) oder *To the Devil a Daughter* (1976), in europäischen Filmen wie *Beau-Père* (Ausgerechnet ihr Stiefvater, 1981) und *Charlotte Forever* (1986) gar Inzest. Die unangenehme und schmutzige Kehrseite des Nymphen-Phänomens gipfelte vermutlich in *Streetwise* (1983), einer abendfüllenden Dokumentation über Tiny, eine *echte* dreizehnjährige Prostituierte und ihre Kumpaninnen, die *wirklich* bei der Arbeit waren, und zwar nicht in einem weit entfernten, von Armut gezeichneten Dritte-Welt-Land oder im dekadenten, alten Europa, sondern in den großen Vereinigten Staaten.

Das häßliche Gesicht des Lolita-Kults in Hollywood kam in den Siebzigern in der Person von Linda Blair mit einem lauten Knall zum Vorschein. Sie war die schauerliche Nymphe, die die weibliche Hauptrolle in einem grausigen Riesenerfolg spielte: *The Exorcist*. Obwohl Lindas Darstellung sehr wirkungsvoll war – hauptsächlich aufgrund aufwendigster Spezialeffekte und ganzer Kanister grünlicher Gallenflüssigkeit –, verschwand sie zu schnell wieder aus dem Film, um mehr als eine Vorbotin zu sein – oder auch ein *Omen,* wie einer der Nachfolge-Filme von *The Exorcist* hieß. Linda war offensichtlich begabt, sie wurde für ihre Darstellung eines wahnsinnigen Mädchens, das vom Teufel besessen ist, für den Oscar nominiert, dann aber von der noch jüngeren Tatum O'Neal ausgestochen. *The Exorcist* war gleich ihr Todeskuß, nicht nur der Kuß des Dämons. Obwohl man mit ihr – erstaunlich genug – ein Remake von *National Velvet* plante, gelang es ihr nie, vom Horrorgenre wegzukommen. Nach den Schockeffekten und den Abstrusitäten in *The Exorcist* erschien ihr die Rolle in *Velvet,* die Elizabeth Taylor berühmt gemacht hatte, als zu zahm. Die vierzehnjährige Linda ließ sich gegenüber einem Reporter sehr geringschätzig über den alten Film aus: »Ich finde die Geschichte nicht sehr fesselnd. Sie ist ein wenig angestaubt.«
Lindas Geschichte ist nur insoweit von Interesse, als sie ein weiteres Beispiel für das Hollywood-Lolita-Syndrom in seiner klassischsten Ausprägung ist. Auch sie hat seit ihrem sechsten Lebensjahr gearbeitet, um ihren Lebensunterhalt

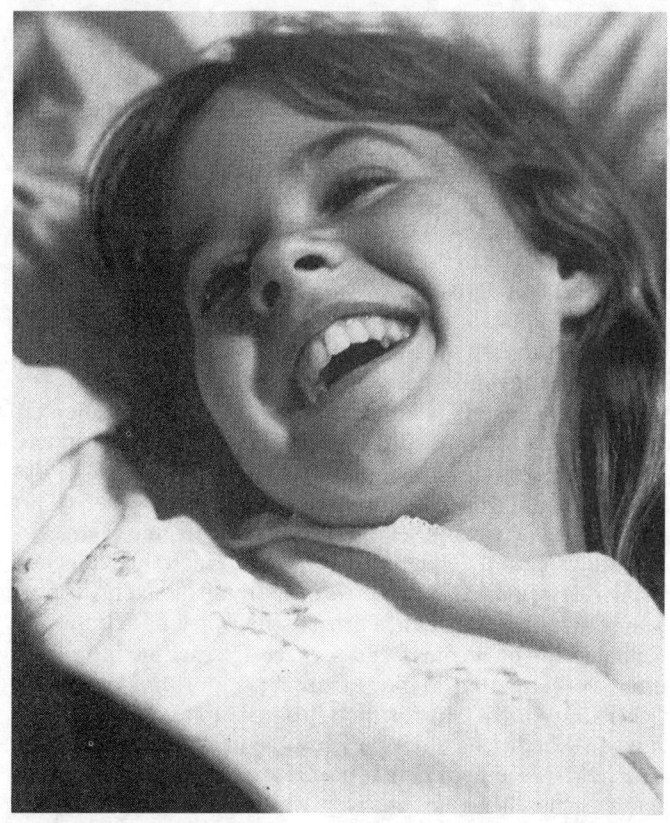

Linda Blair in ›Der Exorzist‹: Tagsüber ist sie Muttis kleines Mädchen, doch nachts nimmt sie der Teufel in Besitz

zu bestreiten. Sie drehte Werbespots, ehe sie durch *The Exorcist* zu reichlich unzuträglichem internationalem Ruhm hochkatapultiert wurde. Plötzlich war sie ein Gesicht, das die Leute auf der Straße erkannten; sie gab Autogramme, posierte für Photographen und erzählte von ihren Haustieren. Sowohl sie wie auch ihre Mutter betonten immer wieder nachdrücklich, daß sich Linda jetzt, wo sie eine Berühmtheit sei, kein bißchen verändert habe: Sie war immer noch ein ganz normales amerikanisches Schulmädchen, das aussah und sich kleidete wie eine artige kleine Film-Nymphe, mit ihren runden Baby-Bäckchen, ihrem langen, glatten Haar, ihren Jeans und ihrer Wildlederjacke und ihrem breiten Lächeln, das sie vor allem dann aufsetzte, wenn eine Kamera in der Nähe war.

Dann aber wurde – wieder nach dem klassischsten Hollywood-Lolita-Muster – aus dem Traum langsam, aber sicher ein Alptraum, und die Geschichte wurde schlimmer und schlimmer, obwohl sich das erst ein paar Jahre später herauskristallisierte. Mit zweiundzwanzig mußte Linda eingestehen, das ihr Jugendruhm sie in eine schmutzige Welt aus Sex und Drogen gestoßen habe; sie erzählte: »Ich bin schnell erwachsen geworden. Ich hatte mehr Affären als manch andere mit vierzig oder fünfzig Jahren.« Sie beschrieb, wie das Leben in Hollywood die Menschen »ausbrennt«, daß es ihr nicht anders ergangen sei und daß man sie in eine Menge Situationen getrieben habe, in die man einen Jugendlichen nicht reintreiben sollte. Sie war schon mit fünfzehn von zu Hause aus- und mit dem Fernsehschauspieler Rick Springfield zusammengezogen. Mit sechzehn verließ sie ihn wegen eines verheirateten Mannes. Ihre Jugend wurde Schritt für Schritt zu einem Horrorfilm: Promiskuität, Drogen, Drohungen von durchgedrehten Fans, die nach dem Besuch von *The Exorcist* eine krankhafte Besessenheit für sie erfaßt hatte. Schließlich kam es so weit, daß sie, die kleine Nymphe, sich sowohl vor dem FBI, der scharf auf ihre Verbindung zu einem Dealer-Ring war, verstecken mußte als auch vor einem Killer, der behauptete, bereits einen Schauspieler ermordet zu haben, und der glaubte, daß Linda eine vom Teufel besessene Nymphomanin sei. Solche Drohungen konnte man nicht auf die leichte Schulter nehmen: Hollywood erschauderte noch immer bei dem Gedanken an die Ermordung Sharon Tates, und es sollte nicht mehr lange dauern, bis es einem anderen Verrückten beinahe gelingen würde, Präsident Reagan zu erschießen, um die Aufmerksamkeit einer anderen Film-Nymphe auf sich zu lenken: Jodie Fosters.

Statt für ihren illegalen Kokain-Besitz zu einer Gefängnisstrafe verurteilt zu werden, bekam Linda eine dreijährige Bewährungsstrafe. Als Teil der Strafe mußte sie bei öffentlichen Auftritten vor den Gefahren des Drogenkonsums warnen. Sie hätte, quasi als persönliche Dreingabe, auch ein paar Worte über die Gefahren von Auftritten in Horrorfilmen verlieren können, die für Jugendliche um so größer sind, weil aus diesen meistens nur überbeanspruchte, überspannte Hollywood-Lolitas werden.

Während Linda Blair aus ihren dicken Baby-Backen grüne Galle über die ersten Zuschauerreihen spritzte, gab es viel Geschrei um einen lustigen, kleinen weiblichen Balg namens Tatum O'Neal. Sie war ganze neun Jahre alt und spielte gemeinsam mit ihrem Vater Ryan O'Neal, der schon in einem früheren Riesenerfolg, in *Love Story*, der Held gewesen war, die Hauptrolle. *Paper Moon* (Paper Moon, 1973) war eine wieder aufpolierte Siebziger-Jahre-Version der bewährten Tragikomödie, die schon Mädchen wie Shirley Temple und Jane Withers berühmt gemacht hat, und sie ist voller schüchterner Rückgriffe auf die Stummfilmzeit, in der der Film spielt. Ein kleiner verwaister Lümmel schließt sich einem zunächst widerstrebenden, erwachsenen Mann, in diesem Fall einem kleinen Betrüger, an. Sie werden ein unzertrennliches Gespann und erleben einige haarsträubende Abenteuer, ehe es zu einem bittersüßen *happy ending* kommt.

Tatum O'Neal sah mit ihrem Baumwoll-Overall und ihrem lustigen Hut, mit ihrem runden Gesicht und dem kurzen, zerzausten Haar wie Jackie Coogan in *The Kid* aus, der ebenfalls seinem Ersatzvater Charlie Chaplin geholfen hat, sich auf nicht ganz legale Weise durchs Leben zu schlagen, indem er die Fensterscheiben einwarf, die Charlie dann reparierte. Da aber Tatum ein Mädchen war, wurde sie unweigerlich mit Shirley Temple verglichen, und zwar von fast allen Kritikern, die schwärmten, daß sie das heißeste Gut sei, das seit »Miß Lockenköpfchen« nach oben gekommen sei. Das wird routinemäßig immer dann geschrieben, wenn ein neuer weiblicher Star die Szene betritt, doch in Tatums Fall schien diese Behauptung gerechtfertigt: Sie war offensichtlich ein Naturtalent, kein studiogefertigtes Kunstprodukt. Sie stahl ihrem Vater Szene um Szene, nicht absichtlich (sie glaubte, *er* sei der Größte), sondern weil sie diese Spontaneität und Brillanz hatte, die alle wirklich guten Leinwand-Kinder zu Szenendieben macht.

Tatum war eine stupsnasige, außerordentlich ausdrucksstarke kleine Komödiantin, ein hinreißender Wildfang mit einem verschmitzten Grinsen. Auch wenn sie es in *Paper Moon* mit keiner erwachsenen weiblichen Rivalin aufnehmen mußte, gab es keinen Hinweis auf unzulässigen Sex mit ihrem männlichen Kumpan oder auf eine Entwicklung in diese Richtung. Tatum war keine »Shirley Temple mit einladendem Blick«, wie man Tuesday Weld genannt hatte, obwohl ihr Herz offenbar hundertprozentig ihrem erwachsenen Begleiter gehörte, wie das in ähnlichen Geschichten bei Shirley Temple auch immer der Fall gewesen ist. Doch handelte es sich nicht mehr um die unschuldigen Dreißiger, sondern

Tatum O'Neal und ihr Vater Ryan in ›Paper Moon‹. Ihr Herz hat offenbar wirklich nur ihrem Vater gehört, ehe John McEnroe kam

Mit ihrem Frauenhut und dem wissenden Blick einer Frau einerseits und der lässigen Haltung und Kleidung eines normalen amerikanischen Kinds unterstrich Tatum den Zwittercharakter der echten Nymphen

um die Siebziger, um das sogenannte »Ich-Jahrzehnt«, und der Charakter des Kindes war vor allem durch die Art, wie es fluchte, rauchte, trank und sich seinen Weg durch den Film schwindelte, spürbar »modernisiert«. *Paper Moon* verdankte seine humorvolle Grundstimmung in erster Linie dem Kontrast zwischen Tatums extremer Jugend sowie ihrem unschuldsvollen Äußeren und ihrer spürbaren Lust, sämtliche

nur denkbaren Erwachsenen-Laster zu übernehmen; nur Sex blieb ein Tabu für sie. Früher wäre dies undenkbar gewesen, selbst bei so spitzbübischen Gestalten wie Jane Withers.
Tatum bekam für ihre Hauptrolle in *Paper Moon* sechzehntausend Dollar, und Paramount verdiente an diesem Film über fünfundvierzig Millionen Dollar, hauptsächlich deswegen, weil das Publikum die kindliche Heldin lustig und unwiderstehlich fand. Geld spricht in Hollywood noch lauter als irgendwo sonst, und neue Shirley Temples wachsen nicht auf Bäumen: Immerhin hatte es vierzig Jahre gedauert, bis man eine Nachfolgerin gefunden hatte. Durch ihren nächsten Film wurde Tatum das bestbezahlte Kind in der Filmgeschichte und als beste Nebendarstellerin des Jahres 1973 auch die jüngste Oscar-Gewinnerin. Aber hier enden die Gemeinsamkeiten mit Shirley Temple auch schon abrupt: Shirleys erster Erfolg hatte sich bestätigt, und ihre Beliebtheit hatte sich im Zeitraum von sechs Jahren von Film zu Film gesteigert. Bei einer Produktionsrate von zwei bis drei Filmen pro Jahr war sie für ihr Studio der reinste Goldesel.
Bei Tatum aber stellte sich der Zauber, der in *Paper Moon* von ihr ausgegangen war, nie wieder richtig ein. Die Gage, die sie für die Rolle des weiblichen Werfers in *The Bad News Bears* (Die Bären sind los, 1976) bekam, war für ein Kind absoluter Rekord, doch der Film war ein Walter-Matthau-Vehikel, in dem sie nur eine zweitrangige Rolle spielte. 1977 spielte sie noch einmal in einem von Bogdanovichs erfolglosen Nostalgieschinken mit, in *Nickelodeon* (Nickelodeon – Klapperschlangen beißen nicht). 1978 versuchte sie sich in Elizabeth Taylors Fußstapfen in einer in die Gegenwart transponierten Fortsetzung von *National Velvet,* die den Titel *International Velvet* (Alles Glück dieser Erde) trug und in der sie eine jugendliche Meisterspringerin verkörpert. Als es nicht gelang, ihre Fans weiterhin mit ihren Rollen als unkompliziertes Kind bei der Stange zu halten, versuchte man, sie in die Welt des frühreifen Sex einzuführen. Sie war gerade zwölf, da bot man ihr die Hauptrolle in *Pretty Baby* (Pretty Baby) an, doch ihr Vater lehnte für sie ab. In *Little Darlings* (Kleine Biester, 1980) war sie sexy, aber trotzdem eine Jung-

frau, doch auch das zog beim Publikum nicht. Mit sechzehn spielte sie dann in *Circle of Two* (1980) Richard Burtons Lolita (er ging pfeilgrad auf die Sechzig zu), doch fand das niemand besonders erregend, und daran konnte selbst Tatums erste Nacktszene nichts ändern.

Zu diesem Zeitpunkt war allen völlig klar, daß sich das Wunder von *Paper Moon* nicht wiederholen würde; hätte Tatum ihre Karriere schon mit fünf begonnen, hätte sie es vielleicht zu einem Shirley-Temple-artigen Erfolg gebracht. Sie hatte aber erst mit neun begonnen, und obwohl sie als Teenager immer noch hübsch genug war, fehlte ihr doch das magische Element – etwa ein unreifer Sex-Appeal oder seine aufreizende Wirkung – zu sehr, das Hollywood-Lolitas haben müssen, wenn sie in die Pubertät kommen oder gar über sie hinaus.

Tatum erwies sich als Ein-Film-Star, so wie es auch viele Schriftsteller gibt, die es nur zu einem guten Roman bringen. Aber sie verhielt sich und spielte ihre ganze Jugend hindurch wie ein Star. Daß sie während dieser ganzen Zeit eine Einheit mit einem erwachsenen Mann, mit ihrem attraktiven Vater, bildete, verlieh ihrem Image in der Öffentlichkeit eine pikante Note, zu der sie es nicht gebracht hätte, wäre sie in die klassische, aber fadere Konstellation ehrgeizige Mutter/Tochter eingebunden gewesen. Ihre Kleinkind-Jahre hatte Tatum bei ihrer Mutter, der Schauspielerin Joanna Moore, verbracht, mit der sie sich aber nie vertragen hatte (in ihrer Jugend gingen die Auseinandersetzungen so weit, daß Tatum ihrer Mutter nach einer handgreiflichen Auseinandersetzung ins Gesicht spuckte). Nach einer dieser Streitereien packte sie mit acht Jahren ihren Koffer, fuhr zu ihrem Vater und verkündete ihm: »Ich werde bei dir bleiben.« Das tat sie auch. Nach dem Riesenerfolg von *Paper Moon* ließ die Öffentlichkeit die beiden nicht mehr aus den Augen. Die Leute beobachteten gaffend, wie Ryan O'Neal seine halbwüchsige Tochter auf Partys, in Diskotheken und Nachtclubs begleitete, um so mehr, als die Kleine schon Glitzer-Make-up, Juwelen und tief dekolletierte Abendkleider trug. Mit zwölf Jahren, sie war bereits Zoll für Zoll Primadonna, feuerte sie

Links: Ryan und Tatum O'Neal bei einem »Rendezvous«. Der Presse erklärte Tatum, daß die Beziehung zu ihrem Vater etwas sehr Kostbares für sie sei. Wer möchte das bezweifeln?

Rechts: Roman Polanski und Nastassia Kinski. Die acht Jahre ihres Lebens, in denen sie die eruptive und zerstörerische Leidenschaft in der Ehe ihrer Eltern mitbekommen hatte, machten Nastassia hungrig nach der besitzergreifenden, allumfassenden Liebe

während der Dreharbeiten zu *The Bad News Bears* drei Chauffeure. Mit dreizehn hatte sie bei sündteuren Boutiquen in Beverly Hills turmhohe Schuldenberge angehäuft; sie rauchte voller Hingabe und nahm sich vor, eine Affäre zu beginnen, sobald sich eine günstige Gelegenheit biete.

Doch ihr Herz gehörte nach wie vor ausschließlich ihrem Pappi – sie war rasend eifersüchtig auf seine vielen Freundinnen und kam bei jedem seiner Rendezvous ungebeten dazu, um mit den Damen einen ordentlichen Krach anzufangen. Unter dem Tarnmantel aus scheinbarer Abgebrühtheit steckte in Wirklichkeit ein kleines, verlorenes Kind, das nichts mehr fürchtete, als das einzige menschliche Wesen zu verlieren, das ihr wirklich etwas bedeutete. Es gibt rührende Photos von ihr, auf denen sie sich, als sie schon ziemlich groß und mollig war, wie ein kleines Baby in die Arme ihres Vaters

schmiegt, und sie beschrieb in ergreifenden Worten ihre bereits zwölf Jahre währende Leidenschaft für ihn: »Meine Beziehung zu meinem Vater ist für mich etwas unglaublich Kostbares. Niemand außer mir hat eine solche Beziehung. Ich und mein Vater – das hat nicht das geringste mit Sex zu tun. Das ist nicht pervers. Manche Leute glauben das, weil wir uns zu nahestehen. Diese Leute sind einfach bescheuert.«
Daß eine Zwölfjährige, selbst wenn sie Glitzer-Make-up auflegte und in Diskos ging, auf der Tatsache bestehen mußte, daß ihr Verhältnis zu ihrem Vater, nur weil es sehr eng war, wirklich nichts mit Perversion zu tun hatte, sagt genug aus über den Status, zu dem es Lolita in den Siebzigern in Hollywood gebracht hatte.
Mit fünfzehn schien Tatum bereits lebensüberdrüssig zu sein. »Man kann sich nicht mit Leuten anfreunden, die nicht im

gleichen Geschäft sind«, erklärte sie damals einem Journalisten, »sie sind von Grund auf eifersüchtig.« Sie gestand, daß sie die normalen Vergnügen der reichen Teenager aus Los Angeles – Drogen und Surfen – für pure Zeitverschwendung halte. Fünf Jahre darauf, als sie sich gerade der unumgänglichen Aufgabe stellte, sich als erwachsene Darstellerin einen Weg in Hollywood zu bahnen, wurde Tatum aus einem anderen Anlaß zum Lustobjekt der Klatschkolumnisten, als sie sich nämlich mit einem ebenfalls überaus launischen Kinderstar aus einer anderen Branche zusammentat, mit dem hemmungslosen Großmaul und größten Lümmel im Tennisgeschäft, mit John McEnroe, den sie 1983 auf dem Höhepunkt seines Könnens in New York kennenlernte. Sein Spiel schien in gleichem Maße schlechter zu werden, wie sich seine Beziehung zu ihr intensivierte. Doch es sieht so aus, als wäre McEnroe genau wie sein Erzrivale Björn Borg nicht dazu bereit gewesen, seine neue Liebe dem Druck und den Preisgeldern in Millionenhöhe zu opfern. (Natürlich wurde ihm diese Entscheidung nicht allzu schwer, schließlich war er bereits mehrfacher Dollarmillionär.)

Offenbar haben diese beiden riesigen, aber eben noch sehr jungen Begabungen, die ihre erfolgreichsten Jahre damit verbracht haben, an wirklich allem herumzunörgeln, aufeinander eine sehr stabilisierende Wirkung. Mittlerweile sind sie verheiratet und haben zwei Kinder. McEnroe hat einen Comeback-Versuch gestartet, und Tatum, die einstige Nymphe, versorgt zu Hause die Kinder.

»Sie wären überrascht, wenn Sie wüßten, welche Macht ein dreizehn- oder vierzehnjähriges Mädchen auf einen Mann ausüben kann.« Nicht Nabokov, kein angegrauter Humbert Humbert äußerte diese naheliegende, aber doch provozierende Feststellung, sondern die Ausnahme-Nymphe Nastassia Kinski, die ihrem sechsundvierzigjährigen Ex-Liebhaber Roman Polanski zu Hilfe eilte, nachdem er die Vereinigten Staaten fluchtartig verlassen mußte, um nicht wegen der angeblichen Vergewaltigung eines dreizehnjährigen Mädchens verurteilt zu werden. Dank Nastassia – ihre Freunde nennen sie »Nasti« – konnte sich die Nymphologie einen weiteren

Schritt aus dem Verborgenen herauswagen. Hier war es die Nymphe persönlich, die ihre Stimme erhob, und zwar nicht für eine, die wie sie selbst nur ein Opfer war, sondern für den älteren Mann, der (zumindest theoretisch) auch sie mißbraucht und verführt hatte, als sie gerade fünfzehn war. Sie behauptete, daß man Polanski unfairerweise als Opfer auserkoren hätte, weil er berühmt sei. Sie rühmte sich mit folgenden Worten, seine kindliche Geliebte gewesen zu sein: »Die Leute haben mich vor ihm gewarnt, weil junge Mädchen ihm nicht trauen könnten. Aber er war immer so nett zu mir ... Er war so wunderbar, so voller Liebe, er hat mir so viel gegeben. Er hat mir so viele Dinge beigebracht. Und ich habe mich tatsächlich in ihn verliebt. Er hat mich mit auf Reisen genommen, mir Bücher zu lesen gegeben, mich zum ersten Mal ins Theater eingeladen. Er war lieb.«
Auch Humbert Humbert hatte versucht, seiner Lolita Kultur beizubringen, mit ihr zu reisen, ihr Bücher zu geben ... Aber Lolita wollte von all dem nichts wissen: »Obwohl ich ihr ein wahres Wunderland bot, blieb sie lieber den schmalzigsten Filmen, dem widerlichsten Blödsinn treu. Hätte sie die Wahl zwischen einem Hamburger und einem Humberger, sie würde sich – ich stelle es mir voller Grauen vor – mit eisiger Präzision für ersteren entscheiden.« Nastassia aber war die Traum-Nymphe eines jeden Humberts: voller Eifer, willfährig, loyal, dankbar und noch dazu in ihre Humberts verliebt (Polanski war nicht der einzige; angeblich hatte sie bereits ein Techtelmechtel mit Marcello Mastroianni, und Roman Polanski verließ sie wegen des noch älteren Milos Forman): »Ich mag sie, weil sie gelebt haben«, erklärte sie, »und ich mag es, wenn sie mir ein wenig davon weitergeben.« Die Ideal-Nymphe mit ihrem sexy Engelsgesicht und ihrer Dankbarkeit für die Männer über vierzig, die sich um sie gekümmert haben; Humbert hätte sich in seinen kühnsten Träumen kein perfekteres Liebesobjekt ausmalen können.
Doch gleichzeitig war sie auch eine Teufelstochter, die von Luzifer ausgesandt worden ist, um Männer in den Wahnsinn zu treiben, sie vom geraden und engen Weg abzubringen, ihre Schuldgefühle zu neutralisieren und um es wie eine völlig

normale und anständige Sache aussehen zu lassen, wenn sich minderjährige Mädchen mit triebgepeinigten Lüstlingen zusammentun, die ihre besten Tage schon längst hinter sich haben, aber unablässig auf der Suche nach neuen Lebenselixieren sind: frischem jungen Blut und Fleisch. Es war sehr passend, daß Nastassia in ihrer ersten Hauptrolle in *To the Devil ... a Daughter* (Die Braut des Satans, 1976) eine Teufelsbraut spielte. Der Film handelt von Satanismus und Schwarzer Magie und einem jungen Mädchen, das in das Tauziehen zwischen den Mächten des Guten und des Bösen (etwa zur gleichen Zeit entstanden *Rosemary's Baby* und *The Exorcist*) hineingeraten ist. Der Film war so furchteinflößend, daß Nastassia damals eingestand: »Wenn ich mir den Film anschaue, werde ich wahrscheinlich meine Augen zumachen.« Da *To the Devil ... a Daughter* aber nur für Erwachsene freigegeben war, hätte sie sich diesen Film damals offiziell gar nicht ansehen dürfen, genausowenig wie Sue Lyon *Lolita*.

Als Tochter des Teufels mußte sie engelhaft aussehen – wie ein jungfräuliches Schulmädchen, anderenfalls würden die Leute Verdacht schöpfen, und die Schwarze Magie könnte wirkungslos sein. Nastassia hat ihre Engel-Teufel-Dualität nicht verloren: Sie hatte einen ihrer beeindruckendsten Auftritte in *Cat People* (Cat People/Katzenmenschen, 1982), in dem sie die meiste Zeit ungeheuer liebreizend wirkte, dann aber plötzlich zu einem wilden, menschenfressenden Panther wurde, wenn man es am wenigsten erwartete (für gewöhnlich während des Liebesakts).

Hier wahrte sie eine gute alte Familientradition. Nastassias leiblicher Vater, Klaus Kinski, ist einer der dämonischsten Schauspieler, den es zur Zeit gibt. Nie war er beeindruckender als 1978, als er die Hauptrolle in *Nosferatu* spielte. Sein Aussehen hat ihn auf die Rolle des satanischen Unholds festgelegt, auf Irre oder gleich beides zusammen. Sein Charakter vollendet das Bild: Er *ist* Aguirre und Fitzcarraldo, grimmig, besessen, skrupellos. »Wer Nastassia verstehen möchte«, erklärte einmal ein enger Freund der Familie, »der muß ihre Eltern kennen. Brigitte ist eine Dichterin, Klaus ist beses-

›Die Braut des Satans‹: Ihr engelhaftes Gesicht und ihre frühreife Sinnlichkeit machten Nastassia Kinski zur perfekten Darstellerin eines jungen Mädchens, das zwischen den Kräften des Guten und des Bösen hin- und hergerissen ist

sen.« Die kleine Tochter wuchs zwischen der Dichterin und dem Besessenen auf, und die Vielzahl der Widersprüche, die in ihrer Persönlichkeit immer wieder auftauchen, spiegelt zugleich die Charakterstrukturen ihrer Eltern wider.
Nastassias Eltern waren Bohemiens und Nomaden. In den ersten acht Jahren ihres Lebens zogen sie mit ihr von Hotelzimmer zu Hotelzimmer, in ein Land nach dem anderen. Sie war Zeugin und Teilhaberin ihrer unberechenbaren und leidenschaftsbeladenen Existenz. Diese ersten Jahre sind in ihrem Gedächtnis so präsent, daß sie sich bis in ihr zweites Lebensjahr zurückerinnern kann. Allerdings sind diese Erinnerungen nicht zusammenhängend: »Alles war wahnsinnig intensiv. Wir haben auf alles auf der Stelle reagiert. Es war

eine unglaublich schöne Zeit. Es war schwierig, beinahe zu gut. Es gab starke Spannungen; wir kreischten und brüllten und gingen unserer eigenen Wege und vergaßen den Krach bis zum nächsten Mal. Aber diese Familie ist wirklich die größte Liebe meines Lebens.«
An diesen Worten läßt sich Nastassias ganze Gespaltenheit ablesen: höchstes Glück und Angst, Schreie und Liebe, sehr intensiv, aber beinahe »zu gut«. Die meisten ihrer Interviews, die sie seitdem gegeben hat, sind genauso konfus wie dieses. Der Engel und Teufel in einer Person kämpfen um das letzte Wort. Kind einer Dichterin und eines Besessenen: Nastassia hat das poetische Äußere geerbt, aber auch einen guten Teil der väterlichen Besessenheit.
Als sie neun Jahre alt war, trennten sich ihre Eltern und ließen sich scheiden: Katastrophe oder Rettung? Beides und doch keins von beiden. Ein paar Jahre später sprach Nastassia über ihre Leidenschaft für ihren Vater, und dennoch weigerte sie sich, ihn zu besuchen, als er nur ein paar Straßen von ihr entfernt in Beverly Hills wohnte. Doch es war der entsetzliche Schock über den Verlust des geliebten, tyrannischen Vaters, der später jede Beziehung zu ihr verweigert hat, der die geeigneten Bedingungen für die Entwicklung der späteren Film-Nymphe geschaffen hat: ein schönes Mädchen, das kurz vor der Pubertät stand, und ihre Mutter, die nicht gerade wohlhabend war, die vor langer Zeit ihre Karriere als Photomodell und hoffnungsvolle Schauspielerin (was sonst?) aufgegeben hatte, um sich um ihren Mann und ihr Kind zu kümmern. Es war nicht mehr lange hin, bis Nastassia zum ersten Mal nackt für eine Zeitschrift posieren sollte (»Für Geld habe ich einiges gemacht«, gab sie zu). Mit dreizehn ging sie von der Schule ab, »um als Photomodell zu arbeiten«, und führte eine Art Vagabundenleben: »Ich wollte eine Frau sein. Ich war wie ein wildes Tier. Ich habe ganze Nächte lang nicht geschlafen, weil ich ständig auf irgendwelchen Festen war. Meine Mutter hat nicht versucht, mich zu zügeln, sie wußte, daß ich meine Freiheit brauchte.«
Für eine Nymphe, der man jeden Freiraum läßt, ist dies ein völlig normaler Ablauf, vor allem wenn sie entdeckt, welche

Vor der Kamera zu posieren scheint für Nastassia eine völlig natürliche Sache zu sein. Keiner konnte sie, die mit dreizehn bereits ein Vollprofi (bekleidet und nackt) war, von ihrer Entschlossenheit abbringen, wie eine Erwachsene auszusehen und zu leben, noch lange bevor sie das entsprechende Alter erreicht hatte

Macht ein dreizehn- oder vierzehnjähriges Mädchen auf Männer ausüben kann. Allerdings werden sich viele über Brigitte Kinskis Laisser-faire-Haltung gegenüber ihrem Kind gewundert haben, die es zuließ, daß Nastassia nicht mehr zur Schule ging, für Nacktaufnahmen Modell stand, sich nächtelang auf Partys herumtrieb – und das mit dreizehn. War sie wahnsinnig, völlig gleichgültig, oder war sie mit dem Teufel im Bund? Natürlich war sie weder das eine noch das andere, Brigitte war eine Freidenkerin, die alles denkbare Vertrauen in die Selbstschutz-Instinkte ihrer Tochter hatte, auch wenn sie zugab, daß sie sich damals häufig über Nastassias Treiben Sorgen gemacht habe. Die Wahrheit wird einfach sein, daß sie kaum Kontrolle über die Aktivitäten ihrer extrem eigenwilligen und dabei verträumten Tochter hatte; sie hätte sie höchstens in ihr Zimmer sperren können. Doch das Kind, das wegen seines Lebenswandels verfemt wurde, merkte, daß etwas falsch lief. »Als ich die Schule abbrach und als Modell zu arbeiten begann, behandelten mich viele wie Abschaum. Meine Freunde ließen mich ohne jeden Grund fallen«, erinnerte sie sich Jahre später voller Traurigkeit. Ihre Mutter hat das offenbar alles in Kauf genommen und nichts getan, um ihre gerade fünfzehn Jahre alte Tochter davon abzuhalten, sich ans andere Ende der Welt locken zu lassen (auf die Seychellen). Ihr Begleiter war seinem Alter nach eher für Brigitte passend; es war der Regisseur Roman Polanski.

Polanski war genau wie Humbert Humbert für Lolita für Nastassia sowohl Mentor als auch Nemesis. Zwei Jahre nachdem die Beziehung der beiden auseinandergegangen war, als Nastassia erst siebzehn und Polanski in den USA noch immer Persona non grata war, besetzte er sie in der Titelrolle der *Tess*. Tess, Thomas Hardys ewig junge Heldin, opferte ihre Sexualität einem älteren, gesellschaftlich stärkeren Mann. Tess war vermutlich bis heute Nastassia Kinskis beste Rolle, und Polanski erkannte völlig richtig, daß es daran liege, daß »man von ihr nicht verlangte, jemand anderes als sie selbst zu sein«; er muß es ja schließlich wissen. Als sie damals, als der Film in die Kinos kam, über ihre Rolle Auskunft geben sollte, wurde deutlich, wie sehr die Trennlinie zwischen

Roman Polanski gibt Peter Firth und Nastassia Kinski während der Dreharbeiten zu ›Tess‹ Regieanweisungen. Polanski machte die fünfzehnjährige Nastassia erst zu seiner Geliebten, dann zum internationalen Star

ihrem eigenen Ich und ihrer Filmfigur verschwommen ist. Clancy Sigal von *Guardian* erklärte sie: »Tess verweigert sich ihrem Vergewaltiger niemals endgültig, nicht, weil sie glaubt, daß es ihr vielleicht doch gefallen könnte, sondern ... manchmal, wenn man mit einer völlig unvorhergesehenen Situation konfrontiert wird, ist man so platt, daß man gar nicht weiß, wie man am besten reagieren soll. Erst hinterher kapiert man, was eigentlich geschehen ist.« Hat sie sich vielleicht genau das gedacht, als sie auf die Seychellen geflogen ist, um sich von einem berüchtigten, mehr als doppelt so alten Regisseur in Piratenkleidung für die Zeitschrift *Vogue* ablichten zu lassen?

Nastassias Film-Präsenz hat zu hochkarätigen Interpretationsversuchen ihres Charakters durch Literaten wie etwa Norman Mailer geführt, der sie – wie könnte es anders sein – in ihrer Art, wie sie sich vor der Kamera bewegt, mit Marilyn Monroe verglich. Im wesentlichen lehnt sie diese kaum verschleierte Wichtigtuerei als schwerwiegenden Eingriff in ihre Privatsphäre ab. »Ich habe das Filmen satt, ich habe alle satt, die in mich eindringen wollen, die ein Stück von mir besitzen wollen, die für jede Sekunde meines Lebens eine Erklärung verlangen. Ich bestehe einfach auf ein wenig Privatleben.« Wenn man schon Vergleiche anstellen will, dann kommt man zu dem Ergebnis, daß dies weniger nach Marilyn Monroe klingt als vielmehr nach Greta Garbo, die auch den Fehler beging, ihr Privatleben für sich behalten zu wollen.

Nastassias Leben hat sich immer vor den Augen der Öffentlichkeit abgespielt; sie war bald die berühmte Tochter eines berühmten Vaters geworden. Und ihrem eigenen Eingeständnis zufolge war es für die ausschlaggebenden Leute kein Problem, sie zu beeinflussen – vor allem, wenn sie sie bewunderte: die männlichen Filmregisseure und Photographen, die sie dazu überredet haben, Dinge – vor und hinter der Kamera – zu tun, die sie im nachhinein manchmal bereut hat. Zum Beispiel die Serie von Nacktaufnahmen, die 1983 im *Playboy* veröffentlicht worden sind. Am Ende war es ihr richtig peinlich. »Es ist schwierig, wenn die Leute, mit denen du zusammenarbeitest, diese Dinge kennen.« Sie beeilte sich, die Schuld sich selbst zuzuschreiben. »Ich mache niemandem Vorwürfe ... Ich falle eben sehr leicht rein.« Aber es wimmelt von Widersprüchen. In einem anderen Interview behauptete sie, daß man sie für arrogant halte, weil sie versuche, sich zu schützen: »Ich sitze in einer Schachtel, die sich wiederum in einer Schachtel namens Hollywood befindet. Ich ziehe mich vielleicht auf der Leinwand aus. Körperliche Nacktheit macht mir nichts aus. Aber wenn ich das Gefühl habe, daß mein Innenleben auch bloßliegt ... das macht mir höllisch Angst.«

Bei ihrer Mutter findet Nastassia ein wenig Frieden. Brigitte Kinski hat mittlerweile festgestellt, daß viele Töchter, die sich allzu früh der harten Männer- und Geldwelt ausgesetzt haben, immer Muttis kleines Mädchen bleiben. Nastassia war schon längst ein Star, mehrfache Millionärin und Besitzerin je zweier Wohnungen in New York und Paris, als ein

Sexy und unschuldig – zwei Adjektive, die auf die nackte Nastassia noch mehr zutreffen als auf die vollständig bekleidete

Journalist über sie schrieb: »Ihr einziges wirkliches Zuhause, in dem sie sich ausruhen kann, ist die Wohnung ihrer Mutter in München. Brigitte ist nach wie vor Nastassias einzige Vertraute und Freundin – sie streiten sich zwar oft, aber sie schließen immer wieder sehr schnell Frieden.« Nastassia, die ein wenig lebensgeschädigt ist, fühlt sich dort am wohlsten, wo sie das kleine Kind sein und spielen darf. Die Wohnung ihrer Mutter ist der einzige Ort, wo Sex das häßliche Haupt nicht erhebt. »Ich bin so müde ... Ich habe so intensiv gelebt«, wiederholte die labile, leicht zum Weinen zu bringende Nastassia immer wieder in Interviews, als sie gerade ihre Zehner hinter sich gelassen hatte. In letzter Zeit haben ihr Freundschaften wie die, die sie mit Jodie Foster aufgebaut hat, sehr geholfen. Jodie Foster hat bis zu einem gewissen Grad die gleichen Erfahrungen in Hollywood gemacht, und die Freundschaft mit ihr steht in krassem Widerspruch zu Nastassias ziemlich aggressiver Weiblichkeit, zu der auch ihre frühere Aussage paßt, der zufolge Frauen nicht zu ihren besten Freunden gehören. Sie sehnt sich inbrünstig nach Liebe und hat sich wohl deshalb von ganzem Herzen in die Mutterschaft gestürzt, den einzigen sicheren Weg, unbegrenzte und vorbehaltlose Liebe zu gewinnen.

Diese Lolita ist immer noch auf der Suche nach ihrem richtigen Vater, den sie verloren hat. Liebhaber oder Ehemänner sind in dieser Rolle niemals völlig zufriedenstellend, ganz gleich, wie groß der Altersunterschied sein mag. »Die Liebe, die ich für ihn empfand, war in vieler Hinsicht wie die, die man für eine Familie empfindet«, sagte sie voller Offenheit über Polanski, »aber als Regisseur war er zehnmal besser als als Liebhaber.« Sie hatte sich geweigert, ihn zu heiraten, aber der wesentlich ältere Mann, den sie schließlich heiratete, der arabische Geschäftsmann Ibrahim Moussa, machte sie auch nicht viel glücklicher: Kurz nach ihrer Heirat, als sie schon ihr zweites Kind erwartete, verließ Nastassia ihn wieder. Seitdem hat es in ihrer wenig stabilen Beziehung ständig heftige Auseinandersetzungen und Versöhnungen gegeben. Auch er mußte sich eingestehen: »Ich war für sie mehr Vater als Ehemann.«

Hinter Nastassias sagenhaftem Äußeren zeichneten sich sehr früh die ersten Erschöpfungserscheinungen ab: das intensive Leben hat sie müde gemacht

Dem Teufel eine Tochter, die Männern nach Lust und Laune den Kopf verdreht. Nastassia war die Traum-Nymphe, die mittlerweile zu einer traumhaften Kindfrau geworden ist. Sie hat auch sehr viel von dem schauspielerischen Talent ihres Vaters geerbt und wurde für ihre Leistungen in *Tess,* in *Cat People,* in *Maria's Lovers* (Marias Lovers, 1984) und in *Paris, Texas* (1984) in den Himmel gelobt. Sie hat mit so angesehenen Regisseuren wie Wim Wenders, Alberto Lattuada, Francis Coppola, Paul Schrader, Tony Richardson und Andrei Konchalovsky zusammengearbeitet. Und genau wie bei einer anderen Teufelstochter, bei Arletty in *Les Visiteurs du soir* (Die Nacht mit dem Teufel, 1942), ist in ihren Augen ein

müder, abwesender Ausdruck zu erkennen: Männer verrückt zu machen ist eine langweilige Angelegenheit, vor allem, wenn man sich seit seinem dreizehnten Lebensjahr kaum mehr dafür anstrengen mußte. Sich wirklich ändern, aufregender oder gar befriedigend werden könnte es nur dann, wenn sie dem gleichen Schicksal ausgesetzt wäre, wie es andere Frauen von Anfang an sind. Deshalb kommt in die versonnenen, mandelförmigen Augen der Teufelstochter tatsächlich ein wenig Leben, wenn sie erklärt: »Ich würde gern ein großes Haus bewohnen und von meiner Familie und meinen Haustieren umgeben sein. Und alle sollten tun können, was sie wollen. Ich möchte alt und Großmutter werden.«
Jede Unterhaltung, in der es um Nastassias Karriere geht, scheint von der drückenden, wenn auch kleinwüchsigen Existenz des polnischen Regisseurs Roman Polanski bestimmt zu werden. Zwar rümpfte man in Europa wegen seiner Liaison mit Klaus Kinskis jugendlicher Tochter die Nase, doch schien niemand in der dekadenten Intellektuellenwelt des alten Kontinents, in deren Tradition Polanski sich weiß, übermäßig schockiert darüber zu sein, auch nicht über den Altersunterschied von mehr als dreißig Jahren. In den Vereinigten Staaten sah man das ein wenig anders, als er mit seiner Vorliebe für minderjährige Gespielinnen schließlich die Grenze überschritt. Am 11. März 1977, fünfzig Jahre nach dem Skandal um Charlie Chaplin und Lilita MacMurray und fünfunddreißig Jahre nach dem ersten Nymphen-Prozeß, in den Errol Flynn verwickelt war, wurde Polanski wegen Unzucht mit Minderjährigen in Haft genommen. Polanski mußte genauso wie Chaplin feststellen, daß die Rechtsprechung in Hollywood unter der Oberfläche der Liberalität und des »Alles-ist-erlaubt« nach wie vor sehr puritanisch und unnachsichtig sein kann. Beide Männer waren wie Nabokovs Humbert Humbert Europäer und daher in den Augen des größten Teils der amerikanischen Öffentlichkeit verdorben. Die beiden Mädchen, die in die Fälle verwickelt waren, waren Amerikanerinnen und extrem jung. Nach amerikanischen Vorstellungen heißt dies automatisch: gesund und un-

verdorben. Die Rolle, die die Mütter der beiden spielten, war, gelinde gesagt, nicht ganz eindeutig: Waren sie Anstifterinnen, Komplizinnen oder absolut ahnungslos, daß ihre Töchter sich in der Gesellschaft solcher Männer herumtrieben?

Sowohl Chaplin als auch Polanski hatten schon lange vorher der Öffentlichkeit unmißverständlich zu erkennen gegeben, daß unreife Mädchen ihren sexuellen Präferenzen voll entsprechen würden. Chaplin hat dies durch seine Affäre mit der fünfzehn Jahre alten Mildred Harris kundgetan, Polanski

Jodie Foster und Nastassia Kinski sind privat eng befreundet, die Erfahrungen, die die beiden in Hollywood gesammelt haben, schweißen sie zusammen; hier während der Dreharbeiten zu ›Hotel New Hampshire‹

Roman Polanskis ruinierter Ruf hat seinen Reiz für viele Frauen noch zusätzlich gesteigert

durch seinen ganzen Lebensstil und in etlichen Presseerklärungen. Als er 1977 bei den Filmfestspielen in Cannes bei seinen engumschlungenen Spaziergängen mit Nastassia von den Photographen gnadenlos verfolgt wurde, verlor er die Nerven und brüllte sie an: »Ich habe nie ein Hehl daraus gemacht, daß ich junge Mädchen liebe. Ein für allemal, ich liebe sehr junge Mädchen.« Diese Episode ging auf Kosten seiner Beziehung mit Nastassia, auch wenn sie sich weiterhin erstaunlich loyal ihm gegenüber verhielt. Eine seiner ehemaligen Bettgefährtinnen schrieb einmal: »Wenn ich mitkriege, daß er sich wieder an ein junges Mädchen heranmacht, dann würde ich ihr am liebsten empfehlen, daß sie einen weiten Bogen um diesen Typ machen soll.« Eine andere gebrauchte noch deutlichere Worte, als sie behauptete, daß Männer wie Polanski »ihr ganzes Leben in sexuellem Überfluß gelebt haben, so daß sie in sexueller Hinsicht zu normalen Frauen keinen Bezug mehr finden ... Aus diesem Grund sind sie auf

Jungfrauen versessen. Und wo findet man die am ehesten? Unter kleinen Mädchen natürlich.« Es ist daher kaum zu glauben, daß die Mutter von Lilita MacMurray und die von Polanskis »Sandra« keine Ahnung hatten, was sich abspielte, vor allem, wenn man bedenkt, daß beide in Los Angeles lebten und das Filmgeschäft sehr wohl kannten.

Die Möglichkeit, daß die Mutter vielleicht Anstifterin oder Komplizin war, entschuldigt den betreffenden Mann nicht, genausowenig die Verführungskünste des Mädchens und dessen mögliches Einverständnis. Auch wenn die Kleine letztendlich die Verführerin ist – mit dreizehn bleibt sie das Opfer, der Mann der Kriminelle: Nabokov ließ in seiner *Lolita* keine Sekunde lang den geringsten Zweifel an dieser Tatsache aufkommen; in dieser Hinsicht war dieser Roman sehr moralisch. Auch Polanskis Behauptung, daß er das wirkliche Alter des Mädchens gar nicht kannte – es war dreizehn –, verringert seine Schuld nicht. Er hätte sie schließlich fragen können – und hat es wahrscheinlich sogar getan. Polanski liefert in seiner Autobiographie, die den Titel *Roman* trägt, genau die gleiche Entschuldigung, wenn er erzählt, wie er noch am gleichen Abend, an dem er Nastassia Kinski kennengelernt hat, mit ihr ins Bett gestiegen ist. Nastassia war damals fünfzehn. Im Gegensatz zu Errol Flynn, der sich aus einem seiner Notzucht-Prozesse herauswinden konnte, indem er behauptete, das Mädchen habe ihn bei der Altersangabe angelogen, war Polanski wenigstens Ehrenmann genug, um nicht die ganze Schande auf seine jungen Freundinnen abzuwälzen. Statt dessen behauptete er einfach nur, daß es ihm nicht nötig erschienen sei zu fragen und daß er sie für wesentlich älter gehalten habe.

Polanskis Biographie wirkt ebenso freimütig wie die meisten anderen Biographien, doch sie enthält in den Abschnitten, in denen er den Fall »Sandra«, der seine aufblühende Hollywood-Karriere zerstört hat, aus seiner Sicht schildert, viele beschönigende Rechtfertigungsversuche. (Da das Mädchen minderjährig war, wurde ihr Name der Öffentlichkeit nie genannt. »Sandra« ist das Pseudonym, unter dem Polanski in seiner Autobiographie auf sie eingeht.)

Polanski verbrachte nach seiner Verhaftung sechs Wochen im Gefängnis. Er zog es vor, vor Prozeßbeginn zu fliehen, doch gilt er in den Vereinigten Staaten weiterhin als Verurteilter. Damals, als es geschah, war Polanski auf der Suche nach heranwachsenden Mädchen, die er für *Vogue* photographieren wollte. »Mein Vorschlag war, Mädchen so zu photographieren, wie sie damals wirklich waren – sexy, keck und völlig menschlich«, erklärte er. »Sandra«, die bis dahin hauptsächlich Werbespots gedreht hatte, war ihm als »fabelhaft aussehender Teenager« beschrieben worden; als er sie dann kennenlernte, konnte er »nichts Sensationelles« an ihr finden.

Dachte ihre Mutter, Jane, vielleicht genauso wie schon Nastassia Kinskis Mutter, daß Polanski »wie eine Gottheit war, die der Himmel geschickt hat«, um ihr zu Hilfe zu kommen? Sie selbst war früher eine kleine Schauspielerin gewesen, und sie hat sein Angebot offenbar als unglaubliches Glück für ihre Kleine empfunden, die sie deshalb bereitwillig mit dem berüchtigten »Kinderfresser« ziehen ließ, damit er in einem verlassenen Tal ein paar Tage lang Halbnackt-Photos von ihr machen könnte. Diese Sitzungen gipfelten wenig später in Jack Nicholsons leerem Haus, bei Champagner und einer damals modischen Droge namens Quaalude, in Sex auf dem Sofa.

Polanski spricht von »Sandras« Erfahrung und Hemmungslosigkeit, auch wenn er zugibt, daß ihr das Abenteuer mit ihm offenbar keinen Spaß gemacht hat. Er fragte sie, wie alt sie gewesen sei, als sie zum ersten Mal Sex hatte, und er war »erschüttert«, als sie ihm berichtete, daß sie mit acht Jahren mit einem Jungen aus der Nachbarschaft ihr erstes Erlebnis gehabt habe. Sie fügte aber auch hinzu: »In dem Alter kapiert man überhaupt nicht, was da abläuft.« Die bloße Tatsache, daß Polanski so intime Fragen wie die nach ihrem ersten sexuellen Erlebnis stellte, läßt es wenig glaubhaft erscheinen, daß er sie nicht auch gefragt hat, wie alt sie zum Zeitpunkt ihrer Affäre gewesen ist. Und Polanski ist nicht so naiv, als daß er den Unterschied zwischen unbeholfenen Fummeleien unter Kindern und richtigem Geschlechtsverkehr mit einem

erfahrenen Mann von vierundvierzig Jahren nicht sehen würde. Polanskis Behauptung, daß er Sandra für achtzehn gehalten habe, wird durch seine eigene Wiedergabe ihrer Gespräche Lügen gestraft, denn sein Ton war ganz offensichtlich auf jemand viel Jüngeren abgestimmt.
Wie so viele mittelalte Pädophile tat sich auch Polanski schwer, sich mit der Wirklichkeit der Klage, die man ihm anhängte, abzufinden: »Was sich da einen Tag vorher abgespielt hatte, konnte ich nicht im geringsten mit einer Vergewaltigung oder mit Notzucht gleichsetzen«, schrieb er. »Nichts an meinem Leben hat mich je auf die Idee gebracht, daß ich ein Krimineller sein könnte.« Ein bißchen Champagner nach einem Jacuzzi-Spiel, ein paar stimulierende Pillen und ein wenig Sex mit einem hübschen und offensichtlich nicht gerade abgeneigten Mädchen ... Was konnte in Polanskis Augen angenehmer kalifornisch und entspannend sein – genau wie Millionen anderer kleiner Liebeleien. Doch diesmal hatte er nicht mit der Mutter gerechnet. Die Anklage, mit der ihn die Staatsanwaltschaft konfrontierte, nachdem die Mutter ihn bei der Polizei angezeigt hatte, war in der Tat starker Tobak: »Anbieten einer verbotenen chemischen Substanz an eine Minderjährige; Begehen eines unzüchtigen oder lasziven Akts; illegaler Geschlechtsverkehr; Perversion; Sodomie; Vergewaltigung nach Einsatz von Drogen«: Diese Anklagepunkte machen deutlich, daß Polanski eindeutig gegen das Gesetz verstoßen hat, egal, wie empfänglich ihm die dreizehnjährige Sandra erschienen sein mag. Sex mit Minderjährigen erfüllt in Kalifornien – auch in den meisten anderen amerikanischen Bundesstaaten und außeramerikanischen Ländern – den Tatbestand der Vergewaltigung bzw. der Notzucht. Polanski wird sich darauf verlassen haben, daß man ihm keine Nötigung vorwerfen kann, aber er setzte Champagner, Quaalude und die Macht seiner Stellung in der Filmwelt ein, um zu kriegen, wonach ihm war. Er hatte es nicht nötig, *physische* Gewalt einzusetzen.
Polanski ist ein Überlebender von Geburt an: Er überlebte das Krakauer Ghetto und die Judenvernichtung; er überlebte den Übertritt vom östlichen in den westlichen Kulturkreis,

als er sein Heimatland Polen verließ, um sich in Frankreich niederzulassen; er überlebte den schrecklichen Mord an seiner Frau Sharon Tate, die ein Opfer der Manson-Sekte wurde; er hat die Anklage wegen Vergewaltigung und den darauffolgenden Gefängnisaufenthalt überlebt, obwohl er seitdem ein Geächteter und – wieder einmal – auf der Flucht ist. Die Sache mit »Sandra« hätte wohl der Karriere der meisten anderen Männer, auch ihrem Kampfgeist, den Rest gegeben, doch Polanski überstand auch diese mißliche Situation. Bereits ein Jahr später erklomm sein Ruhm als Filmregisseur und Künstler neue Höhen, als er 1979 mit den Dreharbeiten zu *Tess* begann, der auch seinen Schützling Nastassia Kinski ganz nach oben beförderte. »Ich weiß, daß man in mir vor allem einen Bösewicht, einen liederlichen Zwerg sieht. Meine Freunde – und die Frauen in meinem Leben – wissen es besser. Viele Frauen scheinen sich von einem ruinierten Ruf unwiderstehlich angezogen zu fühlen, und viele sind richtig scharf darauf, mich kennenzulernen – vor allem seit der Sache in Los Angeles«, meint er abschließend voller Selbstgefälligkeit in seiner Autobiographie. Diejenigen, die sich schwertun, die Moral von der Geschicht' zu schlucken, mögen ein wenig Trost darin finden, daß Polanski seinem eigenen Eingeständnis zufolge kein glücklicher Mensch ist. Er drückt es so aus: »In meinem tiefsten Innern weiß ich, daß ich die Gabe zu lachen verloren habe. Das ist nicht einfach deshalb so, weil der Erfolg mich ausgelaugt oder meine Tragödien und meine eigenen Irrtümer mich bitter gemacht haben. Ich habe vielmehr das Gefühl, daß ich ohne erkennbaren Zweck hart arbeite. Ich spüre, daß ich mein Anrecht auf Unschuld verloren habe, auf den reinen Genuß der Freuden des Lebens.«

Mittlerweile sind mehr als zehn Jahre vergangen, seit Polanski aus Amerika geflohen ist, und sein derzeitiger Lebensstil scheint eher zu seinem Alter zu passen. »Ich bin in einem Alter, in dem man nicht mehr gerne daran erinnert wird«, erklärte er kurz nach seinem fünfzigsten Geburtstag. »Seit meinem dreißigsten Geburtstag habe ich mich auf meine Geburtstage nicht mehr gefreut, obwohl ich mich – ich finde das selbst reichlich eigenartig – seitdem nie älter als dreißig gefühlt habe.« Die Frauen, mit denen er seitdem verbunden war, sind auch nicht mehr so unglaublich jung. »Ich habe eine sehr gute Beziehung zu Frauen, die entweder sehr jung oder bereits in einem gewissen Alter sind«, erzählte er vor kurzem. »Mit Frauen um die dreißig komme ich nicht besonders gut klar.« Abschließend fügte er noch eine besonders geistreiche Bemerkung hinzu: »An jüngeren Frauen mag ich, daß sie ihren Sex-Appeal nicht dazu benutzen, um ihr soziales oder berufliches Fortkommen zu fördern.« (In Hollywood haben sie das auch nicht nötig – dort sind die Mütter dafür zuständig.)

Nachdem er in seinem Geburtsland Polen am Theater gearbeitet und in europäischen Filmen Regie geführt hat, denkt Polanski darüber nach, ob er nicht in Hollywood Zäune reparieren soll, um seinen Namen wieder reinzuwaschen. Seine Freunde in Kalifornien glauben, daß der Bezirksstaatsanwalt nach so langer Zeit seinen Fall mit mehr Wohlwollen behandeln würde. Aber selbst wenn es so wäre, bleibt es äußerst zweifelhaft, ob Polanski seinen Ruf als Hollywood-Humbert hinter sich lassen könnte, dafür haben ihn die *Paparazzi* der internationalen Sensationspresse zu oft in Begleitung von Teenagern erwischt, als daß sie jetzt auf ihn verzichten könnten. Und auch wenn seine berühmteste Lolita, Nastassia Kinski, darauf besteht, daß es »kein Verbrechen, sondern eine reine Privatangelegenheit zwischen zwei Menschen war«, bleibt die Anklageschrift doch genauso bei seiner Akte wie das Urteil.

8. Fräulein Kupferton gegen Fräulein Elfenbeinschnee

Es waren einmal zwei kleine Mädchen. Das eine hatte blondes, das andere dunkles Haar. Beide hatten sie blaue Augen, die gar nicht mal so unschuldig in die Welt blickten: Es ist schwierig, sich seine Unschuld zu erhalten, wenn einem bereits in einem Alter Probleme wie Vorstellungstermine, Geld, Arbeit und Vertragskonditionen beschäftigen, in dem andere Knirpse auf Vorstadt-Spielplätzen noch mit ihren Dreirädern herumkurven. Das Leben wird auch nicht einfacher, wenn kein Vater zu Hause ist, sondern nur eine Mutter, die sich mit ihren emotionalen Problemen abkämpft, die Scheidung, Einsamkeit, Depressionen und Alkoholismus mit sich bringen, wenn *du* dann die Krückenfunktion über-

Brooke Shields – ein schönes Kind, das man mit der schweren Bürde beladen hat, bereits im Alter von elf Jahren »die schönste Frau der Welt« zu sein

nehmen mußt, als Retter fungieren sollst, der Ernährer bist und irgendwie auch noch Muttis Mutter sein sollst, auch wenn du vielleicht erst drei Jahre alt bist. Wie schon so viele Hollywood-Lolitas vor ihnen hatten auch diese beiden zuwenig Vater und zuviel Mutter in ihrem ersten Lebensabschnitt. Die Eltern der blonden Jodie ließen sich fünf Monate nach ihrer Geburt scheiden. Die Eltern der brünetten Brooke haben fünf Monate nach ihrer Zeugung geheiratet und sich ein paar Monate nach der Entbindung wieder scheiden lassen. Die Väter wurden deshalb zu verschwommenen Randfiguren im Leben ihrer Töchter. »Ich spreche nicht über meinen Vater, weil er mit meinem Leben nichts zu tun hat. Ich hab' ihn ein paarmal gesehen, aber wir standen nicht in Verbindung miteinander«, erklärte die heranwachsende Jodie später, als man sie über ihren Vater ausfragte, der in Los Angeles im Immobiliengeschäft tätig war. »Ich bin kein Bühnen-

Jodie Foster – der wissende Blick des prototypischen amerikanischen Mädchens verlieh ihr sowohl als Disney-Heroine als auch als zwölfjährige Nutte einen beträchtlichen Nymphen-Appeal

Jodie Fosters Karriere begann mit einem Werbespot: Mit drei Jahren machte sie ihren Po für »Kupferton« frei

vater«, meinte Brooke Shields' Vater einmal abwehrend über die Karriere seiner Tochter. Es sieht so aus, als würde er die ganze Sache von Herzen ablehnen, allerdings nicht so sehr, daß er eingreifen würde, schließlich hat er selbst einen sehr anspruchsvollen Beruf und außerdem eine neue Frau und vier weitere Kinder, über die er sich den Kopf zerbrechen muß.

Wenn auch die Väter nur blasse, ferne Figuren im Leben ihrer kleinen Töchter waren, so machten die Mütter deren Abwesenheit durch ihre überwältigende, erdrückende Gegenwart wieder wett. Sie lebten bei, für, durch und mit ihre(n) Töchtern, boten sie unermüdlich feil und schützten

Brooke Shields' verblüffende Schönheit garantierte ihr und ihrer ehrgeizigen Mutter Ruhm und Reichtum

sie – selbst wenn sie ihre Kinder in ihrem jugendlichen Zauber ausbeuteten, umsorgten sie sie noch. Brooke Shields und Jodie Foster sind Kameradinnen, auch wenn sie auf dem Lolita-Markt in Hollywood Todfeindinnen sind. Aber wie steht es mit Terri Shields und Brandy Foster? Kennen sie sich, mögen sie sich oder respektieren sie einander wenigstens? Schließlich sind sie unter der Oberfläche Schwestern: ehrgeizige, kluge, berechnende Geschäftsfrauen, nach außen sehr stark, innerlich aber wahrscheinlich sehr verletzbar und aufgewühlt. Nabokov, Experte für Lolitas und ihre Mütter, wußte über die Mutter seiner Lolita, Charlotte Haze, folgendes zu erzählen: »Charlotte klopfte mit ihrem Ringfinger an und schlenderte herein. Wie sehr unterschieden sich ihre Bewegungen von denen meiner Lolita, wenn sie mir in ihren geliebten schmutzigen Blue Jeans einen Besuch abstattete, nach dem Obsthain im Nymphenland roch; fremdartig und todgeweiht, und leicht verlottert die unteren Knöpfe ihrer Bluse geöffnet. Aber lassen Sie mich etwas sagen. Hinter der Keckheit der kleinen Haze und der Haltung der großen Haze verbergen sich kleine Rinnsale, die genau den gleichen Geschmack und das gleiche Plätschern haben.« Nabokov hätte zweifelsohne auf der Stelle die geheimnisvollen Parallelen diagnostiziert, die zwischen der heftigen, aggressiven Terri und der kühlen, distanzierten Brooke einerseits und zwischen der kraftvollen, energischen Brandy und der eigenständigen und schwer berechenbaren Jodie andererseits existierten.

Die zwei Mädchen haben wahrscheinlich genauso wie alle anderen Babys auch angefangen: in einem Wirbel aus Windeln, Babyfläschchen, zornigem Geschrei und zufriedenen Glucksern. Aber ihre unbeschwerten Babytage waren knapp bemessen. Die, die den Namen Brooke trägt, so weiß es zumindest die Legende, wurde eines Tages in ihrem Kinderwagen spazierengefahren, als ein geheimnisvoller, alternder Filmstar, der sich schon Jahre zuvor zurückgezogen hatte, einen intensiven Blick durch ihre dunkle Brille hindurch, hinter der sie sich immer verbarg, auf Brooke warf und mit ihrem unnachahmlichen schwedischen Akzent ausrief: »Dieses Kind ist prächtig. Sie wird es weit bringen!« Nur Legende oder die Rechtfertigung des mütterlichen Auserwähltheitsglaubens? Diese beiden Faktoren lassen sich oft nicht auseinanderhalten, wenn sich Hollywood-Lolitas Mutter daran macht, am Mythos ihrer Tochter zu spinnen.

Beim Anblick des blonden Babys schnappte kein alternder Star angesichts der überragenden Schönheit jemals nach Luft, und vermutlich wird das auch in der Zukunft nicht geschehen. Sie war nicht schön, nicht mal niedlich, dafür hatte sie etwas, das die Amerikaner an den neueren Nymphen – zum Beispiel an Sue Lyon oder Tuesday Weld – besonders schätzten: das klare, gesunde Aussehen eines Nachbarskindes, das durch allzu wissende Augen eine ambivalente Note erhielt, ein müder, spontaner Ausdruck, der ein Maß an Erfahrung andeutete, das weit über das wirkliche Alter hinausging, und nicht zuletzt durch eine heisere Stimme mit ironischen Untertönen, aus der die Weisheit der Straße spricht. Selbst ihr Name war banal und durchschnittlich: keine schillernden, exotischen oder fremdklingenden Töne, keine Rita, keine Ava, keine Raquel oder Greta, sondern ganz einfach und amerikanisch Jodie Foster.

Das andere Baby, das später diese leuchtenden nußbraunen

Auch wenn Brooke kindliche Naivität vorschützte, wußte sie sehr wohl, was sich in den Sexszenen von ›Pretty Baby‹ abspielte

Haare haben sollte, war immer noch so haarlos wie ein Ei, als sie im Alter von zehn Monaten ihre Karriere startete: Sie verkaufte Seife. Als »Miss Ivory Snow« (Fräulein Elfenbeinschnee) war sie das sauberste, wenn nicht gar das schönste Baby der Welt. Jodie trat erst mit drei Jahren in das riskante Geschäft des Körperverkaufs ein: Sie wurde »Miss Coppertone« (Fräulein Kupferton), das Kind, das vor der Welt seinen Hintern entblößte, um Bräunungslotion anzupreisen.
Wie so viele Mütter von Hollywood-Lolitas hatte Terri Shields fast von Anfang an messianische Erwartungen in ihre Tochter gesetzt: »Brooke ist ein Wunder«, verkündete sie. »Sie war erst fünf Tage alt, da wußte ich schon, daß sie das Schönste ist, was ich je in meinem Leben gesehen habe, und daß ihre Schönheit die Menschheit bereichern würde.« Einem anderen Interviewer gegenüber äußerte sie sich weniger rhapsodisch: »An dem Tag, an dem ich mit ihr aus der Klinik heimkam, wußte ich bereits, daß sie eine Millionärin werden würde.« Sie zweifelte offenbar niemals daran, daß sie in ihrem Kind eine teuer verkaufbare Handelsware besaß. Als sie ihre Kleine zur ersten Bewerbung brachte, waren ihrer Beschreibung nach »mehr als vierhundert Mütter dort, und manche von ihnen waren sogar aus Detroit und Michigan angereist. Sie haben mir so leid getan, denn als ich mit Brooke hereinkam, hatten sie nicht mehr die geringste Chance.«
Jodie Fosters Durchbruch in der Welt des Ruhms, des Reichtums und der Hochfinanz kam auf ganz andere Weise zustande. Damals war ihr Bruder Buddy der Brötchenverdiener, der durch Werbespots ein Jahreseinkommen von etwa fünfundzwanzigtausend Dollar erzielte. Er war es, der mit Mutter Brandy loszog, um den Coppertone-Spot an Land zu ziehen. Klein-Jody wurde mitgeschleppt, weil, wie Brandy erklärte: »Ich konnte das Kind doch nicht im Auto lassen, also mußte sie mit uns kommen.« Sie kam mit. Und sie bekam den Job.
Die Karrieren der beiden Mädchen verliefen eine Zeitlang so seltsam parallel, daß man sich nur wiederholen würde, wenn man beide gesondert beschreiben müßte. Die ältere, die

blonde Jodie (Jahrgang 1962) machte weiterhin Werbespots und ermöglichte ihrer Familie auf lange Sicht den Lebensstandard, an den sie sich gewöhnt hatte. Aber hin und wieder versuchte sie sich auch als Schauspielerin in Fernsehserien und Filmen. Mit zehn Jahren war sie eine bekannte Kinderdarstellerin, die in Kinderfilmen von Disney Hauptrollen spielte und in vielen anderen Streifen kleine Schwestern oder kleine Töchter. (Ihre Cameo-Rolle hatte sie als naseweise kleine Neunjährige in *Alice Doesn't Live Here Anymore* (Alice lebt hier nicht mehr, 1974), in dem sie als ausgebuffte Ladendiebin einer der Höhepunkte eines sehr guten Films ist.)

Brooke Shields' vorpubertäre Schauspieler-Karriere ist weniger spektakulär, obwohl sie wie Elizabeth Taylor ein hinreißend schönes Kind wurde und ihr berühmtes nußbraunes Haar mit vier Jahren schon so lang trug, daß sie sich draufsetzen konnte. Genaugenommen war sie fast zu schön, um Modell zu sein, zumindest meinten das ihre Agenten. Zu schön, um das amerikanische Durchschnittskind zu verkörpern, das im Werbefernsehen gehätschelt wird. Doch in ihrer Vollkommenheit konnte sie immerhin für Produkte werben, die suggerierten, daß Vollkommenheit durch ihre regelmäßige Anwendung erreicht werden könne: Ivory-Snow-Seife verleiht Ihnen eine makellose Haut – wie Brooke; Colgate macht Ihre Zähne herrlich weiß – wie die von Brooke; Breck-Shampoo bringt Ihnen schimmerndes Haar – wie Brooke. Ihre Filmkarriere hatte damals noch nicht begonnen: Es ist nicht einfach, Filmrollen für sagenhaft schöne, kleine Mädchen zu finden, deren schauspielerische Begabung aber in keinem Verhältnis zu ihrem grandiosen Äußeren steht. Mit neun Jahren wurde Brooke in *Alice, Sweet Alice* (1977) von einem religiösen Fanatiker erstochen. In Woodie Allens *Annie Hall* (Der Stadtneurotiker, 1978) hatte sie eine kleine Rolle, die aber herausgeschnitten wurde. Aber Mutter Terri wartete nicht, bis ihrer Tochter mit elf Jahren in *Pretty Baby* die Rolle einer Kind-Prostituierten angeboten wurde; sie wollte die sexuellen Reize ihrer Tochter schon früher erkannt wissen.

Es mag ja Mütter geben, die sich mit einem quietschsauberen Colgate-Image und mehr Geld, als man sich je erhofft hat, zufriedengeben, andere allerdings wollen die Sexualität ihrer Tochter zur Schau stellen, noch ehe sie richtig entwickelt ist.
Man höre sich Terris Schilderung über das erste Mal an, als man von ihrer Tochter verlangte, sich für etwas Vielsagenderes als Seife auszuziehen: »Als Brooke acht war, bat man sie, sich nackt vor die Kamera zu stellen, und sie machte keine Schwierigkeiten. Sie zog einfach ihre Kleider aus und stellte ihr Bein auf einen Stuhl. ›Wollen Sie es so?‹« Daraufhin springt die stolze Terri auf und nimmt fröhlich eine typische Porno-Stellung ein, um zu verdeutlichen, was sie meint. Vermutlich waren es diese dampfenden Aufnahmen, die Terri Shields ein paar Jahre später mit aller Macht aus dem Verkehr ziehen wollte, mit dem Argument, daß sie die Karriere ihrer Tochter ruinieren könnten. Der Richter war ebenfalls der Ansicht, daß die Photos so lasziv waren, daß ihre Verbreitung in großen Mengen »Miß Shields großen Schaden zufügen könnte«. Doch die Shields verloren die Auseinandersetzung trotzdem, denn der Rechtsanwalt des Photographen führte hämisch aus, daß Brooke Shields »keine Shirley Temple ...« sei. »Man sieht sie als jungen Vamp und Hure, eben als Lolita ihrer Generation.«
Die vierzehnjährige Brooke wußte zu diesem Thema eine andere, vielsagende Anekdote beizutragen: »Meine Mutter hat einmal in unserer New Yorker Wohnung Besuch bekommen. Ich muß damals so um die zehn Jahre alt gewesen sein. Auf dem Flügel stand ein Photo von mir, auf dem ich ein ziemlich aufregendes Kleid trug. Der betreffende Herr geriet wegen dieses Photos völlig aus dem Häuschen: ›Wie schade, daß sie das Mädchen nicht auch eingeladen haben. Die sieht ja toll aus.‹ Meine Mutter antwortete ihm: ›Ich hab' sie zwar nicht eingeladen, aber sie ist hier. Sie ist meine Tochter. Sie ist zehn Jahre alt und schläft im Nebenzimmer.‹« Frau Shields amüsierte sich königlich über die Verlegenheit ihres Besuchs. Sie schien sich in der Sicherheit zu aalen, daß ihre Tochter in Männern Begierde erwecken konnte, ohne auch nur daran zu denken, diese auch zu befriedigen.

Brooke verführerisch in ›Pretty Baby‹

Terris Freude an dem Sex-Appeal ihrer Tochter schien letztere nicht unbedingt zu teilen. »Wenn sich Männer von Brooke auf Touren bringen lassen«, hämte Terri einmal einem Interviewer gegenüber, »dann ist das deren Problem. Brooke hatte schon immer diesen sinnlichen Blick ... Selbst Elizabeth Taylor hatte ihn nicht, als sie so alt war.« An diesem Punkt des Gesprächs unterbrach Brooke: »Ich versuche gar nicht, sexy auszusehen, wirklich nicht. Ich bin halt einfach so.« »Sehen Sie, sie ist ein ganz normales Kind«, fügte ihre Mutter hinzu. Sie war glücklich, daß sie ein Stück Kuchen hatte, von dem sie auch essen durfte. Im nächsten Mo-

Jodie Foster als Becky in der Disney-Verfilmung von ›Tom Sawyer‹

ment kam ihr allerdings die Befürchtung, daß man sie zu wörtlich nehmen könnte, und sie besserte hastig nach: »Sie ist natürlich etwas ganz Außergewöhnliches. Sie hat es lieber mit älteren Männern zu tun, aber derzeit macht sie gerade ihre Pubertät durch, und sie weiß oft nicht, ob sie lieber an ihrem Daumen lutschen oder zu einer Verabredung gehen soll.« Dieses ganze mütterliche Schwelgen in den erotischen Kräften ihrer Tochter in Gegenwart derselben hätte auch dann einen sehr unangenehmen Beigeschmack, wenn das Mädchen bereits erwachsen wäre. So aber weiß man nicht, wie man so etwas beurteilen soll, wenn man erfährt, daß die Tochter damals gerade erst elf Jahre alt war. Schon damals trug sie das Etikett »die erotischste Elfjährige der Welt«, und das war kurz vor dem Kinostart von *Pretty Baby*. Ein paar Monate nach dem Start des Films fragte man sie, ob sie die Nacktszenen in *Pretty Baby* stören würden. »Nicht, als wir sie drehten«, erklärte sie, »aber da war ich noch jünger. Es macht einem nichts aus, wenn man sich ausziehen muß – mit elf Jahren. Aber vielleicht würde ich es jetzt, wo ich älter bin, nicht mehr machen.« Als Brooke das sagte, war sie zwölf Jahre alt.

Das blonde Mädchen, Jodie Foster, hatte bereits drei Jahre vor *Pretty Baby* für eine Sensation gesorgt, als sie im reifen Alter von zwölf Jahren in Martin Scorseses *Taxi Driver* eine Kinderprostituierte spielte. Was bringt einen dazu, innerhalb eines Jahres von Disney-Filmen und Rollen wie der Becky in *Tom Sawyer* plötzlich in einem solchen Film aufzutreten? Die kleine Brooke Shields hat nach *Pretty Baby* gestanden, daß sie lieber in Disney-Filmen mitspielen würde. Aber Jodie war nach so vielen Jugendlichen-Rollen in Jugendfilmen darüber bereits erhaben. Außerdem waren ihre Erinnerungen an ihre Disney-Tage alles andere als unbeschwert; bei der Erinnerung an einen Plumps ins Klo – sie war erst vier Jahre alt damals – überkommt sie noch heute ein Schaudern. Außerdem hat sie einmal ein Löwe in ihr berühmtes Hinterteil gebissen, da war sie schon neun. Sie erklärte, daß sie den Typus des klassischen Kinderstars grauenhaft finde, und äußerte sich sehr abwertend über ihre Vorgängerinnen. »Jeder ist doch heute der Ansicht, daß ein Kind, das Schauspieler werden will, automatisch Shirley Temple nachzueifern hat. Ich finde das absolut widerlich«, tobte sie. Bei einer anderen Gelegenheit fügte sie dem hinzu: »In den Tagen so dämlicher Lieschen wie Margaret O'Brien und Elizabeth Taylor mußte man doch nur lieb dreinschaun, sagen, daß man Pappi liebhat, und Lassie umarmen.«

Dies war möglicherweise eine vorweggenommene Rechtfertigung der überaus umstrittenen Entscheidung, einer Zwölfjährigen die Rolle einer Vollblut-Nutte mit kurzen Hosen, einem zwielichtigen Zuhälter und einem zynischen »Na komm' schon« auf den Lippen zu geben. Selbstverständlich hat nicht sie diese Entscheidung getroffen, sondern ihre Mutter. Jodie hatte mit Scorsese bereits in *Alice Doesn't Live Here Anymore* zusammengearbeitet, doch sie erinnert sich, daß sie eher ablehnend reagierte, als Scorsese ihr das Drehbuch zuschickte: »Ich war der Ansicht, daß die Rolle für eine Einundzwanzigjährige eine großartige Sache gewesen wäre. Ich hab's gar nicht glauben können, daß sie sie tatsächlich mir anboten ... Zuerst wollte ich ablehnen.« Auch das kalifornische Jugendamt konnte es nicht glauben, daß Frau Foster ihrer Tochter erlauben wollte, in einer derart erbarmungslosen Geschichte über Tod und Verderben mitzuspielen. Aber Mutter weiß es eben doch immer am besten, oder sie glaubt es wenigstens. »Ich war entschlossen, mich in dieser Sache durchzusetzen«, erzählte Brandy. »Irgendeine Gutachterstelle wollte mir einreden, daß das für meine eigene Tochter ein wenig zu erwachsen wäre. Als sie uns die Erlaubnis verweigerten, habe ich die richtige Entscheidung getroffen, sie einfach zu übergehen ... Als Mutter bin ich für Jodies Moral zuständig.« Auch Jodies Bruder, Buddy, glaubte, daß er für die Moral seiner Schwester zuständig sei, und lehnte daher das Vorhaben radikal ab, doch Frau Foster gab nicht auf. Ihre Tochter konnte sich die Chance, an der Seite Robert de Niros zu spielen, einfach nicht entgehen lassen, das zählte, und sonst nichts.

Schließlich gab das Jugendamt nach und stimmte zu, allerdings nur unter der Bedingung, daß sich Jodie vorher einer vierstündigen Sitzung bei einem Psychiater von der Universität von Kalifornien in Los Angeles unterzöge, damit dieser über ihre geistige Stabilität gutachten konnte. »Ich nehme an, die haben geglaubt, daß ich sowieso eine Macke habe, weil ich bereit war, so eine Rolle zu spielen«, meinte Jodie lachend. Die Psychiater waren sicherlich nicht völlig einverstanden mit der Art, wie die zwölfjährige Jodie all ihre Einwände konterte, in denen sie zu bedenken gaben, daß sie psychischen Schaden nehmen könne, wenn sie eine Hure verkörpere und mit anderen Prostituierten zusammenkomme: »Ich hab' denen erklärt, daß sie sich in dieser Hinsicht keine Gedanken machen müßten, da ich schon seit ewigen Zeiten

Jodie als Tallulah, die Femme fatale von Bugsy Malone. Der vielsagende »Besuch-mich-doch-mal-Blick« ist nicht zu übersehen bei der Dreizehnjährigen

weiß, was Sache ist. Wenn man so jung in diesem Geschäft anfängt, ist man schnell eingeweiht.« Kurz darauf wackelte die junge Jodie auf Plattform-Stöckelschuhen und mit Satin-

Jodie Foster mit Robert de Niro in ›Taxi Driver‹. Lolita ist der alptraumhaften Welt der Kinderprostitution ausgeliefert, in der Humbert Humbert kein Liebhaber mehr ist, sondern ein Kunde, von dem man das Geld sofort bar auf die Kralle verlangt

Minirock durch die Gegend. Einen Monat ihrer Schulferien verbrachte sie bei »Recherchen« für ihre Rolle im New Yorker Rotlicht-Bezirk, während die überglückliche Brandy Einkäufe machte und für ihr »wunderbares kleines Mädchen« kochte. Schließlich hatte sie schon einmal eine Hauptrolle als Nutte gehabt, in der britischen Gangsterfilm-Parodie *Bugsy Malone* (Bugsy Malone, 1976), in der ausschließlich Kinder aufgetreten waren. Die Leute schienen das mit einem geschlossenen Auge zu sehen, immerhin war es ein reines Kinder-Spiel, oder etwa nicht? Daß Jodie durch *Taxi Driver* Weltruhm erlangte, bewies, wie clever Brandy die Karriere ihrer Tochter managte. Zu Andy Warhol meinte Jodie einige Jahre später: »Es zeigt sich immer wieder, daß Erfolg dem großen Einfluß der Mutter zuzuschreiben ist ... Wir sind ein Team. Wie Laurel und Hardy.«

›Taxi Driver‹

Drei Jahre nach der Sensation um *Taxi Driver* hatten die amerikanischen Jugendämter ihre Versuche mehr oder weniger aufgegeben, die Hollywood-Lolitas noch vor dem Ehrgeiz ihrer Mütter und dem der Regisseure retten zu wollen, die in ihren Filmen mit immer noch größeren sexuellen Sensationen aufwarten wollten. Der französische Regisseur Louis Malle, der in Frankreich mit *Le Souffle au Cœur* (Herzflimmern, 1971) bereits enormes Aufsehen erregt hatte, weil hier eine Mutter ihren halbwüchsigen Sohn in sein Sexualleben einführt, wollte Hollywood um jeden Preis erobern, indem er diesmal eine Pastellversion des gleichen Themas filmen wollte: bereitwilliges Kind wird von einem Erwachsenen in die Liebe eingeführt. Etwas noch Schockierenderes zu bieten als Inzest war nicht schwierig. Wie wäre es mit der Geschichte über ein kleines Mädchen, das um die Jahrhundertwende in einem Bordell in New Orleans aufwächst und dessen Mutter, eine Prostituierte, beschließt, daß die Zeit gekommen sei, um sich fortan das Leben selbst zu verdienen? Nachdem sie sie völlig nackt auf einer Silberplatte ausgestellt hat, verhökert sie sie schließlich an den Meistbietenden. Noch ein paar Jahre zuvor wäre ein Film mit einer solchen Thematik als zu gewagt abgelehnt worden, selbst wenn das Mädchen seine Unschuld bis zum Tod verteidigt hätte und schon achtzehn gewesen wäre (wie etwa Leslie Caron in *Gigi*). Jetzt aber war die Kleine zwölf und willig noch dazu.
Obwohl der Film auf heftige Proteste stieß, als Kinder-Pornographie beschimpft, von einigen Gemeinden und Städten in den USA auf den Index gesetzt, in Großbritannien von der Zensur ein Jahr lang auf Eis gelegt wurde, damit man sich reiflich überlegen könne, was man herausschneiden müsse und welches Prädikat man ihm geben könne, spielte *Pretty Baby* viel Geld ein. Der Film wurde herausgebracht und beinahe überall gespielt. Brookes Sexszenen waren bedeutend expliziter als die von Jodie Foster in *Taxi Driver,* und die Geschichte von einer Mutter, die aus reinem Gewinnstreben ihre Tochter verkauft, war sogar noch abstoßender als die des Liebhaber-Zuhälters, der das gleiche mit der Kindhure Iris treibt, die aus einem normalen Zuhause abgehauen war.

Jodie Foster in ›Taxi Driver‹. Ist der tragische, allwissende Blick in diesen Augen lediglich ein Ergebnis glänzender Schauspielkunst?

Trotzdem wirkte *Pretty Baby* viel weniger schockierend als *Taxi Driver,* weil die Bordell-Atmosphäre, die Kostüme und die Bilder weich, sauber und hübsch – eben unwirklich – waren. An *Taxi Driver* wirkte alles brutal realistisch und abstoßend. Die kleine Jodie erschien auf ergreifende Weise als befleckt und verdorben durch die schmutzige Welt, in die sie hineingeraten war. Brooke dagegen schien sich ihre süße Unschuld zu bewahren und trotz des Lasters, das sie von Kindesbeinen an umgeben hatte, völlig unverdorben zu sein. Fräulein Kupfertons Haut war im fahlen Licht der sündigen Großstadt gegerbt worden, während der Teint von Fräulein Elfenbeinschnee den gesamten Film hindurch blitzsauber blieb. *Taxi Driver* bemühte sich bei seinem niederschmetternden Porträt eines zwölfjährigen Kindes, das einer Beschäftigung nachgeht, der eine Zwölfjährige besser nicht nachgehen sollte, wenigstens um Ehrlichkeit. *Pretty Baby* dagegen haucht verlogen: »Ist das alles nicht ganz natürlich und wunderbar? Dieses kleine Mädchen hier mag es, wenn sein Körper verkauft wird und wenn er von alten, häßlichen Männern wie dir betätschelt wird.«

Es war vorhersehbar, daß *Pretty Baby* Brooke das gleiche einbringen würde, was *Taxi Driver* Jodie eingebracht hatte. Sie wurde zum »jüngsten Sexsymbol der Welt« gekürt – zur größten Freude ihrer Mutter, obwohl Terri wegen ihrer Probleme mit dem Alkohol aus dem Studio geworfen wurde. Zur gleichen Zeit wurde sie wegen Trunkenheit am Steuer festgenommen und ein paar Tage in Verwahrung genommen.

Wie viel oder wie wenig hat die kleine Brooke von der Geschichte und ihrer Rolle kapiert? Ihre Anstandsdame, eine enge Freundin von Brookes Mutter, betonte, daß man versuche, Brooke von den Sexszenen fernzuhalten, so gut es nur gehe. »Sie versteht sie nicht richtig. Sie werden nicht hintereinander abgedreht, so daß sie der Geschichte nicht folgen kann.« Brookes Version klang ganz anders: »Natürlich wußte ich, was sich in den Sexszenen und in New Orleans abspielte. Ich hab' nur nie darüber gesprochen. Ich tue oft so, als würde ich nichts verstehen. Damit komme ich besser durch ... Ich müßte ja blöd sein, wenn ich nicht mitkriegte, was da abläuft!«

Welche von den beiden, die sich in den siebziger Jahren zu Hollywood-Lolitas gemausert haben, ist die hübschere? Miß Kupferton oder Miß Elfenbeinschnee? Die blonde Kleine, die die zwölfjährige Hure Iris spielte, oder die Braunhaarige, die die zwölfjährige Hure namens Violet spielte? Auf jeden Fall sind die beiden Hübschen einer gräßlichen Welt ausgeliefert, in der nur das große Geld zählt und das pornohungrige Publikum, das nach immer neuen, immer noch abstruse-

In New Orleans reichte es nicht, wenn man nur einfach die Puppe eines Mannes war, man mußte seine Baby-Puppe sein, weil man als solche noch hilfloser, passiver, gefügiger und willfähriger war

rem Nervenkitzel sucht. Sie sind kleine Mädchen, die seit ihrer frühesten Kindheit darauf gedrillt sind, sich auf Anforderung auszuziehen, wenn der Preis nur stimmt; kleine Mäd-

›Pretty Baby‹: Bei einer Auktion wird kostbare Jungfräulichkeit öffentlich feilgeboten

chen, die ein wenig ins Schlingern geraten, wenn sie nach einer moralischen Rechtfertigung für ihr eigenes Leben suchen und über die Figuren, die sie gespielt haben, nachdenken: Iris ist eine Hure geworden, um ihrer erdrückenden Mittelklasse-Familie zu entkommen *(Taxi Driver)*. Doch die Kleine, die in *Pretty Baby* die Hure Violet spielte, seufzte: »Damals herrschte in einem Bordell noch eine familiäre Atmosphäre.«

Und was geschieht, wenn gewitzte kleine Fräuleins, die schon vor ihren Zehnern alles gesehen haben, erwachsen und »große« Fräuleins werden? *Taxi Driver* hatte für Jodie Foster ein unangenehmes Nachspiel. 1979 versuchte John Hinckley, der von Jodie in dem Film hingerissen war, den frisch gewählten Präsidenten Ronald Reagan zu ermorden; wie er behauptete, um seine Liebe für sie zu zeigen. Nun war es Jodie, die zum Opfer von Morddrohungen wurde: Sie übertrug ihre Leinwand-Figur ins wirkliche Leben, wo sie fortan auch die betrogene Jugend verkörperte. Nach der Sache mit Hinckley wurde sie eine Zeitlang von Bodyguards bewacht. Sie ärgerte sich maßlos über die Art, in der dieser makabre Vorfall über Jahre hinweg mit ihrer Person in Verbindung gebracht wurde: »Warum haben mich alle als die technicolorisierte Personifizierung dieses seltsamen Attentats im Kopf, wo ich doch überhaupt nichts damit zu tun habe? Ich bin doch höchstens ein leeres Gefäß, in das manche Leute ihre eigenen Vorstellungen und Neurosen hineinprojizieren«, beklagte sie sich 1988 bitterlich.

Brooke Shields sprach wehmütig von der familiären Atmosphäre, die früher in Bordellen geherrscht haben muß

Aber dies ist der Preis, den Jodie Foster immer noch zahlen muß für ihre Rolle als nymphische Hure in *Taxi Driver,* die Rolle, die ihr das Jugendamt hatte ausreden wollen, worin Jodie und ihre Mutter jetzt, im nachhinein, vielleicht ein wenig Sinn erkennen können. Denn Jodie wird noch immer von Brandy gemanagt, und sieht man einmal von dem Vorfall mit Hinckley ab, an den sie überhaupt nicht gerne erinnert wird – »es ist wie eine Narbe, die ich mit mir herumtrage« –, scheint sie das Nymphen-Land mehr oder weniger heil überstanden zu haben. Immerhin ist in Jodies Gedankenwelt eine Folgerichtigkeit zu erkennen, die an ihren Filmrollen nicht immer deutlich wird.

»Ich stelle fest, daß ich für viele junge Frauen ein Rollenvorbild bin«, sagte sie einmal. »Ich bin keine Aktivistin, aber ich nehme keine Rollen an, in denen ich irgendwelche schwachen, masochistischen Frauen spiele, die es nicht erwarten können, bis sie von einem Mann durch die Mangel gedreht werden – es sei denn, ich kann damit deutlich herausarbeiten, daß so etwas nicht geschehen darf.« Diese Behauptung ist mittlerweile schwer mit ihren letzten Leinwandauftritten in Einklang zu bringen. In *Hotel New Hampshire* wurde sie Opfer eines Vergewaltigungsversuchs, hatte sie eine lesbische Affäre und war mit ihrem Film-Bruder inzestuös verquickt. *Hotel New Hampshire* war übrigens ein lange von ihr geplantes Projekt, das sie 1985 mit ihrer Freundin Nastassia Kinski verwirklichte. In einem neueren Interview hob sie die Inzestszene förmlich in den Himmel, nannte sie »eine schöne, süße Liebesaffäre«, vielleicht, weil sie sie an der Seite des *Brat pack*-Herzensbrechers Bob Lowe spielte. Sie war allerdings viel objektiver, als sie eine Szene in *The Accused* (Angeklagt, 1989) zu kommentieren hatte, in der sie von einer Bande vergewaltigt wurde: »Es war eine der grausamsten, verheerendsten Erfahrungen, die ich je mitgemacht habe«, gab sie zu, auch wenn das Mädchen in diesem Film seine Peiniger vor Gericht wiedersieht und diese am Ende verurteilt werden.

Trotzdem kann man sich nur darüber wundern, daß sie weiterhin Rollen annimmt, in denen sie ebenfalls aufgrund un-

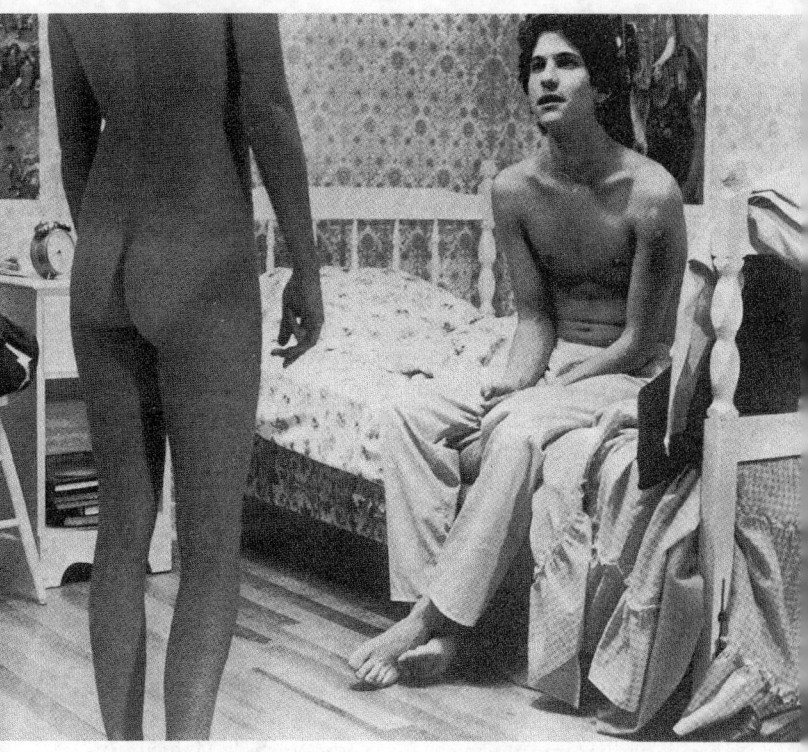

In ›Das Mädchen am Ende der Straße‹ hatte Jodie Foster ihre erste Nacktszene. Das ehemalige Fräulein Kupferton trägt noch immer einen sichtbaren Bräunungsrand

kontrollierter, oft psychotischer männlicher Leidenschaften zum Opfer wird. In *The Five Corners* (The Five Corners, 1988) spielt Jodie die süße, unverdorbene Linda. Linda wird von Heinz, ihrem früheren Liebhaber und Tunichtgut, belästigt: Er schlägt einen Pinguin tot, um ihr deutlich zu machen, welche Gefühle er für sie hegt. Interessanterweise erklärt Jodie, daß sie für sich eine Beziehung zu Lindas mütterlicher Sorge für Heinz erkenne, die man auch als Unterstützung eines Ausgestoßenen sehen könne, und das sogar, obwohl sich der Ausgestoßene als wahnsinniger Psychopath entpuppt, der sie ohne Grund in der U-Bahn zusammenschlägt und sie dann wie eine Stoffpuppe fast den ganzen Film hindurch an seinem Arm herumzerrt. Diese Art von Ausgestoßenem zu unterstützen verträgt sich nur schwer mit ihrer Begründung, weshalb sie diese Rolle angenommen hat: »Es handelt sich hier um eine anregende Geschichte über weibliche Stärke.«

Diese Seite Jodies, die sich immer wieder sexuell motivierter Leinwand-Gewalt zuwendet, paßt kaum mit der Wirklichkeit dieses intelligenten, scharfsichtigen, lebenserfahrenen Karrieremädchens zusammen. Die enorm kultivierte Brandy Foster hat Jodie nicht nur zu einer frühzeitigen Laufbahn als präpubertärer Filmstar getrieben, sie gab ihr auch die beste Ausbildung, die man für Geld und mit der nötigen Entschlossenheit bekommen kann. Ihre glänzende akademische Laufbahn am exklusiven Lycée Français in Los Angeles mündete wie selbstverständlich in ein überaus erfolgreiches Studium in Yale, das zu den besten amerikanischen Hochschulen gehört. Sie, die im Hauptfach Englisch belegte, arbeitete sich durchs College, wie sie es am besten kann: »Am sicheren Busen meiner zweiten Familie, einer fünfundvierzig Personen umfassenden Film-Crew«, wie sie es ausdrückt. Sie machte auch kleine Abstecher in den Journalismus, indem sie unter anderem Interviews für Andy Warhols Magazin *Interview* machte. Aus einem dieser Interviews entstand die enge Freundschaft mit Nastassia Kinski. Jodie zeigt mittlerweile den starken Wunsch, ihre beträchtlichen Denkfähigkeiten auf der anderen Seite der Kamera, als Regisseuse, einzusetzen – ob ihr dieser Übergang vom »leeren Gefäß« zur Meister-Regisseuse gelingen wird, bleibt abzuwarten.

Brooke Shields' Aufstieg ins Erwachsenendasein war komplizierter. Sie bewies sich – genau wie Jodie –, daß sie einiges im Kopf hat, und ging nach Princeton, wo sie im Hauptfach Französisch studierte. Zunächst mußte sie gegen ihre Einsamkeit ankämpfen. Ihre Kommilitonen zeigten ihr die kalte Schulter. »Ich war am Boden zerstört«, erinnert sie sich. »Alle glaubten, daß ich ein Filmstar sei, der sich jetzt auch mal als Student tummeln möchte. Sie fanden sich alle mächtig cool, weil sie mich schnitten, und ich war völlig erledigt.« Natürlich nur so lange, bis ihre Prüfungsergebnisse bewiesen, daß sie nicht nur ein hübsches Gesicht hat. Und während sie in Princeton war, sorgte Terri Shields dafür, daß die Brooke-Shields-Geldpresse weiterhin fleißig arbeitete: mit Werbung für Calvin-Klein-Jeans (»Zwischen mich und meine Calvin kommt absolut nichts«), einem Taschenbuch-Ratgeber für Teenager und Filmrollen in *Sahara* und *Brenda Starr*. Aber Brooke hat wegen ihrer Arbeit nie auch nur eine einzige Unterrichtsstunde versäumt, und dafür mußte sie

In den Armen eines Gleichaltrigen wirkt Brooke wesentlich glücklicher als in denen älterer Herren: ›Die blaue Lagune‹

einiges opfern, unter anderem die Rolle Audrey Hepburns in dem Fernseh-Remake von *Roman Holiday* (Ein Herz und eine Krone), weil der Drehplan nicht mit ihrem Stundenplan in Einklang zu bringen war. Dafür hatte sie aber die Befriedigung, daß sie ihr Studium so gut abschloß, daß sie eines der begehrten Fulbright-Stipendien bekam, das es ihr ermöglicht, ein Jahr an einer ausländischen Universität ihrer Wahl zu studieren. Die Journalisten-Massen, die bei ihrer Abschlußfeier anwesend waren, hatte sie nicht erwartet, und sie brach in Tränen aus. Auf der im Anschluß an die Feier hastig einberufenen Pressekonferenz (wahrscheinlich auf Terris Veranlassung hin organisiert) legte Brooke für einen kurzen, offenbarenden Augenblick ihre Maske ab. Voll berechtigten Stolzes auf ihre Leistung sagte sie über ihren Abschluß: »Das ist mein Werk. Ich habe vier Jahre dafür gebraucht, und es war eine harte Zeit. Ich möchte, daß das jeder weiß.« Es war wahrscheinlich das erste und einzige in ihrem bisherigen Leben, das sie ohne die Hilfe ihrer Mutter gemacht hat.

Schluß

Lillian Gish beschrieb in ihrer Autobiographie *The Movies, Mr. Griffith and Me* ihren ersten Eindruck von Hollywoods großem Nymphen-Schöpfer. Sie saß mit ihrer Schwester Dorothy am Fuß einer Treppe, als D. W. Griffith die Treppe herunterkam. Für die kindliche Fünfzehnjährige wirkte er unglaublich groß und auffällig. Er sang »Là ci darem la mano«, die Arie, die Don Giovanni an Zerlina gerichtet singt, an das naive Bauernmädchen, das er so gerne in sein Haus locken möchte, um sie zu verführen.

Es ist sonnenklar, worum es in diesem zarten Duett geht: Don Giovanni verspricht dem Mädchen alles Glück, wenn es sich ihm nur hingibt. Sie widersteht ihm halbherzig, gibt aber zu, daß sie sich versucht fühlt, allerdings Angst vor seinem Betrug hat. Was Griffith meinte, ist damit auch klar. Das Dilemma einer jeden Hollywood-Lolita tritt durch das schicksalhafte Zusammentreffen, das Lillian Gish so symbolträchtig beschreibt, zutage. Es kann sie zerbrechen, es kann aber auch ihr ganzes Leben positiv verändern. Die Tatsache, daß Lillian Gishs Mutter die ganze Szene mitbekam und eindeutig alarmiert war über das Interesse, das der beeindruckende Regisseur an ihrer Tochter zeigte, vergrößert die Symbolkraft dieser Beschreibung noch zusätzlich.

Es mag sich um einen ehrlichen Handel drehen, so wie es hier der Fall war: Der berühmte Mann bittet sie um ihre Schönheit, ihre Jugend und ihre schauspielerische Begabung; als Gegenleistung bietet er ihr seinen Einfluß, seinen Status und seine Fähigkeit, aus ihr einen Leinwand-Mythos zu machen. Lillian Gish steht mittlerweile weit in den Neunzigern, sie tritt noch immer vor die Kamera und genießt die Früchte ihrer langen Verbindung mit Griffith.

Oft genug beruht jedoch der Handel auf falschen Versprechungen, die zum Verlust der Unschuld und der Illusionen führen, ohne daß man eine Gegenleistung erhält. Auch wenn das Angebot ehrlich gemeint ist und das Mädchen ohne zu zögern darauf eingeht, kommt vielleicht doch der Tag, an dem sie es bereut, daß sie Svengali kennengelernt hat, der sie zu jung und wehrlos auf Ruhm programmiert hat. Judy Garland hat für den Rest ihres Lebens ihr Studio für all das verflucht, was es ihr in ihrer Jugend genommen hatte. Sue Lyon, die mittlerweile eine frustrierte Hausfrau ist und sich hinter dunklen Brillengläsern versteckt, erschaudert noch immer, wenn sie daran denkt, was ihre Rolle als Lolita aus ihrem Leben gemacht hat. Andererseits schrieb Brooke Shields ihre Abschlußarbeit über die Filme von Louis Malle, der in *Pretty Baby* Regie geführt hatte. Und Shirley Temple, die einst, als sie ein kleines Mädchen war, gesagt hatte, daß sie es gar nicht erwarten könne, endlich erwachsen zu werden, blickt nun mit ein wenig getrübtem Amüsement und Abstand auf diesen Abschnitt ihres Lebens zurück.

Alles an der Film-Nymphe ist ambivalent: unsere Einschätzung ihrer Persönlichkeit; ihre Präsentation durch die Regisseure (über Nastassia Kinski schrieb jemand: »Sie vereinigt den unschuldigen Blick eines Engels mit den schuldvollen Reizen einer Sexkatze«); auch die Einstellung des Mädchens zu sich selbst und die Gefühle, die es hervorruft. Feministinnen, die sexuelle Ambivalenz selbst in künstlerischer Verbrämung argwöhnisch verfolgen, definierten dieses Phänomen als »das Lolita-Syndrom«. »Women Against Pornography« (Frauen gegen Pornographie) organisierte eine Demonstration anläßlich der Premiere von Edward Albees Bühnenadaptation von *Lolita* in New York. In einer Zeit, in der, wie man festgestellt hat, Kindesmißbrauch genauso wie Vergewaltigung wesentlich häufiger vorkommt, als man früher angenommen hat, können ihre Argumente nicht einfach vom Tisch gewischt werden: »Das Lolita-Syndrom wird in allen Medien – angefangen bei den Werbespots für Calvin-Klein-Jeans bis zu Kunstfilmen wie *Pretty Baby* – gefördert, und damit auch der Mißbrauch kleiner Mädchen, weil man sie als Sexualobjekte und Verführerinnen darstellt.«

Doch wie immer gibt es von jeder Sache die verschiedensten Spielarten. Jeder haßt die sexuelle Ausbeutung der Jugend, in vielen Fällen sogar die Ausbeuter selbst. Doch was ein einzelner (oder eine Altersgruppe) abstoßend findet oder nahezu kriminell, findet ein anderer in moralischer Hinsicht gerade noch vertretbar oder gar nützlich. Es ist sehr schwer festzustellen, wo die Grenzlinien gezogen werden müßten, zumal in einer Zeit, in der Sexualmoral und -gesetzgebung sich ständig verändern. Obwohl sich das Volljährigkeitsalter und der Beginn der Pubertät im Laufe der Zeit stetig nach unten bewegen, fühlen wir uns immer noch unwohl, wenn in Filmen die sexuelle Vereinigung junger Mädchen mit viel älteren Männern so plastisch dargestellt wird. Wir fragen uns, inwieweit dies wohl das wirkliche Leben des Mädchens beeinflußt und wie förderlich es wohl sein kann, solche Begebenheiten auf der Leinwand zu schildern, selbst wenn nicht die geringsten Zweifel daran gelassen werden, daß keiner diese Vorgänge billigt.

Albee argumentierte sehr simpel, daß es schließlich Lolita gewesen sei, die Humbert verführt habe. Demnach muß es sich hier um die Ausbeutung des Erwachsenen durch das Kind handeln. Errol Flynn und Roman Polanski haben sich inhaltlich zu diesem Problem ziemlich gleichlautend geäußert. Englands jüngste Film-Nymphe, die appetitliche Emily Lloyd, stellt in *Wish You Were Here* (Wish You Were Here, 1987) tatsächlich ihre Beine ungeniert vor den lustvollen, schmutzigen, alten Männern zur Schau; am Ende des Films ist allerdings sie das Opfer, das die »Frucht seiner Sünde« mit einem widerlichen Humbert in einem Kinderwagen vor sich herschiebt. Wer hat wen verführt? Das ist nicht die Frage. Der eigentliche Punkt ist, daß immer der oder die Schwächere von beiden vor dem Stärkeren beschützt werden muß. Nabokovs Humbert Humbert war sich darüber im klaren und übernahm die Schuld dafür, daß er sich von Lolita hatte verführen lassen. Das Kind glaubte unschuldsvoll, daß Sex nur ein dummes Spiel sei, ohne zu ahnen, daß es sein ganzes Leben zerstören würde. Aber wie kann man überhaupt von einer unerfahrenen Zwölfjährigen erwarten, daß sie das weiß?

Die großen Hollywood-Lolitas des 20. Jahrhunderts sind nun entweder alte oder mittelalte Damen – oder rasch Heranwachsende. Ihre Haltbarkeit ist so gering, daß selbst die

Film-Nymphen aus jüngerer Zeit – Tatum O'Neal, Jodie Foster, Nastassia Kinski – bereits reife Rollen spielen, wenn sie überhaupt noch filmen. Ein ganzer Schwall europäischer Nymphen-Filme hat Mädchen wie Sophie Marceau und Charlotte Gainsbourg in Frankreich und Emily Lloyd in England plötzlichen Ruhm eingetragen. Sie werden von Hollywood glühend umworben, das momentan offenbar im Nymphen-Notstand ist, obwohl es von sich behauptet, die höchste Platin-Blondinen-Rate pro Quadratkilometer zu haben. Allerdings wird es nie eintreten, daß ein bewährter Hollywood-Archetyp ausstirbt oder auch nur Seltenheitswert bekommt. Es gibt sie schon noch, die großen Film-Nymphen. Sie warten nur den richtigen Moment ab, um dann aus ihren Dosen und Schachteln zu schlüpfen, vor allem im Zeitalter von Video-, Kabel- und Satellitenfernsehen und, nicht zu vergessen, der Programmkinos, die sich derzeit in jeder größeren Stadt trotz der Krise des kommerziellen Kinos etablieren. Man blättere ein Fernseh- oder Videoprogramm durch, und man wird sie überall auf dieser klein gewordenen Welt wiederfinden: Shirley Temple in *The Little Colonel*, Judy Garland in *The Wizard of Oz*, Elizabeth Taylor in *National Velvet*, Carroll Baker in *Baby Doll*, Sue Lyon in *Lolita*, Hayley Mills in *In Search of Castaways*, Tatum O'Neal in *Paper Moon*, Jodie Foster in *Taxi Driver*, Brooke Shields in *Pretty Baby* oder Nastassia Kinski in *Tess* … Die tugendhaften Nymphen und die erfahrenen, die unschuldigen und die ausgebufften, die elegischen und die sinnlichen, die babyhaften und die beinahe erwachsenen, die begabten und die weniger begabten, die großartigen und die geradezu faden: das alles sind Facetten eines Mythos, der seine poetischen genauso wie seine abstoßenden Aspekte hat, der aber – wie alle Mythen – die Mehrheit unwillkürlich so tief berührt, daß er noch lange existieren wird.

Register

A

A Little Bit of Heaven (Filmtitel) 146
A Poor Little Rich Girl (Filmtitel) 62
Aadland, Beverley 15
Die Abenteuer des Kapitän Grant 193
About Last Night (Filmtitel) 99
The Accused (Filmtitel) 258
The Adventures of Dolly (Filmtitel) 26
Albee, Edward 264f
Alice Doesn't Live Here Anymore (Filmtitel) 243, 248
Alice im Wunderland (Filmtitel) 64
Alice lebt hier nicht mehr (Filmtitel) 243
Alice, Sweet Alice (Filmtitel) 243
Allen, Woody 243
Alles Glück dieser Erde (Filmtitel) 212
Andy Hardy Meets Debutante (Filmtitel) 114
Angeklagt (Filmtitel) 258
Angeli, Pier 158
Anne Frank (Filmtitel) 157
Annie Hall (Filmtitel) 243
Ariane – Liebe am Nachmittag (Filmtitel) 157
Arvidson, Linda 34
Astaire, Fred 157
Ausgerechnet ihr Stiefvater (Filmtitel) 206

B

Babes in Arms (Filmtitel) 114
Baby Burleske (Einakter) 77
Baby Burlesks (Serie) 86
Baby Doll (Filmtitel) 149, 152, 163, 165–170, 266
Baby Leroy 86
Baby Peggy 68f, 80, 165
Bachelor Flat (Filmtitel) 182
Back to the Future (Filmtitel) 99
The Bad News Bears 212
Baker, Carroll 149, 151ff, 155f, 158f, 162–172, 186, 200, 204, 266
Bardot, Brigitte 88, 171, 176
Die Bären sind los (Filmtitel) 212

Barrymore, Ethel 83
Barrymore, John 177
Barrymore, Lionel 88
Bartholomew, Freddie 105, 114
The Battle of the Sexes (Filmtitel) 36
Beau-Père (Filmtitel) 206
Birkin, Jane 171
Birth of a Nation (Filmtitel) 22, 28
Blair, Linda 203, 206–209
Die blaue Lagune (Filmtitel) 261
Der Blaue Engel (Filmtitel) 163
Blue Jeans (Filmtitel) 200, 204
Bogart, Humphrey 133
Bolger, Roy 117
Bonnie and Clyde (Filmtitel) 182
Borg, Björn 216
Boulting, Roy 198f
Bowen, Elizabeth 90
Die Braut des Satans (Filmtitel) 218f
Brenda Starr (Filmtitel) 261
Bright Eyes (Filmtitel) 149
Broadway Melody of 1938 (Filmtitel) 116
Broadway-Melodie von 1938 (Filmtitel) 116
Broken Blossoms (Filmtitel) 22, 28, 30, 35f, 163
Brontë-Schwestern 26
Brown, Clarence 131
Browning, Robert 26
Brooks, Louise 163
Buchholz, Horst 194
Bugsy Malone (Filmtitel) 86, 250
Bunny Lake Is Missing (Filmtitel) 200
Bunny Lake ist verschwunden (Filmtitel) 200
Burke, Thomas 36
Burton, Richard 134f, 142, 213
Bus Stop (Filmtitel) 164
Butterfield 8 (Filmtitel) 134

C

Caron, Leslie 12, 157f, 163, 204, 252
Carroll, Lewis 18
Cat People (Filmtitel) 218, 227
That Certain Age (Filmtitel) 122

Chaplin, Charlie 14f, 18, 24, 26, 32, 42, 48–55, 57f, 66, 76, 150f, 209, 228f
Charlotte Forever (Filmtitel) 206
Chevalier, Maurice 158, 193
Christie, Julie 171
Cinderella (Filmtitel) 64
The Cincinnati Kid (Filmtitel) 182
Circle of Two (Filmtitel) 213
Circus (Filmtitel) 55
The Circus (Filmtitel) 55
City Lights (Filmtitel) 22
Clark, Marguerite 36, 55
Clift, Montgomery 134f, 139, 143, 145
Cobb, Irvin S. 62
Colbert, Claudette 92
Conspirator (Filmtitel) 138
Coogan, Jackie 76f, 109, 209
Cooper, Gary 88, 90, 133, 157
Cooper, Jackie 114
Coppola, Francis 227
The Courage of Lassie (Filmtitel) 134
Crosby, Bing 79
Cummings, Robert 146

D

Daddy Langbein (Filmtitel) 62, 157
Daddy Long-Legs (Filmtitel) 62, 157
Daniels, Bebe 39
That Darn Cat (Filmtitel) 195
Day, Doris 83, 159f, 164
Dempster, Carol 25, 28, 30
Deneuve, Cathérine 171
Dickens, Charles 9, 18, 20, 26
Dietrich, Marlene 86, 163
Les Dimanches de Ville d'Avray (Filmtitel) 194
Disney, Walt 64, 200
Dollies Abenteuer (Filmtitel) 26
Dorléac, Françoise 171
Dream Street (Filmtitel) 28
Drei schlaue Mädchen (Filmtitel) 99
Durbin, Deanna 67, 70f, 96–99, 101, 112, 114, 117–127, 140, 144ff, 149f, 172, 174, 190, 203f
Dwan, Allan 84

E

Eddy, Nelson 79
Ein Ehebett zur Probe (Filmtitel) 200

Ein Herz und eine Krone (Filmtitel) 262
Ein kleines Stück vom Himmel (Filmtitel) 146
Ein Platz an der Sonne (Filmtitel) 139, 143, 145
Eliot, George 26
Der Engel mit der Mörderhand (Filmtitel) 182
Es geschah in einer Nacht (Filmtitel) 116
Every Sunday (Einakter) 112
The Exorcist (Filmtitel) 205–208, 218
Der Exorzist 205–208, 218

F

Fairbanks, Douglas 58, 64
The Fairy and the Waif (Filmtitel) 42
The Family Way (Filmtitel) 198
Farrow, Mia 177
Ferien für Verliebte (Filmtitel) 200
Field, W.C. 100, 144
Finney, Albert 177
First Love (Filmtitel) 98
Firth, Peter 223
The Five Corners (Filmtitel) 259
The Flame Trees of Thika (Filmtitel) 198
Flynn, Errol 14f, 32, 150–154, 228, 231, 265
Foolish Wives (Filmtitel) 22
Forman, Milos 217
Foster, Jodie 16, 93, 174, 178, 208, 226, 229, 237–243, 246–254, 256–260, 266
The Foundling (Filmtitel) 22
Freed, Arthur 117f
From Reverence to Rape (Filmtitel) 159
Frühlingsparade (Filmtitel) 122

G

Gable, Clark 113–116, 133
Gainsbourg, Charlotte 266
Garbo, Greta 131, 224
Garland, Judy (Baby Gumm s.a. Gumm-Sisters) 17, 68, 70f, 96–118, 120, 122, 126, 131, 134, 140ff, 144ff, 172, 174, 178, 264, 266
Garner, Peggy Ann 67, 130
Gebrochene Blüten (Filmtitel) 30
Geburt einer Nation (Filmtitel) 28
Getting Acquainted (Filmtitel) 42

Gib einem Trottel nie eine Chance (Filmtitel) 99
Gigi (Filmtitel) 157f, 252
The Girl Who Stayed at Home (Filmtitel) 28
Gish, Dorothy 18, 22, 30, 33f, 55, 76, 121, 263
Gish, Lillian 18f, 21ff, 25, 28, 30, 32, 34ff, 38, 55, 121, 157, 163, 172, 263
Glänzende Augen (Filmtitel) 149
Grant, Gary 161
The Greatest Question (Filmtitel) 28, 38
Greene, Graham 85, 71, 90f, 93, 98f, 119
Griffith, David Wark 18, 25ff, 29–32, 34, 36ff, 60f, 121, 263
Die größte Frage (Filmtitel) 28, 38
Gumm-Sisters (Frances, Sue und Virginia) 100, 106

H

Haley, Jack 117
Hall, Leonard 96
Hamilton, George 177
Hardy, Thomas 222
Harlow, Jean 200
Harris, James B. 186
Harris, Julie 157
Harris, Mildred 49, 151, 229
Harte, Bret 26
Haskel, Molly 159
Hearts of the World (Filmtitel) 28
Heidi (Filmtitel) 64, 84
Heimweh (Filmtitel) 128
Hepburn, Audrey 157f, 160, 204, 262
Herzen der Welt (Filmtitel) 28
Herzflimmern (Filmtitel) 252
Hilton, Nicky 139
Hinckley, John 256ff
His Trysting Place (Filmtitel) 42
Holiday for Lovers (Filmtitel) 200
Holliday, Judy 155
Der Honigmond (Filmtitel) 198
Hood, Darla 86
Hopper, Hedda 77
Hotel New Hampshire (Filmtitel) 229, 258
Hughes, Howard 138
Hundert Männer und ein Mädchen (Filmtitel) 100

I

I Walk the Line (Filmtitel) 181
I'll Remember April (Filmtitel) 146
If I Had My Way (Filmtitel) 144
In Search of the Castaways (Filmtitel) 193, 266
Indiana Jones (Filmtitel) 205
International Velvet (Filmtitel) 212
Intolerance (Filmtitel) 24
It Happened One Night (Filmtitel) 116

J

James Bond (Filmtitel) 205
Jane Eyre (Filmtitel) 130
Jean, Gloria 67, 70f, 96, 99, 144–148
Judith of Bethulia (Filmtitel) 22
Julia benimmt sich schlecht (Filmtitel) 140
Julia Misbehaves (Filmtitel) 140

K

Der Kampf der Geschlechter (Filmtitel) 36
Katzenmenschen (Filmtitel) 218
Kaye, Danny 181
Kazan, Elia 149, 162, 165f
Kelly, Hetty 48
The Kid (Filmtitel) 51, 76, 209
Kinski, Klaus 218, 228
Kinski, Nastassia 174, 203, 214, 216–231, 234f, 258, 260, 264, 266
Kismet (Filmtitel) 149
Kleine Annie Rooney (Filmtitel) 62
Kleine Biester (Filmtitel) 212
Die kleinen Strolche (Serie) 86
Konchalovksy, Andrei 227
Kubrick, Stanley 93, 172, 182, 186f

L

Lahr, Bert 117
Lassie Come Home (Filmtitel) 128, 130, 134
Lattuada, Alberto 227
Das Leben mit Vater (Filmtitel) 99
Leslie, Anne 199
Die Liebesblume (Filmtitel) 30
Liebling, ich werde jünger (Filmtitel) 161

Lied des Rebellen (Filmtitel) 182
Life with Father (Filmtitel) 77, 135
The Light in the Forest (Filmtitel) 200
Limehouse Nights (Roman) 36
Little Annie Rooney (Filmtitel) 20, 62
The Little Colonel (Filmtitel) 88, 266
Little Darlings (Filmtitel) 212
Little Lord Fauntleroy (Filmtitel) 20
Little Miss Marker (Filmtitel) 83
Little Pal (Filmtitel) 20
The Little Princess (Filmtitel) 20, 75
Little Red Riding Hood (Filmtitel) 64
The Littlest Rebell (Filmtitel) 20, 91
Lloyd, Emily 265f
Lloyd, Harold 39
Lockwood, Gary 177
Lolita (Filmtitel) 172, 182, 184–188, 190, 218, 264, 266
Lombard, Carole 88
Long, Walter 31
Loos, Anita 7, 34
Lord Love a Duck (Filmtitel) 182
The Love Flower (Filmtitel) 30
Love in the Afternoon (Filmtitel) 157
Love Story (Filmtitel) 209
Love, Bessie 30
Low, Bob 258
Lubitsch, Ernst 62
Lulu (Filmtitel) 163
Lynley, Carol 171ff, 176, 198, 200f, 204
Lyon, Sue 16, 93, 95, 171ff, 175f, 179, 182–191, 194ff, 199, 204, 218, 240, 264, 266

M

Mabel at the Wheel (Filmtitel) 42
Mabel's Busy Day (Filmtitel) 22, 42
Mabel's Married Life (Filmtitel) 42
Mabel's Strange Predicament (Filmtitel) 42
MacLaine, Shirley 83, 159f
MacMurray, Lilita 15f, 50f, 228, 231
Mad About Music (Filmtitel) 122
Das Mädchen am Ende der Straße (Filmtitel) 259
Das Mädchen Frankie (Filmtitel) 157
Das Mädchen, das zu Hause blieb (Filmtitel) 28
Mailer, Norman 224
Maira's Lovers (Filmtitel) 227

Malden, Karl 153, 167
Malle, Louis 252
Marceau, Sophie 266
Marsh, Mae 18, 22, 24, 28, 30, 34
Marx, Samuel 130
Mason, James 184f
Mastroianni, Marcello 217
Mayer, Louis B. 49, 106, 108–111, 117, 134
McAvoy, May 55
McDonald (Musiklehrerin Deanna Durbins und Judy Garlands) 118
McEnroe, John 216
Meet Me in Saint Louis (Filmtitel) 104
Member of the Wedding (Filmtitel) 157
Menjou, Adolphe 83
Merrill, Virginia 22
Miles Minter, Mary 18ff, 25, 42, 44f, 47, 54f, 59
Miles, Sarah 171
Der Millionenschatz (Filmtitel) 195
Mills, Hayley 171ff, 176, 192–199, 204, 266
Mills, John 194
Minnelli, Vincente 104, 112
Molly Mank, der Wunderknabe (Filmtitel) 182
Monkey Business 161
Monroe, Marilyn 88, 105, 155, 161–165, 176, 224
The Moon Spinners (Filmtitel) 195
Moore, Colleen 30, 34, 37, 39–44, 55
Moore, Owen 64
Morden, Ethan 24
Moussa, Ibrahim 226
Movie Star (Buchtitel) 24
The Movies, Mr. Griffith and Me (Buchtitel) 36, 263

N

Nabokov, Vladimir 7ff, 13f, 18, 49, 99, 124, 171f, 176, 190, 202, 216, 228, 231, 239f, 265
Die Nacht des Leguan (Filmtitel) 189
Die Nacht mit dem Teufel (Filmtitel) 227
National Velvet (Filmtitel) 96, 99, 130f, 140, 206, 212, 266
Never Give a Sucker an Even Break (Filmtitel) 99, 144
Nice Girl (Filmtitel) 122

Nicholson, Jack 232
Nickelodeon – Klapperschlangen beißen nicht (Filmtitel) 212
The Night of the Iguana (Filmtitel) 189
Niro, Robert de 250
Noch mal so wie letzte Nacht (Filmtitel) 99
Normand, Mabel 19, 22, 24f, 39–42, 47f, 54
Nosferatu (Filmtitel) 218
Now and Forever (Filmtitel) 88

O

O'Brien, Margaret 67, 69, 103f, 130, 190, 247
O'Neal, Ryan 177, 209f, 214f
O'Neal, Tatum 8, 93, 174, 203, 206, 209–216, 266
O'Neill, Oona 49
One Hundred Men and a Girl (Filmtitel) 100
Orphans of the Storm (Filmtitel) 22, 28
Our Gang (Serie) 86
Our Little Girl (Filmtitel) 20

P

Paper Moon (Filmtitel) 209–213, 266
Pardon My Rhythm (Filmtitel) 146
The Parent Trap (Filmtitel) 195
Paris, Texas (Filmtitel) 227
Parsons, Louella 125, 177
Pasternak, Joe 144
Peavy, Henry 44
Perkins, Millie 157
Peyton Place (Filmtitel) 204
Pickford, Mary 8, 18ff, 22, 25, 30, 34, 40, 42, 44, 54f, 57–65, 73f, 76, 80, 84, 94, 120, 157, 181, 191, 195, 203f
Pigskin Parade (Filmtitel) 110
Place in the Sun (Filmtitel) 139
Polanski, Roman 14ff, 18, 26, 32, 154, 203, 214, 216f, 222f, 226, 228–235, 265
Polly Tix in Washington (Titel einer Serienepisode) 86
Pollyanna (Filmtitel) 62, 195
The Poor Little Rich Girl (Filmtitel) 20, 75
Popcorn Venus (Filmtitel) 100
Preminger, Otto 200

Pretty Baby (Filmtitel) 205, 212, 241, 243, 245, 247, 252ff, 256, 264, 266
Pretty Poison (Filmtitel) 182
The Prince and the Pauper (Filmtitel) 55
Purviance, Edna 22–25

R

Reagan, Ronald 257
Rebecca of Sunnybrook Farm (Filmtitel) 62, 75
Return to Peyton Place (Filmtitel) 182
Reynolds, Debbie 83, 159, 204
Richardson, Tony 227
Roach, Hal 86
Robinson, Bill 81, 83
Rock, Rock, Rock (Filmtitel) 180
Rogers, Roy 133
Roman Holiday (Filmtitel) 262
Rooney, Mickey 106, 109, 111f, 114, 131
Roosevelt, Franklin 79
Rosemary's Baby (Filmtitel) 182, 218
Rosen, Marjorie 100
Rückkehr nach Peyton Place (Filmtitel) 182

S

Sabrina (Filmtitel) 158
Sahara (Filmtitel) 261
Sally of the Sawdust (Filmtitel) 30
Sally vom Jahrmarkt (Filmtitel) 30
Sarris, Andrew 93
Der Schnüffler (Filmtitel) 189
Schrader, Paul 227
Schram, Charles 142
Sennett, Mack 24, 38f, 59
Sex Kittens Go to College (Filmtitel) 182
Shelby, Charlotte 42
Sheppard, Dick 134
Der Sheriff (Filmtitel) 181
Shields, Brooke 16f, 83, 93, 128, 178, 236f, 239–245, 247, 252ff, 257, 260ff, 264, 266
Sinatra, Frank 177
Sky West and Crooked (Filmtitel) 195
Sonntage mit Sibyll (Filmtitel) 194
Les Souffle au Cœur (Filmtitel) 252
Sparrows (Filmtitel) 73f
Spellman, New Yorker Kardinal 165f, 168, 170

Sperlinge (Filmtitel) 73
Spring Parade (Filmtitel) 122
Springfield, Rick 208
Der Stadtneurotiker (Filmtitel) 243
Stamp, Terence 177
Stella Maris (Filmtitel) 22
Straße der Träume (Filmtitel) 28
Streetwise (Filmtitel) 206
Stroheim, Erich von 20, 26
Such a Little Queen (Filmtitel) 20
Swanson, Gloria 24
Sweet, Blanche 18, 20, 30f, 34

T

Das Tagebuch der Anne Frank (Filmtitel) 157
Tate, Sharon 208, 234
Taxi Driver (Filmtitel) 205, 247, 250–254, 256, 258, 266
Taylor, Elizabeth 16, 68, 70f, 83, 96f, 99, 101, 112, 114, 122, 126–134, 136ff, 140, 142–146, 149, 174, 200, 206, 212, 243, 245, 247, 266
Taylor, Robert 138, 141
Taylor, William Desmond 5, 19, 44, 46ff, 59
Telefon Butterfield 8 (Filmtitel) 134
Temple, Shirley 20, 67f, 70f, 73–96, 98, 116, 120, 122, 126, 149, 157, 161, 165, 176, 178, 190, 192, 203f, 209f, 212, 247, 264, 266
Tennyson, Alfred 26
Tess (Filmtitel) 222f, 227, 234, 266
Thalberg, Irving 7
Thau, Benny 133
Theaterkinder (Filmtitel) 114
Thoroughbreds Don't Cry (Filmtitel) 114
Three Smart Girls (Filmtitel) 99, 120f
Tiger Bay (Filmtitel) 194f
Tillie's Punctured Romance (Filmtitel) 42
To the Devil a Daughter (Filmtitel) 206, 218
Tom Sawyer (Filmtitel) 246f
Tony Rome (Filmtitel) 189
Triff mich in St. Louis (Filmtitel) 104
The Trouble with Angels (Filmtitel) 195
The Truth about Spring (Filmtitel) 195
Turner, Lana 112
Tyler, Parker 49

U

Uncle Tom's Cabin (Filmtitel) 55
Under the Yum Yum Tree (Filmtitel) 200
The Under-Pub (Filmtitel) 146
Unprotected (Filmtitel) 31

V

Der Vagabund und das Kind (Filmtitel) 51
Die Vermählung ihrer Eltern geben bekannt … (Filmtitel) 195
Verschwörer (Filmtitel) 138, 141
Les Visiteurs du soir (Filmtitel) 227

W

Wach auf und träume (Filmtitel) 146
Wagenknecht, Edward 29f, 55
Die Waise von Lowood (Filmtitel) 130
Waisen des Sturms (Filmtitel) 28
Wake Up and Dream (Filmtitel) 146
Wallach, Eli 166f, 204
Wargames (Filmtitel) 99
Warhol, Andy 251, 260
Waugh, Evelyn 90
Wee Willie Winkie (Filmtitel) 90
Die weiße Rose (Filmtitel) 30
Weld, Tuesday 171ff, 176–182, 194, 196, 199, 204, 210, 240
Welles, Orson 138
Wenders, Wim 227
The White Cliffs of Dover (Filmtitel) 130
The White Rose (Filmtitel) 30
Wild in the Country (Filmtitel) 182
Wilde, Oscar 190
Wildflower (Filmtitel) 36
Winn, Godfrey 93
Wish You Were Here (Filmtitel) 265
Withers, Jane 67, 70, 72, 74, 209, 212
The Wizard of Oz (Filmtitel) 98f, 116ff, 142, 266
Wood, Natalie 70, 140, 146

Y/Z

Young People (Filmtitel) 96
Young Sherlock Holmes (Filmtitel) 99
Zucker, Adolph 58
Zurück in die Zukunft (Filmtitel) 99